Klaus-Peter Hufer
Neue Rechte, altes Denken – Ideologie, Kernbegriffe und Vordenker

Klaus-Peter Hufer

Neue Rechte, altes Denken

Ideologie, Kernbegriffe und Vordenker

Der Autor

Klaus-Peter Hufer, Dr. rer. pol. phil. habil., ist apl. Professor an der Fakultät für Bildungswissenschaften der Universität Duisburg Essen. Seine Arbeitsschwerpunkte sind Politische Bildung gegen Rechtsextremismus, politische Philosophie, Politische Erwachsenenbildung (Geschichte, Theorie-Praxis-Verhältnis), Politikdidaktik und Professionalität in der Erwachsenenbildung.

Dieses Buch ist erhältlich als:
ISBN 978-3-7799-3681-7 Print
ISBN 978-3-7799-4681-6 E-Book (PDF)
ISBN 978-3-7799-4919-0 E-Pub

1. Auflage 2018

in der Verlagsgruppe Beltz · Weinheim Basel
Werderstraße 10, 69469 Weinheim

Herstellung: Ulrike Poppel
Satz: publish4you, Bad Tennstedt
Druck und Bindung: Beltz Bad Langensalza GmbH, Bad Langensalza
Printed in Germany

Weitere Informationen zu unseren Autor_innen und Titeln finden Sie unter: www.beltz.de

Inhalt

Vorwort

In den letzten Jahren hat sich das politische und gesellschaftliche Klima verändert, nicht nur in Deutschland, sondern in vielen Ländern Europas und auch in den USA. Es ist eine Entwicklung, die mit einem „Ruck nach rechts" beschrieben wird, manchmal mit einem Fragezeichen versehen (Milbradt u. a. 2017). Wir, die Autoren und Autorin dieses Buches, setzen allerdings ein Ausrufezeichen dahinter. Wir sehen eine Entwicklung, die, wenn sie sich durchsetzen sollte, Politik und Gesellschaft in Deutschland entscheidend verändern würde. Wir sehen die Gefahr, dass Demokratie abgebaut und autoritäre Regelungen eingeführt, dass liberale Errungenschaften zurückgedreht und rigide Verbindlichkeiten an ihre Stelle treten würden, dass kulturelle Vielfalt normierter Einheitlichkeit weichen müsste. Davon abweichenden Lebensentwürfen würde der Boden entzogen, letztendlich wären Menschen in ihrer Existenz bedroht. Dieses Szenarium haben wir vor Augen, wenn, nennen wir es beim Namen, der Durchmarsch der Rechten erfolgreich wäre.

Wir setzen uns daher mit der Ideologie, den von Rechten umkämpften und umdefinierten Begriffen auseinander und zeigen am Beispiel prominenter Vordenker, dass es eine konsequente Entwicklung der deutschen alten Rechten hin zu den neuen Rechten gibt. Das, was jetzt neu ist, hat tiefe Wurzeln.

Die Idee zu diesem Buch hatte Klaus-Peter Hufer. Die ersten Gedanken, es mit Inhalt zu füllen, sammelten Klaus-Peter Hufer, Jens Korfkamp und Laura Schudoma gemeinsam. Daraus entstanden eine Konzeption und eine Gliederung. Die namentlich nicht gekennzeichneten Texte hat Klaus-Peter Hufer verfasst, die übrigen sind mit den Namen von Jens Korfkamp und Laura Schudoma versehen. Alle Texte sind von uns dreien besprochen und nach kollegialen Anregungen verbessert worden. In regem und stetem Gedankenaustausch wurde das Manuskript schließlich vollendet.

Wir danken dem Verlag Beltz Juventa, insbesondere dem Verlagsleiter Frank Engelhardt für sein spontanes Interesse zu dieser Publikation, der Lektorin Magdalena Herzog für ihre zahlreichen wichtigen und hilfreichen Hinweise und Vorschläge, aber auch allen am Projekt und dem Zustandekommen dieses Buches beteiligten Mitarbeiterinnen und Mitarbeitern für ihre Offenheit, fachliche Betreuung und engagierte Unterstützung.

Kempen, Moers, Essen im August 2017
Klaus-Peter Hufer, Jens Korfkamp, Laura Schudoma

1 Worum geht es eigentlich? Eine „unbegreifliche“ Begrifflichkeit

1.1 Ein Ruck nach rechts, doch nicht alles passt zusammen

Die politische Stimmung hat sich zweifelsohne nach rechts entwickelt. Das ist in unterschiedlichen Medien Konsens. Ob in populären Sachbüchern (Amann 2017, Bender 2017, Leggewie 2016, Speit 2016, Weiß 2017), wissenschaftlichen Periodika, im Fernsehen, in der Provinz- oder der Großstadt-Presse, diesem Phänomen wird eingehend nachgegangen.[1]

Auch in den sozialen Medien beschäftigt man sich eingehend mit dem Auftreten rechter Positionen. Dabei verschärft sich die Gangart politischer Diskussionen, die massive Verrohung von Sprache ist ein Hinweis auf emotionale Betroffenheit diesen Entwicklungen gegenüber. Wenn es mitunter nur eine Frage ist, die zur Diskussion gestellt wird, scheint es doch ein Fakt zu sein: Die politische Kultur in Deutschland (und in Europa) entwickelt sich nach rechts – ruckartig, abrupt und stoßartig.

Doch ist diese Entwicklung wirklich neu oder handelt es sich um eine eher historisch zu betrachtende langfristige, „subkutane“ Entwicklung reaktionärer altbekannter Denkweisen?

Damit werden unterschiedliche Ereignisse zusammengefasst: die Proteste von Pegida, das Aufkommen und der Höhenflug der Alternative für Deutschland (AfD), die Stimmung im Lande mit starken Ressentiments gegen „Fremde“ und gegen „die da oben“, Aufmärsche rechter und rechtsextremer Gruppen, sogenannte Reichsbürger, die der Bundesrepublik Legalität und Legitimität absprechen, Rassismus in den Fußballstadien, eine rechte „Erlebniswelt“ (Glaser/Pfeiffer 2017), eine rechte Publizistik, deren Zeitschriften wie z. B. „Compact“ und „Junge Freiheit“ an fast jedem Kiosk ausliegen, Verlagsgründungen und -aktivitäten, die Zeitschriften und Bücher mit neuem und altem rechten Denken verbreiten, unzählige Internetseiten, die bei weitem nicht alle in plumper Weise, sondern höchst professionell und virtuos das Medium nutzend rechtes Denken propagieren. Der Grund für die zahlreichen Publikationen und Internetauftritte liegt darin, eine „Gegenöffentlichkeit gegen ein angebliches Meinungskartell auf[zu]bauen“ (Maegerle 2016).

---

1 Es gibt viele Beispiele, hier nur eine Auswahl: So ein Beitrag in den „Blättern für deutsche und internationale Politik“ 11/2015, Seite 5-8; www1.wdr.de/daserste/presseclub/sendungen/afd324.htm, 20.3.2016 (aufgerufen am 7.1.2017), www.nwzonline.de/politik/ruck-nach-rechts_a_6,0,1750336258.html, 23.12.2015, (aufgerufen am 7.1.2017), www.fnp.de/nachrichten/politik/Ruck-nach-rechts;art673,1836719, 5.2.2016 (aufgerufen am 7.1.2017)

Doch passt das alles zusammen, ist das eine einheitliche Entwicklung? Wie ist das alles auf einen Nenner, eine Definition zu bringen? Handelt es sich um den sogenannten „Zeitgeist“ oder gibt es eine historische Kontinuität?

Bei dieser Frage offenbart sich eine mangelnde terminologische Klarheit. Die Begriffe, die zur Kennzeichnung verwendet werden, changieren: Faschisten, Faschos, Nazis, Neofaschisten, Neonazis, Rechtsextreme, Rechtsradikale, Rechtspopulisten, Neue Rechte, radikale Rechte, Rechtskonservative, Nationalkonservative ... Dazu gibt es noch besondere Selbstbeschreibungen, z. B, die der „Identitären“.

Schon in einer Analyse des Jahres 1987 wurde festgestellt: „Die Vielfalt der politischen und ideologischen Optionen im rechten Teil des gesellschaftlichen Spektrums der Bundesrepublik ist heute weitaus größer als in den 50er und 60er Jahren; die Milieus, aus denen die Rechte sich rekrutiert und in denen sie sich bewegt, weisen größere Unterschiede auf; die Meinungsverschiedenheiten innerhalb der Rechten sind oft so tiefreichend, daß es kaum möglich erscheint, den rechten Konsens zu identifizieren“ (Klönne 1987, 290).

Was sind die Kultfiguren dieser Bewegung? Zweifelsohne werden altbekannte Namen wieder aktuell. Welche Vorlagen liefern sie für die gegenwärtige Entwicklung?

Sind pöbelnde, gewaltbereite, ja zum Morden entschlossene Neonazis gleichzusetzen mit Bürgerinnen und Bürgern, die aus der sogenannten Mitte der Gesellschaft kommen, früher SPD, CDU oder Grüne gewählt haben, und jetzt für die AfD votieren wollen? Die Motive der Letztgenannten sind vielfaltig, mitunter behutsam abwägend, aber auch allesamt von Wut und Enttäuschung über die politische Entwicklung geprägt (Sound eines Rechtsrucks 2017). Daneben gibt es genau in dieser Partei politische Führungsfiguren, die mit Demagogie und völkisch, nationalistisch aufgeladenen Agitationen zeigen, wie fließend die Übergänge hin zu manifestem Rechtextremismus sind[2], so z. B. Björn Höcke, Fraktionsvorsitzender der AfD im Thüringer Landtag, der sich selbst aber als „Konservativer“ versteht (Speit 2016, 46).

In diesem Buch soll es darum gehen, die Entwicklungen in der bürgerlichen Mitte und die auffindbaren Motive zu betrachten. Das ist vielfach schon geschehen und exakt bemessen worden. Die Titel von drei empirischen Untersuchungen bringen auf den Punkt, wie schwankend und emotional die Stimmung ist: „Fragile Mitte. Feindselige Zustände“ (Zick/Klein 2014), „Gespaltene Mitte. Feindselige Zustände“ (Zick/Küpper/Krause 2016) und „Die enthemmte Mitte“ (Decker/Kiess/Brähler 2016). Zahlreiche Fakten zu den autoritären, (sozial-)chauvinistischen, rassistischen, sexistischen, muslimfeindlichen, antisemi-

2 Nur ein Beispiel von vielen ist, dass Höcke die Holocaustleugnung verharmloste: www.stuttgarter-zeitung.de/inhalt.die-afd-und-der-rechte-rand-hoecke-verteidigt-holocaustleugnerin.97283d1c-e65a-4343-8f11-692df6bd50a4.html (aufgerufen am 7.1.2017).

tischen, antidemokratischen und letztlich rechtsextremen Einstellungen zeigen, wie verbreitet diese Aversionen in der Mitte der Gesellschaft mittlerweile sind. Das, was da zutage kommt, gibt Anlass zur Sorge, ob die liberale Demokratie der Bundesrepublik dem wirklich standhält. Diese Sorge wird aus unserer Sicht dadurch verstärkt, dass es eine Kontinuität „rechten Denkens" in Deutschland gibt, das weit ins 19. Jahrhundert zurückgreift (Breuer 2010). Das sind die Ressourcen, aus denen heute immer noch und schon wieder die Neue Rechte ihre Programmatik und Ideologie begründet. Da ist keineswegs eine Eintagsfliege unterwegs, die mit dem momentanen Zeitgeist und der gegenwärtigen schwierigen Umbruchsituation kommt und mit ihm auch wieder verweht wird.

Aber wie soll das bezeichnet werden, was sich da entwickelt hat und manifest geworden ist?

In den zur Zeit kursierenden Definitionen besteht Einigkeit darüber, dass Begriffe wie Neofaschismus und Neonazismus „jeweils auf eine historische Referenz [verweisen]: die des Faschismus oder die des Nationalsozialismus" (Salzborn 2015, 14 f.). Das aber ist beispielsweise im Programm der AfD nicht nachweisbar. Außerdem wird für Neonazis „ihre grundsätzliche Gewaltaffinität und aktive Gewaltbereitschaft" als „charakteristisch" angenommen (ebd., 16). Gemeinsam ist aber ein „völkisches" Verständnis von Nation, und immer wieder sind – entweder bei Neonazis unüberhörbar propagiert oder bei Vertreter/-innen der AfD etc. eher verdeckt formuliert – rassistische Töne und Tendenzen festzustellen.

1.2 Die Extreme sind nicht gleich

Was also liegt vor?

Die belgische Politologin Chantal Mouffe hat auf die Frage, ob der Begriff faschistisch für die Bezeichnung der rechten populistischen Bewegungen und Parteien brauchbar sei, die folgende Antwort gegeben: „Nein, ich halte weder den Begriff ‚Faschismus' noch den Begriff ‚rechtsextrem' für richtig. Wir müssen verstehen, was neu ist an dieser Situation, und wenn wir einen alten Begriff wie ‚Faschismus' benützen, dann tun wir so, als wüssten wir bereits, was hier geschieht. Außerdem sehe ich keine erfolgreiche rechtspopulistische Bewegung, die echte Tendenzen zum Neo-Faschismus hätte. [...] Vor allem aber ist die Bezeichnung ‚Faschisten' eine moralische Verdammung und keine politische Auseinandersetzung" (Neue Chance ... 2016, 11).

In einem Beitrag, der im Jahr 1987 veröffentlicht wurde, hat Arno Klönne den Begriff Rechtsextremismus für die gesamte Entwicklung als „unscharf" abgelehnt, „weil er den Anschein erweckt, es handele sich um ‚Außenseiter der Gesellschaft', die da ideologisch tätig werden; tatsächlich geht es aber eher um eine Rechtsentwicklung in der politischen Stammkultur der Gesellschaft" (Klönne 1987, 286).

Bei der Verwendung des Terminus Rechtsextremismus wird zudem als problematisch erachtet, dass da „ein ‚allgemeiner' Extremismus mitgedacht, also implizit davon ausgegangen [wird], dass es nicht nur einen Rechtsextremismus, sondern einen *in derselben* Weise zu betrachtenden Linksextremismus gibt" (Salzborn 2015, 18, Herv. im Orig.). Der Extremismusbegriff ist schon lange heftig umstritten. Vor allem Uwe Backes und Eckhard Jesse bringen mit einer Vielzahl von Veröffentlichungen immer wieder die Extremismustheorie ins Spiel, Ausgangspunkt war ihr 1993 erschienenes voluminöses Buch „Politischer Extremismus in der Bundesrepublik Deutschland" (Backes/Jesse 1993). Bis in die Gegenwart melden sich die beiden Politikwissenschaftler in vielen Medien und auf etlichen Foren zu Wort.

Dagegen Christoph Butterwegge, ebenfalls Politikwissenschaftler: „Extremismustheoretiker setzen Links- und Rechtsextremismus gleich, leugnen aber die Nähe der ‚bürgerlichen Mitte'" zu dessen Ideologie" (Butterwegge 2001, 18). Diesen Einwand hat Fabian Virchow mit Verweis auf empirische Untersuchungen präzisiert: Auch in der gesellschaftlichen Mitte sind rassistische, antisemitische und antidemokratische Sichtweisen anzutreffen (Virchow 2016, 15).

Bereits vor vielen Jahren hat Helga Grebing, auch sie ist Politikwissenschaftlerin, deutlich gemacht, dass es falsch ist, „links" und „rechts" gleichzusetzen: „Linke wollen die Erweiterung der Autonomie des einzelnen, den Fortschritt der Emanzipation sozialer Gruppen oder Klassen von rational nicht mehr legitimierbarer Herrschaft, neue erweiterte Formen der Beteiligung aller an den politischen Willensbildungs- und Entscheidungsprozessen – dies alles unter Benutzung eines optimal als rational ausweisbaren Instrumentariums; Rechte wollen die Einordnung des Individuums in haltende natürliche Gemeinschaften, die Bindung der sozialen Gruppen an eine hierarchisch gestufte Ordnung der Gesellschaft, die Stabilisierung von Entscheidungsstrukturen, die durch Individuum und Gesellschaft vorgeordnete Institutionen bestimmt werden – dies alles mit einem Instrumentarium, das überrationale Bezüge in den Vordergrund zu rücken ermöglicht" (Grebing 1971, 8 f.).

Wir halten diese Klärung nach wie vor für aussagekräftig und plausibel. Ins „Extreme" gesteigert, bedeutet es, dass ein linker Extremismus eine quasi wissenschaftlich begründete Befreiung von Menschen aus ihren Abhängigkeiten anstrebt. Befreit werden soll die unterdrückte Klasse. Dazu bedarf es aber derjenigen, die den „wissenschaftlich" zu bestimmenden Fortschritt definieren, die wissen, was „objektiv richtig" ist und das gegen Zweifler und Kritiker durchsetzen. Das historische Beispiel ist bekannt, es zeigt sich im gigantischen Scheitern ehemaliger Weltmächte und im Tod von Millionen sogenannten Klassenfeinden.

Ein rechter Extremismus setzt dagegen auf irrationale Kategorien wie z. B. Volk oder Rasse, propagiert damit die Ideologie von einer alle umfassenden Gemeinschaft, die vom Schicksal oder der Natur vorgegeben und daher nicht anzuzweifeln ist. Dieses Volk, diese Rasse sind höherwertig als andere Völker oder

Rassen. Auch diese Erkenntnis muss durchgesetzt werden, denn sie versteht sich keineswegs von selbst. Dafür gibt es Eliten und Führer, die dazu auserwählt sind. Auch dieses Ergebnis ist bekannt, es hat zum größten Verbrechen an der Menschheit geführt, nämlich zum millionenfachen systematischen Mord an Menschen, die man willkürlich als „nicht dazugehörig“ bezeichnete.

Das sind die beiden extremen Pole, so weit gehen aber viele der allenthalben aufzuspürenden und sich verstärkt äußernden Gruppierungen, Ideen, Plattformen und Meinungen nicht. Wir betrachten diejenigen zahlreichen Menschen, die in Deutschland (und europa- und weltweit) so rechts denken und agieren, wie es Helga Grebing beschreibt.

Damit wird das Repertoire der passenden Begriffe kleiner, und dennoch bleiben die Zweifel, ob das Problem überhaupt mit vorhandenen Kategorien „begriffen“ werden kann (Butterwegge 2001).

1.3 Konservativ ist nicht gleich „konservativ“

Auf der „rechten“ anderen Seite des oben genannten Begriffsspektrums steht der Konservatismus. Sind Pegida-Mitläufer, AfD-Mitglieder und -Sympathisanten Konservative? Sind die Meinungen auf den diversen Internetseiten, in Printmedien wie Junge Freiheit und Compact, die Publikationen in den einschlägigen Verlagen wie z. B. im Kopp Verlag oder im Antaios-Verlag, die Themen und Beiträge der Zeitschriften „Blaue Narzisse“ und „Sezession“ etwa Äußerungen von Konservativen? Geht es bei den Aktionen der Identitären nur darum, Traditionen zu bewahren, was ja das allumfassende konservative Credo ist? Unsere Einschätzung: ja, aber es geht auch darüber hinaus, manchmal weit darüber hinaus. Es gibt viel konservatives Denken, das bei der Betrachtung der diversen Aktivitäten und Publikationen auszumachen ist. Es gibt aber auch eine manifeste Verschärfung und Zuspitzung, sodass sich vieles, was da zu finden ist, meilenweit vom klassischen Konservatismus weg – und – ja wohin? – zu einem autoritären „rechten“ Politikverständnis bewegt hat. Wie auch immer: „Es gibt ein Spektrum von Personen und Medien, die darum bemüht sind, rechtes Denken zu rehabilitieren“ (Brumlik 2016, 82).

Betrachten wir zunächst, wie einer der bedeutenden Theoretiker des Konservatismus, der US-Amerikaner Russell Kirk (1918–1994), diese „Weltanschauung“ auf „sechs Grundregeln“ zusammenfasst:

> „1. Der Glaube, daß eine göttliche Absicht sowohl die Gesellschaft wie das menschliche Gewissen lenkt und eine ewige Kette von Rechten und Pflichten schmiedet, die Hohe und Niedrige, Lebende und Tote verbindet. […] 2. Liebe zum unerschöpflichen Reichtum und zum Geheimnis des Lebens, im Unterschied zur beengenden Einförmigkeit und Gleichmacherei und zum Utilitarismus der meisten radikalen Systeme. […]

3. Die Überzeugung, daß eine zivilisierte Gesellschaft der Rangordnung und der Klassen bedarf. [...] Die Gesellschaft sehnt sich nach Führung. [...]
4. Die Gewißheit, daß Eigentum und Freiheit untrennbar zusammengehören, und daß wirtschaftliche Nivellierung keineswegs wirtschaftlichen Fortschritt bedeutet. Sobald man das Eigentum vom Privatbesitz trennt, ist es aus mit der Freiheit.
5. [...] die Konservativen wissen, daß mehr durch Gefühl als durch Vernunft regiert wird. Tradition und gesundes Vorurteil wirken mäßigend auf die aufrührerischen Triebe der Menschen.
6. [...] Die Gesellschaft muß sich verändern, wie der menschliche Körper sich fortwährend erneuert, denn langsame Veränderung ist das Mittel zu ihrer Erhaltung. Aber die Veränderung muß in Übereinstimmung mit der göttlichen Vorsehung erfolgen, und man erkennt den wahren Staatsmann daran, daß er die gesellschaftlichen Kräfte aufspürt, die auf die Verwirklichung der Pläne der Vorsehung gerichtet sind" (Kirk 1959, 12–14).

Die Merkmale konservativer politischer Theorie nach Kirk also sind: eine lenkende göttliche Absicht, Vorsehung, Tradition, Rangordnung und Führung, keine „Gleichmacherei", privates Eigentum.

Diese Beschreibung der konservativen „Grundregeln" fand seine Zustimmung in der deutschen Diskussion. So bezieht sich einer der Vordenker des deutschen Konservatismus, der in den 1970er Jahren wieder zum intellektuellen und politischen Programm wurde, Gerd-Klaus Kaltenbrunner (1939–2011), in seiner in Szene viel gelesenen Schrift „Rekonstruktion des Konservatismus" aus dem Jahr 1972 explizit auf Kirks Beschreibung (Kaltenbrunner 2015, 24).

Neben Kaltenbrunner meldeten sich in dieser Zeit zahlreiche prominente Vertreter des deutschen Konservatismus zu Wort, bzw. es wurde in der Diskussion immer wieder auf sie Bezug genommen: Arnold Gehlen, Ernst Jünger, Hans Freyer, Klaus Hornung, Konrad Lorenz, Hermann Lübbe, Armin Mohler, Carl Schmitt, Hans-Joachim Schoeps, Caspar von Schrenck-Notzing, Ernst Topitsch, u. v. a. m. (Kaltenbrunner 1974). Auf einige dieser Personen werden wir im weiteren Verlauf noch zurückkommen.

Über das Pro und Contra des Konservatismus wurde intensiv gestritten. Beispielsweise trafen im Februar 1973 auf einer Tagung der Evangelischen Akademien Hofgeismar die konservativen Protagonisten Gerd-Klaus Kaltenbrunner und Caspar Freiherr von Schrenck-Notzing und die linksliberalen Kritiker Martin Greiffenhagen und Christian Graf von Krockow aufeinander. Sie stritten darüber, was heute (also in den 1970er Jahren) konservativ sei und ob es in der damaligen Bundesrepublik einen Trend zum Konservatismus gebe (Auf der Suche … 1978, 32).

Fast 45 Jahre später: In ihrem Selbstverständnis verorten und verstehen namhafte Vertreter der AfD diese als eine „liberal-konservative Partei", so beispielsweise André Poggenburg, Landesvorsitzender der AfD in Sachsen-

Anhalt[3], oder so zu lesen in einer Verlautbarung des Berliner Landesverbandes der AfD[4]. Allerdings wird der Partei bzw. deren Vertretern dieses von ihnen selbst zugeschriebene Etikett auch heftig streitig gemacht.[5] Der frühere Bundestagsvizepräsident Wolfgang Thierse (SPD) stellte klar: „Die AfD ist keine konservative Partei, sie ist eine aggressive Partei."[6]

Das Problem bei diesem Kampf um Begriffe ist, welches Verständnis von Konservatismus jeweils zugrunde liegt. Die Kategorien, die Kirk als Kernelemente des Konservatismus ausmacht, führen in ihrer zugespitzten und radikalen Konsequenz zu einer Gesellschaftsordnung, die nicht mehr demokratisch, mehr noch: explizit antidemokratisch ist. So gesehen wären die AfD und ihr gesamtes geistiges Umfeld durchaus sowohl konservativ als auch nicht konservativ. Eine genauere Analyse folgt später.

Doch die Betrachtung lässt sich nicht auf die AfD reduzieren. Das Vor- und Umfeld ist groß, es gibt Beziehungen untereinander, von rechtskonservativen bis hin zu unverhohlen rechtsextremen Personen, nicht selten Akademiker/-innen, und Organisationen. Beobachter gehen davon aus, dass es ein „braunes Netzwerk" gibt, ein sich ergänzendes System verschiedener, aber sich aufeinander beziehender Aktivitäten und Strukturen. Es wird strategisch gesteuert von intellektuellen Rechten, auf der Straße wird demonstriert und agiert von unterschiedlichen Gruppen: AfD, Pegida, Identitäre, Kameradschaften und NPD.[7] Auf der einen Seite gibt es Verlage, Zeitungen und Zeitschriften, in denen elaboriert altes rechtes Denken mit neuem zusammengebracht wird, auf der anderen Seite werden bei Aufmärschen und Demonstrationen demokratische Politiker/-innen lauthals, hasserfüllt und ungehemmt als „Volksverräter" angepöbelt und diffamiert. Dieses Unwort des Jahres 2016 ist seit dem Ersten Weltkrieg fester Bestandteil im Sprachrepertoire der Rechtsextremen, so z. B. als in der Weimarer Republik demokratische Politiker als „Novemberverbrecher" und „Volksverräter" denunziert wurden.

Die Nationalsozialisten haben diesen Begriff in die Tat umgesetzt, indem sie nach der „Machtergreifung" den Straftatbestand „Volksverrat" ins Strafrecht

---

3 www.mdr.de/exakt/video325984.html (aufgerufen am 11.1.2017)

4 https://afd.berlin/die-afd-ist-eine-liberalkonservative-partei/ (aufgerufen am 11.1.2017)

5 So der Tagesspiegel vom 9.9.2016: „Warum die AfD keine konservative Partei ist", in: www.tagesspiegel.de/kultur/rechtspopulismus-warum-die-afd-keine-konservative-partei-ist/14520908.html (aufgerufen am 11.1.2017)

6 Thierse im Deutschlandfunk am 7.12.2016, in: www.deutschlandfunk.de/wolfgang-thierse-die-afd-ist-keine-konservative-partei-sie.886.de.html?dram:article_id=373242 (aufgerufen am 11.1.2017)

7 Siehe z. B. die Dokumentation des WDR vom 11.1.2017: www.youtube.com/watch?v=-aDPOM2oX9yk oder www.ardmediathek.de/tv/die-story/Das-braune-Netzwerk/WDR-Fernsehen/Video?bcastId=7486242 (aufgerufen am 11.1.2017)

einführten. Tausende von Menschen wurden daraufhin vom „Volksgerichtshof“ abgeurteilt und dann hingerichtet.

1.4 Rechtspopulisten und „das Volk“

Ein weiterer Versuch, einen passenden Terminus zu finden, ist der Begriff „Rechtspopulismus“. Die an der Universität Wien und an der Lancaster University (Großbritannien) lehrende Sprachwissenschaftlerin Ruth Wodak hat den „Rechtspopulismus“ genau untersucht und definiert. Zunächst die allgemeine Herleitung: „Der Begriff ‚Populismus‘ lässt sich auf das lateinische Wort *Populus* zurückverfolgen: Es bedeutet ‚Volk‘ im Sinne von ‚Leute‘ oder ‚Nation‘, wie bei ‚das römische Volk‘ *(Populus Romanus)* oder ‚das deutsche Volk‘, nicht im Sinne von ‚mehreren Personen‘“ (Wodak 2016, 25). Die immer wieder bei Pegida-Aufmärschen etc. skandierte Parole „Wir sind das Volk“ erklärt sich somit – die Betonung liegt im Unterschied zu den Demonstrationen am Ende der DDR nicht auf „wir“, sondern auf „Volk“.

Mit dieser Bezugnahme wird eine Homogenisierung „des Volkes“ konstruiert, die im Widerspruch zu einer pluralen Gesellschaft und der Realität einer repräsentativen Demokratie steht. Dem „Volk“ gegenüber gestellt wird ein Kartell von Eliten, bestehend aus „der“ Politik, „der“ Presse und „der“ Wirtschaft. Populisten sind gegen die etablierten „Eliten“ (obwohl sie an deren Stelle selbst welche, nämlich ihre eigenen setzen) und sie sind anti-pluralistisch (Müller 2016, 25). Im Unterschied zum linken Verständnis vom „Volk“ gehören nach der Vorstellung der Rechten zum „Volk“ nur die „ethnisch angestammten“ „kleinen Leute“ dazu (Häusler 2016, 137). Die Logik eines so stilisierten Volksideals ist, dass es dann auch welche gibt, die nicht dazu gehören, die dadurch ausgegrenzt werden. Aktuell erleben wir es dadurch, dass hierher geflüchtete Menschen als Bedrohung des „Volkes“ gesehen werden. So sprach beispielsweise der bereits erwähnte Björn Höcke am 11.3.2016 bei der Abschlussveranstaltung des Wahlkampfes seiner Partei in Sachsen-Anhalt von einem „Asyl-Tsunami“[8] – eine Metapher, bei der Menschen eine Naturkatastrophe sind – davon, dass „das eigene Volk abgeschafft [wird]“[9]. Seine stürmisch beklatschte Rede gipfelte in dem Satz: „Das deutsche Volk, unser Volk, sehnt sich nach einer bürgerlich-patriotischen Alternative“[10].

Neben dem „Volk“ und dem „Wir“ ist die „Nation“ ein zentraler Topos in der rechten politischen Ideologie. Damit wird klar, warum Rechtspopulisten dezidierte, mitunter sehr aggressive „Anti-Europäer“ (Leggewie 2016) sind. Rechtspopulisten machen „Politik mit der Angst“ (Wodak 2016). Bedroht ist Vieles:

---

8 www.youtube.com/watch?v=FHQ4Qt-g9y (aufgerufen am 12.1.2017)

9 Ebd.

10 Ebd.

das Volk, die Nation, die Natur, die Kultur, Recht und Ordnung, die Grenzen, die Identität ... Gegen diese Angst wird „eine Politik der Ausgrenzung“ (ebd., 63) gesetzt: der „Islam“, die „Kulturbolschewisten der 68er“ (Höcke)[11], die „Nutzlosen“ und andere. Doch wo diese Gefahr groß ist, ist auch der „Retter“ nah, der dieses „Volk“ befreit (Wodak 2016, 69).

Obwohl Populisten sich „volksdemokratisch“ geben, sind sie „der Tendenz nach immer antidemokratisch“ (Müller 2016, 18). Die dezidierte Betonung einer unmittelbaren Demokratie, einer Volksabstimmung, unterläuft das Prinzip der Gewaltenteilung und verzichtet auf den Schutz und die Artikulationsfähigkeit von Minderheiten. Heterogenität ist ein Kennzeichen liberaler Demokratie, Homogenität dagegen das Merkmal autoritärer Gesellschaftsvorstellungen (die dann als besonders „demokratisch“ etikettiert werden).

1.5 Die Neuen Rechten und ihr Netzwerk

Nun soll die Verwirrung und die Gefahr der Verirrung bei der Suche nach der tauglichen Begrifflichkeit nicht auf die Spitze getrieben werden. Daher sei, dieses Kapitel abschließend, nur noch eine Etikettierung genannt, die zusammen mit Rechtspopulismus, das am ehesten beschreibt, was wir in diesem Buch untersuchen: die Neue Rechte.

Der Politikwissenschaftler Wolfgang Gessenharter hat bereits im Jahr 1989 in einem Beitrag die „Nähen und Distanzen“ zwischen Konservatismus und Rechtsextremismus ausgelotet (Gessenharter 1989, 561). Das „ideologische Scharnier“ zwischen beiden ist für ihn die Neue Rechte. Diese habe sich in der Bundesrepublik innerhalb von 16 Jahren entwickelt (ebd., 564). Es gibt sie also seit Mitte der 1970er Jahre (was sich mit der oben beschriebenen Entwicklung eines Neokonservatismus deckt). In dieser Zeit orientierte sich die deutsche Neue Rechte an der französischen „Nouvelle Droite“. Die Neue Rechte – so Gessenharter – „wurde immer stärker zu einem intellektuellen Zirkel, dem es in erster Linie um die kulturelle Hegemonie, also um die Meinungsführerschaft im politischen Alltag, und nicht unmittelbar um die parlamentarische-politische Macht ging“ (ebd., 564).

An dieser Stelle sei auf den Ursprung des Begriffs „kulturelle Hegemonie“ hingewiesen, der in den ideologischen und strategischen Überlegungen der Neuen Rechten eine bedeutende Rolle spielt. Der Begriff geht auf den marxistischen Philosophen und Parteiführer Antonio Gramsci zurück. Geprägt wurde er ca. 1927, als Gramsci im faschistischen Italien inhaftiert war und seine „Gefängnishefte“ und „Gefängnisbriefe“ verfasste. Mit der Strategie, die „kulturelle Hegemonie“ zu übernehmen, betonte er – im Unterschied zum klassischen Marxismus – die Wechselwirkung zwischen ökonomischer Basis und ideologischem Überbau

11 Ebd.

des Staates, also Politik, Ideologie und Kultur. Gramscis These war, dass der Revolution eine intensive kulturelle Vorbereitung der Arbeiterklasse vorhergehen müsse (Gramsci 1967). Dieses Konzept wurde von der Neuen Rechten übernommen, natürlich nicht auf die Arbeiterklasse bezogen, sondern auf das „Volk". Auch unter dem in rechten Zirkeln geläufigen Begriff der „Metapolitik" wird auf Gramsci Bezug genommen, und zwar mit der Absicht, Begriffe zu besetzen und auf Meinungsträger der modernen Gesellschaft zuzugreifen (Lehnert/Weißmann 2009, 101, „man betreibt Ideenpolitik" Klönne 1987, 287). Damit setzen wir uns im übernächsten Kapitel auseinander.

Gessenharter weist darauf hin, dass der Antiliberalismus ein „entscheidendes Element des Denkens der ‚Neuen Rechte' (‚Nouvelle Droite') ist" (Gessenharter 1989, 564). Damit wird nach seiner Beobachtung ein Bezug hergestellt zu Carl Schmitt, dem „in der Weimarer Zeit höchst einflussreichen politischen Theoretiker [...] und intellektuellen Wegbereiter [...] der Nazis" (ebd.). Sowohl bei den Neuen Rechten als auch bei Schmitt ist zudem der Antipluralismus ideologiebestimmend. Auf Schmitt werden wir später noch zurückkommen, ebenso auf Arnold Gehlen. Sein pessimistisches Menschenbild zählt Gessenharter ebenfalls zum Bestand des Gedankengebäudes der Neuen Rechten (ebd.).

Der Verweis auf diese Referenz bedeutender Theoretiker macht deutlich, „daß es sich bei der Ideologie der ‚Neuen Rechten' um Gedanken handelt, denen keinesfalls jeglicher intellektuelle Anspruch bestritten werden kann" (ebd., 565).

Diese These wird unterstützt durch den Hinweis auf die Zeitschriften „Criticón" und „MUT" sowie das Studienzentrum Weikersheim (ebd., 568).

Die Zeitschrift „Criticón" wurde 1970 von Caspar von Schrenck-Notzing gegründet und sollte eine Gegenstimme zu der 68er-Bewegung sein. Ende der 1990er Jahre kam es zu einem Wechsel der Herausgeberschaft und offensichtlich auch zu einer Erweiterung der ideologischen Linie. So schrieb die „Junge Freiheit", dass es zwar „freilich immer wieder Glanzlichter" gebe, aber drückte auch ihren Unmut aus: „Daß der neue Herausgeber jedoch jedem nationalen Denkansatz eine Absage erteilt (‚National müssen wir nichts mehr bewahren'), ist für viele Stammleser wiederum nur schwer verdaulich"[12].

Die Zeitschrift „MUT" wurde 1965 als der NPD nahestehendes Theorieorgan gegründet. In den 1980er Jahren wandelte sich die Zeitschrift politisch und gilt nicht mehr als rechtsextrem. Das Studienzentrum Weikersheim wurde 1979 gegründet, um, wie es auf seiner Homepage heißt, „die geistige Auseinandersetzung mit der Kulturrevolution von 1968 zu führen und zu bündeln"[13]. Das Studienzentrum führt nach wie vor als Plattform der Neuen Rechten Tagungen durch und gibt Publikationen heraus: „Die Verbindungen vom Studienzentrum Wei-

12 https://jungefreiheit.de/service/archiv?artikel=archiv00/310yy36.htm (aufgerufen am 13.1.2017)

13 www.studienzentrum-weikersheim.de/ (aufgerufen am 13.2.2017)

kersheim zur ‚Neuen Rechten', die das Ziel eint, rechtsradikale bis rechtsextreme Denkschemata zu enttabuisieren und ihre Positionen in der demokratischen Gesellschaft hoffähig zu machen, sind augenfällig. Das Studienzentrum selbst kann als Scharnier oder Brücke zwischen dem konservativen Flügel der Union und dem extrem rechten Spektrum betrachtet werden." So die Einschätzung der Akteure der Internetseite „Netz gegen Nazis"[14].

Eine besondere Bedeutung für die intellektuelle Orientierung der Neuen Rechten hat das im Jahr 2000 gegründete Institut für Staatspolitik (IfS). Mitbegründer Karlheinz Weißmann hatte in einem Interview mit der Jungen Freiheit den Anstoß gegeben, „in dem er die Notwendigkeit eines ‚Reemtsma-Instituts von rechts' betonte."[15] Eine der ersten Vorträge innerhalb einer eingerichteten „Sommerakademie" hatte den Titel „Was ist Dekadenz?"[16].

Die „Neue Rechte" wird nach wie vor – bzw. wieder und verstärkt – als ein wesentlicher Teil der „rechten" Organisationen, Institutionen und Äußerungen der Bundesrepublik gesehen (Salzborn 2015, 63–75, Langebach und Raabe 2016 und Brumlik 2016). Dabei wird ihr das Attribut „intellektuell" beigefügt (Salzborn 2015, 63).

Auch wenn sich die Begriffe nicht immer präzise und allgemeingültig zur Differenzierung und Abgrenzung voneinander eignen, haben wir uns für den weiteren Verlauf dieser Betrachtungen dafür entschieden, dass wir uns mit dem Rechtspopulismus und der Neuen Rechten in der Bundesrepublik beschäftigen. Da gibt es eine große inhaltliche Schnittmenge, doch auch eine Art strategischer „Arbeitsteilung": Das rechte „Volk" geht auf die Straße, die rechten Intellektuellen bereiten den ideologischen Boden, auf dem die Populisten agitieren. Die Vordenker liefern die Stichworte und Theoreme, die wiederum in die Programme und Verlautbarungen der populistischen Parteien und Organisationen fließen. Und es gibt die parteipolitisch aktiven Provokateure, die medial stark wirken und gezielt bisherige Tabus ignorieren. Sie überschreiten bewusst die Grenzen des Sagbaren mit der Absicht, dass das zur Gewohnheit wird und ein „Umdenken" stattfindet. Die politischen Gegner werden dazu gezwungen, sich daran abzuarbeiten und Schadensbegrenzung zu versuchen. Ein Ziel ist dann erreicht: öffentliche Aufmerksamkeit. Es ist, wie wir beweisen wollen, ein effektives Netzwerk aktiv, das die demokratische Kultur der Bundesrepublik herausfordert.

14 www.netz-gegen-nazis.de/artikel/das-studienzentrum-weikersheim (aufgerufen am 13.1.2017)

15 https://staatspolitik.de/institut (aufgerufen am 1.4.2017)

16 Ebd.

2 Exkurs: Die Identitären

„Ihr macht eine Politik, die unsere Werte und Traditionen für eine multikulturelle Utopie opfert."
„Ihr wollt uns einreden, dass wir keine Identität haben, zu homogen sind. Wir sollen verdrängt und ausgetauscht werden."
„Ihr schafft euch ein neues Volk und macht uns zu Fremden."

Das sind drei von mehreren Aussagen, die junge Männer und Frauen in eine Kamera sprechen. Sie alle sind ohne erkennbaren Migrationshintergrund und haben ein Erscheinungsbild ohne die für die rechtsextreme Szene typischen Zeichen und Codes.

Es ist ein Clip, in dem sich die „Identitären" selbst darstellen. Veröffentlich wurde er am 21. Januar 2016, am 8. Juni 2017 hatte er bereits 413.346 Aufrufe (siehe: Zukunft für Europa ... 2016).

Mit den drei zitierten, entschieden und proklamatorisch vorgebrachten Erklärungen wird der Kern der Ideologie der Identitären deutlich: Es geht um das Gegenüber von „ihr" und „wir", wobei „ihr" das „Volk" verdrängt und „austauscht". „Wir" werden Fremde.

Dieser Entwicklung hat „die Identitäre Generation" den Krieg erklärt, so Martin Willinger, einer der profilierten Vertreter dieser Bewegung (Willinger 2013). Und adressiert an „ihr": „Der Wille zur Identität ist stärker als eure künstliche Ideologie" (ebd., 80).

In einer Selbstbeschreibung heißt es: „Wir wollen endlich eine offene Debatte über die Identitätsfrage im 21. Jahrhundert. Das etablierte Meinungsspektrum verengt diese Frage lediglich auf die Utopie einer einheitlichen One-World-Ideologie. Wir hingegen fordern eine Welt der Vielfalt, Völker und Kulturen. Die Bewahrung unserer ethnokulturellen Identität muss als Grundkonsens und als Grundrecht in der Gesellschaft verankert werden."[1]

> „Die Identitäre Bewegung hat ihre Ursprünge in Frankreich und wurde spätestens im Oktober 2012 darüber hinaus bekannt. Damals besetzten einige Dutzend Personen der GÉNÉRATION IDENTITAIRE, der Jugendorganisation des extrem rechten BLOC IDENTITAIRE, über mehrere Stunden das Dach einer im Bau befindlichen Moschee in Poitiers. Dabei entrollten die Identitären ein Banner mit der Zahl 732 und dem Symbol der Bewegung: dem griechischen Lambda auf gelbem Grund. Der Bezug auf dieses

1 www.identitaere-bewegung.de/ (aufgerufen am 15.6.2017)

> historische Ereignis spielt bei fast allen Aktionen der Identitären eine wichtige Rolle. Im Jahr 732 errang Karl Martell in Poitiers den Sieg gegen die Mauren. Der symbolisch und pathetisch aufgeladene Aktionismus der Identitären ist seitdem Kennzeichen der Bewegung […]" (Henßler 2016, 1).

Mit seinem Buch „Die Identitäre Generation" will der 1992 geborene Österreicher Markus Willinger einmal Europa retten und zum anderen erklärt er den „68ern" den Krieg. Beides hängt für ihn zusammen: „Die Völker Europas haben ihren Lebenswillen verloren […] Die Ideologie der 68er durchsetzt Europa" (Willinger 2013, 7). Weiter heißt es: „Niemals zuvor in der Geschichte der Menschheit drangen fremde Völker in derartigem Ausmaß in einen Erdteil ein, ohne dass es Widerstand der eigenen Bevölkerung gegeben hätte. Dass Europa nun nach 1000 Jahren stolzer Geschichte am Ende ist, liegt nicht an der Stärke der Anderen, sondern an unserem Unwillen, für unser eigenes Überleben einzutreten.

Die 68er haben uns das Bekenntnis zur eigenen Identität schlecht gemacht" (ebd., 8).

In 41 Kapiteln ereifert sich Willinger u. a. gegen die

- multikulturelle Gesellschaft: sie „bedeutet für uns nur Hass und Gewalt" (ebd., 11). „Wir wollen nicht, dass Mehmed und Mustafa Europäer werden" (ebd. 32 und etliche weitere Stellen);
- Politik: „Wir erwarten nichts anderes, als dass die Politik uns belügt" (ebd., 17), „Die Politiker aller Parteien sind uns gleich. Denn sie sagen ja auch alle das Gleiche" (ebd., 18).
- Angleichung der Geschlechter: „Wo sich einst das starke und das schöne Geschlecht freudig vereinigten, habt ihr die Allianz der Zwitter gesetzt, das Bündnis der Halben, die Vereinigung des Nichts" (ebd., 21);
- repräsentative Demokratie: „Wir aber behaupten, dass das Volk die entscheidenden Dinge tausendmal besser beurteilen kann als eure weltfremden Parlamentarier" (ebd., 37);
- Integration: „Muslime und Afrikaner! Brecht eure Zelte ab und verlasst diesen Kontinent. Ihr habt ganze Erdteile, die euch gehören" (ebd., 84).

Und immer wieder geht es um Identität und gegen diejenigen, die sie vermeintlich verhindern: „Ihr könnt den Willen zur Identität nicht besiegen" (ebd., 79).

Am Ende stellt Willinger klar, dass dieses Buch kein Manifest sei: „Es ist eine Kriegserklärung. Unsere Kriegserklärung an euch" (ebd., 103).

Die Identitären werden als die „Jugendbewegung" der Neuen Rechten bewertet. Ihre Jugendlichkeit verbinden sie mit Aktionismus, Popkultur und einer Corporate Identity (so „der schwarz-gelbe Einheitslook und das Lambda-Symbol") (Bruns/Glösel/Strobl 2014, 59). Trotz erklärter Feindschaft gegen die

„68er“, ja Hass auf sie (Willinger 2013, 7) orientieren sich die Identitären „an linken Aktionsformen“, an Störaktionen, Besetzungsversuchen und Flashmobs (Bruns/Glösel/Strobl 2014, 57). Damit sind sie in nahezu allen mittel-, west- und nordeuropäischen Ländern aktiv (ebd., 61–121). Auf ihrer Homepage präsentieren die Mitglieder der Identitären Bewegung ihre „Aktionen“, die mitunter sehr spektakulär sind.[2]

Für Götz Kubitschek, Verleger rechter Literatur und eine zentrale Schlüsselperson der Neuen Rechten, sind die Identitären eine Art Hoffnungsträger. Auf die entsprechende Frage eines Journalisten antwortete er, dass „die Identitäre Bewegung zu diesem Teil der Hoffnung [gehört], die ich noch habe. Also, das ist zur Verteidigung des Abendlands, zur Verteidigung des Eigenen zwingend notwendig. Dass es [...] ne richtige Wende, ne richtige Revolte (gibt)“ (Kneser/Gogos 2016, 15:28).

Am Ende einer gründlichen Analyse der Identitären fasst eine Wiener Forschergruppe zusammen: „Die Identitären haben die Neue Rechte für eine junge Generation ein Stück weit vitalisiert, sie breitenwirksamer, aktionistischer gemacht und ihre Ziele unter ein länderübergreifendes gemeinsames Ganzes gestellt, das sie mit Hilfe einer Corporate Identity erreichen wollen“ (Bruns/Glösel/Strobl 2014, 220).

Die Identitären werden vom Bundesamt für Verfassungsschutz und von Verfassungsschützern in neun Bundesländern beobachtet: „Wir sehen bei der ‚Identitären Bewegung‘ Anhaltspunkte für Bestrebungen gegen die freiheitliche demokratische Grundordnung“, sagte Verfassungsschutzchef Hans-Georg Maaßen. [...]. Insbesondere in der Anti-Asyl-Agitation im Zusammenhang mit der Flüchtlingskrise habe sich eine weitere Radikalisierung gezeigt. ‚So werden Zuwanderer islamischen Glaubens oder aus dem Nahen Osten in extremistischer Weise diffamiert.‘ [...]“ (Bundesamt 2016).

Eine materialreiche Untersuchung der Identitären Bewegung Deutschlands (IBD) hat der Niedersächsische Verfassungsschutz veröffentlich (Niedersächsisches Ministerium 2016). Im Fazit heißt es u. a.:

> „Die IBD versteht sich als Bestandteil einer europaweiten Bewegung. Ihr Ziel ist es, die europäische Jugend im Kampf für die nach ihrer Meinung bedrohte Freiheit und kulturelle Identität zu vereinen. Ihre vornehmliche Aufgabe sieht die IBD folglich in der Verteidigung und Bewahrung von ‚Heimat, Freiheit, Tradition‘. An erster Stelle steht hierbei der Erhalt der ‚ethnokulturellen Identität‘, die durch einen befürchteten ‚demographischen Kollaps‘ sowie durch angebliche ‚Massenzuwanderung‘ und ‚Islamisierung‘ bedroht sei.
>
> [...] Die Identitären richten sich deshalb vehement gegen Multikulturalismus und propagieren einen europäischen Ethnopluralismus, der erstens die vermeintlich zu

2 Ebd.

> verteidigenden kulturellen und zugleich angeblich naturgegebenen Unterschiede zwischen ethnischen Gruppen im Sinne eines kulturellen Rassismus begründet und der zweitens dementsprechend die strikte räumliche und kulturelle Trennung unterschiedlicher Ethnien fordert.
> Ideologisch verfolgt die Identitäre Bewegung damit einen Ethnopluralismus, der Menschen aufgrund kultureller Zugehörigkeit klassifiziert und bewertet. Der Einzelne wird nicht als Individuum, sondern als Teil eines Kollektivs wahrgenommen, dem bestimmte unabänderliche Merkmale und Eigenschaften zugeschrieben werden. Im Sinne eines volksgemeinschaftlichen Denkens wird hierbei die Identität eines Menschen aufgrund seiner ethnischen Herkunft definiert. Die Identität eines Volkes bzw. einer Nation wäre demnach vor allem durch die jeweiligen kulturellen Eigenheiten und Errungenschaften geprägt.
> Den ideologischen Bezugsrahmen bieten nationalkonservative Theoretiker der Weimarer Republik wie Oswald Spengler, Carl Schmidt (sic!) und Ernst Jünger, die zu den antiliberalen und antiegalitären Denkzirkeln der ‚Konservativen Revolution' gezählt werden. So steht im Mittelpunkt der identitären Ideologie ein kollektivistisches Begriffsverständnis von ‚Freiheit, Heimat, Tradition', das primär auf Ausgrenzung, Abwertung und Ungleichheit setzt. Die Identitäre Bewegung richtet sich damit gegen die Prinzipien der freiheitlichen demokratischen Grundordnung. [...]
> Die Identitäre Bewegung gehört [...] zu einem sich immer weiter ausdehnenden Netzwerk der Neuen Rechten, das sich in der Grauzone von Rechtskonservatismus, Rechtspopulismus und Rechtsextremismus bewegt. Die Identitären verstehen sich dabei als elitäre und intellektuelle Stichwortgeber insbesondere für die junge Generation" (ebd., 44–46).

Das Bundesamt für Verfassungsschutz stellt fest: „Es liegen [...] Anhaltspunkte für rechtsextremistische Bestrebungen dieser Organisation vor" (Bundesministerium 2017, 64).

3 Kernbegriffe, Schlüsselkategorien und Ideologismen der Neuen Rechten

3.1 Der Kampf um Begriffe

Rechtes Denken dreht sich um einen Bestand an Begriffen und Kategorien, die in den Programmen und in der Ideologie immer wieder auftauchen. Sie bilden das Gerüst rechter Vorstellungen und Zielabsichten. Alles in allem sind es ca. 30 dieser Begriffe, die bei Durchsicht von Programmen der AfD, rechtskonservativen und -extremen Publikationen und Reden dieser Politiker/-innen und Ideengeber/-innen auszumachen sind. Das ist viel mehr als Wortklauberei, es ist eine Besetzung von Begriffen, ein Kampf um sie (Fetscher/Richter 1976, Flümann 2017).

Im Jahr 1957 erschien ein Buch mit dem Titel „Wörterbuch des Unmenschen", dem mehrere Auflagen folgten (Sternberger/Storz/Süskind 1968). Die Autoren untersuchten anhand von zunächst 28, später 33 Begriffen die Sprache der Nationalsozialisten und kommentierten sie. Dolf Sternberger schrieb im Vorwort: „[...] nichts [ist] gleichgültig an der Sprache, und nichts so wesentlich wie die façon de parler. Der Verderb der Sprache ist der Verderb des Menschen. Seien wir auf der Hut! Worte und Sätze können ebensowohl Gärten wie Kerker sein, in die wir, redend, uns selbst einsperren" (Sternberger/Storz/Süskind 1968, 9).

In den 1970er Jahren, als ein heftiger Streit zwischen der konservativen CDU/CSU und der sozialliberalen Koalition vor allem um deren Ostpolitik entbrannte, wurde von der konservativen Seite die Alternative „Freiheit oder Sozialismus?" propagiert. Damit wollte man die Politik der Regierung Brandt/Scheel desavouieren. Der Psychoanalytiker Horst E. Richter nannte den Grund: „Die Erfinder eines solchen Slogans unterstellen, daß die positive Suggestionskraft von ‚Freiheit' entsprechende emotionale Reaktionen weckt, die ein kritisches Nachdenken ersticken" (Richter 1976, 9). Das Ringen um die Begriffe, deren strategische Benutzung ist also ein altes politisches Spiel, mit dem ein „semantischer Krieg" (Schumann 1991, 18) ausgetragen wird. Es geht dabei um Deutungshoheit, wobei in einer über 40 Jahre alten Schrift die Frage offengelassen wurde, ob Worte wirklich Politik machen (Fetscher/Richter 1976). Erhard Eppler sieht einige Jahre später die Ursache für den zunehmenden Rechtsextremismus und die wachsende Politikverdrossenheit darin, wie Sprache in der Politik verwendet wird (Eppler 1992). Aktuelle Publikationen zeigen, wie derzeit politische Begriffe umkämpft, d. h. „bewusst umgedeutet oder übernommen werden, um sie in ihr Gegenteil zu verkehren [...]" (Flümann 2017, 9). Diese Strategie nutzen „insbesondere extremistische Akteure" (ebd.) und bringen auf diese Weise allseits positiv besetzte

Begriffe wie „Demokratie, Freiheit, Frieden, Wahrheit oder die Gemeinschaft" (ebd., 10) in ihr ideologisches System ein. Die Folge: „Die Kunst der Agitation hat Konjunktur" (Feustel u.a. 2016, 5).

Die Vertreter der Neuen Rechten setzen die Strategie der Begriffsokkupation ein, indem sie ihre Schlüsselwörter ins Spiel bringen. Das werden wir im weiteren Verlauf zeigen. Aber es wird von dieser Seite auch umgekehrt vorgegangen. So soll mit einer Publikation des einschlägigen Verlags Antaios die „Sprache der BRD" anhand von „131 Unwörtern" dargestellt werden (Kleine-Hartlage 2015). Beispiele sind u.a.: Antirassismus, Auschwitz, Dialog mit dem Islam, Erinnerungskultur, Fremdenfeindlichkeit, Gender, Holocaust, Integration, Klimawandel, Rassismus, Rechtspopulismus, Reichspogromnacht, Stammtisch, Toleranz, Verantwortung, Volksverhetzung, Zivilcourage. Mit diesen „Unwörtern" sind „Schwamm- und Kampfbegriffe in den Jargon der Politik und der diskutierenden Klasse eingesickert". Mit ihnen „[wird] knallhart umgesetzt [...]: Die Zerstörung des freien Meinungsaustauschs vor dem Hintergrund einer Zerstörung der ethnischen, mentalen und kulturellen Grundlage unseres Volkes." So die Mitteilung des Verlags.[1] Die Rezension eines rechten Online-Magazins bescheinigt dem Autor, dass „für ihn [...] die herrschende Sprachregelung ein Machtmittel [ist], das die immer größer werdende Kluft zwischen Volk und Regierenden überdecken soll und damit den Charakter einer ideologischen Apartheid annimmt."[2]

Ist das Gerangel um die Begriffe aber wirklich effektiv und aus der Sicht der „Wortbesetzungsstrategen" auch erfolgreich? Das kann, das muss bejaht werden. Neuere Untersuchungen aus der Sprach-, Neuro- und Kognitionsforschung haben den Begriff der „Frames" eingebracht. Hintergrund ist, dass ihren Erkenntnissen zufolge „nur geschätzte 2 Prozent unseres Denkens [...] bewusste Vorgänge sind" (Wehling 2016, 43). In dieser Situation kommen die Frames ins Spiel. Sie sind ein „Rahmen", der für Zuordnung sorgt. „Wenn es gilt, Worte oder Ideen zu begreifen, so aktiviert das Gehirn einen Deutungsrahmen, in der kognitiven Wissenschaft *Frame* genannt" (ebd., 28). Damit werden alle vorausgegangenen Erfahrungen eingebracht, bei weitem nicht nur der Verstand. „Dazu gehören Bewegungsabläufe, Gefühle, taktile Wahrnehmungen, Gerüche, Geschmäcke und vieles mehr. Kurzum: Wir begreifen Worte, indem unser Gehirn körperliche Vorgänge abruft, die mit den Worten assoziiert sind" (ebd., 21). Worte haben demzufolge eine große Bedeutung, mit ihnen wird ein gesamtes Gefühlsleben angesprochen, angeregt und aktiviert. Entgegen früherer Skepsis, mit welcher der Einfluss der Sprache auf die reale Politik bedacht wurde, heißt es nun: „Es ist höchste Zeit, unsere Naivität gegenüber der Bedeutung der Sprache in der Politik

1 https://antaios.de/gesamtverzeichnis-antaios/einzeltitel/3854/die-sprache-der-brd.-131-unwoerter-und-ihre-politische-bedeutung (aufgerufen am 30.8.2017)

2 http://zuerst.de/2015/07/24/buchbesprechung-die-sprache-der-brd-von-manfred-kleine-hartlage/ (aufgerufen am 2.2.2017)

abzulegen“ (ebd., 18 u. 82). Denn „Frames haben einen selektiven Charakter. Sie bewerten und interpretieren gesellschaftliche und politische Gegebenheiten aus einer bestimmten Weltsicht heraus. Und sind sie erst einmal über Sprache in unseren Köpfen aktiviert, leiten sie unser Denken und Handeln an – und zwar zumeist ohne dass wir es merken“ (ebd., 191).

Die Ergebnisse dieser Forschung unterstützen unsere Absicht, die Kernbegriffe rechten Denkens vorzustellen. Das alleine wäre aber zu wenig und entspräche nicht der Intention, die hinter diesem Buch steckt. Gegen die Versuche, eine rechte Deutungshoheit zentraler gesellschaftlicher Begriffe herbeizuführen, sollen jeweils liberale, emanzipatorische und demokratische Sichtweisen und Deutungen dagegengesetzt werden. Sie – so unsere Hoffnung – sind hilfreich beim „Kampf um die Begriffe“.

Bevor es damit losgeht, noch einmal eine grundsätzliche Verortung und Vergewisserung dessen, was „konservativ“ ist, wobei insbesondere „rechtskonservativ“ gemeint ist:

> „Konservative meinen Bescheid zu wissen über das ‚Wesen der menschlichen Natur; sie kennen – so behaupten sie – die ‚Innenwelt‘ des Menschen. ‚Konservativ sein hat auch mit dem zu tun, was einmal Seele hieß‘. Der Mensch, sagen sie, ist nicht frei geboren; der Mensch kann seine Freiheit und sich selbst nur in Bindungen gewinnen; indem er sich in übergreifende Ordnungen hineinbegibt. Die Menschen sind auch nicht von Natur aus gut in ihren Beziehungen zueinander. Weil dies so ist, besteht ein allgemein menschliches Bedürfnis nach Ordnung und Sicherheit. Die Menschen sind untereinander ungleich, woran nach konservativer Ansicht keine egalitaristische Ideologie und Sozialpolitik etwas ändern kann. Die Menschen sind ‚Mängelwesen‘ und als solche angewiesen auf sie entlastende, aber auch fordernde Institutionen. So ist die Realität von Macht und Herrschaft nicht aus der Welt der Menschen wegzudenken, genausowenig wie die Notwendigkeit von Autoritäten und Tabus“ (Grebing1976, 107).

Damit ist das rechte Grundmuster beschrieben, im Folgenden soll es anhand von Schlüsselwörtern und Leitbegriffen konkretisiert werden. Belege wurden gesucht und gefunden im Programm der AfD, in Verlautbarungen einzelner Politiker/-innen, rechten und rechtskonservativen Publikationen und Internet-Plattformen. Eine besondere Bedeutung hat hierbei das fünfbändige „Staatspolitische Handbuch“, das im Verlag Edition Antaios erschienen ist. Die Verlagsmitteilung hierzu zeigt die Richtung an. „Jeder Band ist ein Wegweiser durch die Vielfalt des konservativen Geländes – sorgsam erarbeitet und neben den Text-Artikeln bestückt mit Zitaten, bibliographischen Hinweisen und Registern.“[3] Der Verlag ist eng, auch räumlich auf dem ehemaligen Rittergut Schnellroda, verbunden mit

3 https://antaios.de/gesamtverzeichnis-antaios/staatspolitisches-handbuch/ (aufgerufen am 11.2.2017)

dem „Institut für Sozialpolitik (IfS)“ (Speit 2016, 171–123.). Dieses wurde vom Deutschlandfunk als „die Denkfabrik der Neuen Rechten“ bezeichnet.[4] In den letzten Jahren brachte sich „das Spektrum um das IfS [...] bei Pegida und der AfD ein“ (ebd., 119).

Mit dem Verlag Antaois kooperieren mehrere weitere rechtskonservative bis rechtsextreme Verlage, z. B. Ares-Verlag, Compact, Blaue Narzisse, Verlag Junge Freiheit, Karolinger Verlag, Manuscriptum, Regin Verlag.[5]

Die nachstehende Darstellung bzw. Auseinandersetzung mit den „rechten Schlüsselwörtern“ wendet sich denen zu, die im Sprachgebrauch der Neuen Rechten zentral sind. Im Staatspolitischen Handbuch werden sie „als Leitbegriffe“ bezeichnet. Dort wird auch dezidiert betont, „daß Sprache ein Machtmittel ist“ (Lehnert/Weißmann 2009, 7). Von den Herausgebern wird betont, dass „Parteilichkeit“ die Auswahl der Begriffe „leitete“ (ebd., 9). Das Ziel ist, auf diesem Weg „eine politische Veränderung“ (ebd.) herbeizuführen.

Es werden Begriffe dargestellt und mit demokratischen Gegenargumenten kontrastiert, die im Zentrum und dem Vor- und Umfeld der Neuen Rechten zirkulieren. Dabei wird bewusst auf eine Programmauswertung der eindeutig rechtsextremen, verfassungsfeindlichen NPD verzichtet. Dazu gibt es ausreichende und gut fundierte Analysen (z. B. Gießelmann u. a. 2016). Die NPD ist nicht anschlussfähig an die bürgerliche Mitte, wohl aber ist es „Deutschlands neue rechte Mitte“ (Speit 2016, Untertitel). Sie wird als „gespalten“ (Zick/Küpper/Kraue 2016), „fragil“ (Zick/Klein 2014) und „enthemmt“ (Decker/Kiess/Brähler 2016) beschrieben; dazu gib es überzeugende empirische Belege (ebd.). Die sich „bürgerlich“ darstellende Neue Rechte kann hier, gerade in einer politisch schwankenden Situation und in einem aggressiven gesellschaftlichen Klima anknüpfen. Da die Grenzen zum ultimativen Rechtsextremismus alles andere als trennscharf sind, kann das zu einem erheblichen Problem für die Demokratie werden. Vor allem wenn die Grenzen zwischen Denken und Handeln verschwinden, und gewalttätige Sprache zu Gewalt gegen Menschen wird.

---

4 www.deutschlandfunk.de/institut-fuer-staatspolitik-die-denkfabrik-der-neuen-rechten.862.de.html?dram:article_id=337403 (aufgerufen am 11.2.2017)

5 https://antaios.de/buecher-anderer-verlage/ (aufgerufen am 1.2.2017)

3.2 Rechte Schlüsselwörter und was ihnen entgegengesetzt werden kann

3.2.1 Abstammung

Rechte Position

→ **Hierarchie**
→ **Natur**
→ **Staat**

Unter den erklärten „Vordenkern" der Rechtskonservativen (Lehnert/Weißmann 2017) findet man die Verhaltensforscher Irenäus Eibl-Eibesfeldt und Konrad Lorenz oder den anthropologisch orientierten Philosophen Arnold Gehlen (ebd.).

Und in dem als „Schlüsselwerke" (Lehnert/Weißmann 2010) etikettierten Band, der wie die „Vordenker" – so der Titel eines weiteren Buches – im klar positionierten Antaios-Verlag erschienen ist, sind Rezensionen enthalten von Werken von Arnold Gehlen („Der Mensch", „Urmensch und Spätkultur"), Irenäus Eibl-Eibesfeldt („Der Mensch – das riskierte Wesen"), Konrad Lorenz („Die acht Todsünden der zivilisierten Menschheit", „Das sogenannte Böse"). Man findet dort auch Bücher von weithin unbekannten Autor/-innen, deren Titel bereits aufhorchen lassen, so Salcia Landmann („Die Juden als Rasse") und Ilse Schwidetzky („Grundzüge der Völkerbiologie", „Rassen und Rassenbildung beim Menschen"). Es fehlen nicht die Werke des Geschichtsphilosophen Oswald Spengler („Der Mensch und die Technik", „Der Untergang des Abendlandes"). Auch er bezieht sich in seiner Beschreibung bzw. Beschwörung des Verfalls der Kulturen auf die Natur und die Natur des Menschen.

Der mit Vererbung von Intelligenz und damit durch die Zuwanderung bedingte „natürliche Verdummung" der Deutschen argumentierende Thilo Sarrazin („Deutschland schafft sich ab") ist ebenfalls in dieser Reihe vertreten. Dabei ist auch die Schrift des englischen Philosophen und Staatstheoretikers Thomas Hobbes, „Leviathan" (1651), ein Klassiker der negativen Anthropologie. Für Hobbes benötigen die Menschen „eine einschränkende Macht", ansonsten befinden sie sich im „Krieg aller gegen alle" (Hobbes 1970, 115). Zum „Schlüsselwerk" werden auch die fünf Bände von Hans Peter Dürr erklärt („Der Mythos der Zivilisation"), mit denen er gegen Norbert Elias kultursoziologischen Klassiker „Über den Prozeß der Zivilisation" argumentiert und dagegen ins Feld führt, dass die „animalische Natur" des Menschen nach wie vor im modernen Menschen vorhanden und keineswegs weniger domestiziert ist als in vorausgegangenen Gesellschaften.

Es ist naheliegend, dass rechtes Denken mit dem Verweis auf „Natur" begründet wird. Denn, was „natürlich" ist, kann nicht angezweifelt werden.

Rechtes Denken rekurriert auf Kategorien wie „Natur", „Rasse", „Volk", beharrt auf ein festes „Wesen des Menschen" oder eine definierte „Natur der Völker". Damit kann man, werden diese Kategorien oder Bestimmungsmerkmale durchdekliniert, schnell zu einem Gesellschaftsbild kommen, das der natürlichen Ordnung entsprechen bzw. dass diese hergestellt werden muss. Der rechte „Vordenker" Arnold Gehlen sieht den Menschen „im Gegensatz zu allen höheren Säugetieren hauptsächlich durch *Mängel* bestimmt" (Gehlen 2004, 33). Diese biologische Unzulänglichkeit wird durch Kultur kompensiert. Aber hinter der Kultur steckt auch Herrschaft. „Mängelwesen" müssen geführt werden. Doch von wem? Durch Eliten, die sollen „führen"; aber sie sind auch nur „Mängelwesen" Damit verheddert sich rechtsautoritäres Denken in einen Teufelskreis. Denn wenn unvollkommene Menschen von unvollkommenen Menschen geführt werden, dann bleibt alles ... unvollkommen. Die Konsequenz ist einmal, dass die Herrschenden die Zügel anziehen. Zum anderen steigt die Frustration der Beherrschten. Frustration erzeugt Aggressivität, und diese kann sich gegen „innere Feinde" und gegebenenfalls auch gegen äußere richten. Darauf hat Jürgen Habermas in einer frühen Replik auf Gehlen hingewiesen (Habermas 1971, 221).

Habermas war es auch, der das „dialektische Wechselspiel" (Korfkamp 2006, 127) zwischen Gesellschaft und Natur erkannt hat. Es ist also keine einseitige Determination durch „die Natur" anzunehmen. Die erkenntnisleitenden Interessen der Menschen „gehen zugleich aus Natur und *aus dem kulturellen Bruch* mit Natur hervor" (Habermas 1965, zit. nach Korfkamp 2006, 127).

Das rechte Denken hingegen ist von einem Biologismus geleitet, also einer überzogenen Anwendung biologischer Gesichtspunkte auf andere Wissensgebiete, in diesem Fall vor allem auf die Psychologie, Politologie und Soziologie.

In den 1970er Jahren des letzten Jahrhunderts wurde „eine extrem harte Debatte geführt, in der die Lager Genetik und Umwelt einander unversöhnlich gegenüberstanden" (Montag 2016, 65). Das hat sich in den letzten Jahren „deutlich geändert" (Diewald/Riemann 2014, 75).

Heute hingegen „kann man allgemein sagen, dass 40 bis 50 % der Unterschiede zwischen Menschen in den Persönlichkeitseigenschaften auf genetische Faktoren zurückzuführen sind, der andere Teil auf Umwelteinflüsse [...]" (Montag 2016, 66). Die „wissenschaftlichen Lager, die Genetik oder Umwelt favorisieren, [haben sich] miteinander versöhnt" (ebd., 67).

Das zeigt sich bei gemeinsamen Forschungsvorhaben, zum Beispiel bei einem aktuell laufenden großen interdisziplinären Projekt, bei dem auf der Grundlage von Zwillingsforschung die Ursachen sozialer Ungleichheit analysiert werden (Diewald/Riemann 2014). Die bisherige Quintessenz: „Deterministisch ist im menschlichen Leben [...] kaum etwas“ (ebd., 71). Dagegen geht man heute von einer „Anlage-Umwelt-Interaktionen“ aus (ebd., 77).

Rechte „Vordenker“ und politische Akteure wollen mit dem Verweis auf die „natürliche“ Ungleichheit der Menschen ihre Politik etablieren. Da soll beispielsweise durch die Vormachtrolle von „natürlich“ privilegierten Eliten geschehen, die die Geschicke lenken. Dieses Konzept steht jedoch im Widerspruch zu sich verfestigenden wissenschaftlichen Erkenntnissen. Die Ausprägung von Persönlichkeiten und die sozialen Umstände und Voraussetzungen spielen eine große und erheblich mitentscheidende Rolle bei der Auseinandersetzung um Kultur, Gesellschaft und Politik. In diesem Spiel der vielen Unterschiede und Gegensätze wird eine demokratische Gesellschaft real.

3.2.2 Bildung/Erziehung

Rechte Position

> „Alle konservativen Erziehungskonzepte setzen [...] voraus, daß E. [Erziehung, Anm. d. Verf.] in erster Linie auf Erfahrung gründet, und zu den wichtigsten Erfahrungen in der E. gehört der problematische Charakter des Menschen. Das bedeutet nun gerade nicht, die Erziehbarkeit als solche in Frage zu stellen, aber ihre Grenzen werden deutlich benannt. Das heißt, E. sollte beschränkt werden auf die Möglichkeit, den einzelnen durch Formung dahin zu bringen, daß er seinen eigentlichen Anlagen entsprechen kann und den Erfordernissen des Gemeinschaftslebens genügt“ (Lehnert/Weißmann 2009, 48).
>
> „Leistungsbereitschaft und Disziplin sind Voraussetzung für eine erfolgreiche Wissensvermittlung. Die Erziehung der Schüler dazu ist in erster Linie Aufgabe der Eltern. Das entsprechende Verhalten der Schüler kann nur durchgesetzt werden, wenn den Lehrern die dazu geeigneten Maßnahmen zur Verfügung stehen und deren Durchsetzung nicht ständig hinterfragt wird. Schulverweigerung, Null-Bock-Mentalität, Disziplinlosigkeit, Mobbing und Gewalt in der Schule sind nicht zu tolerieren und unter Einbeziehung der Erziehungsberechtigten angemessen zu ahnden. Die Wahlfreiheit zwischen Halbtags- und Ganztagsklassen muss erhalten bleiben“ (Programm für Deutschland 2016, 54).

Gegenargumente

Die auffallenden und für konservative Erziehungsvorstellungen gleichwohl charakteristischen Begriffe sind „der problematische Charakter des Menschen“, „Formung“ und „Erfordernisse des Gemeinschaftslebens“. Im Klartext bedeutet dies eine Erziehung zur Anpassung an die Gegebenheiten, auch hier wird wieder von einem negativen Menschenbild ausgegangen.

Demgegenüber steht ein Erziehungsverständnis, das von der Mündigkeit und den Entfaltungsmöglichkeiten der „zu Erziehenden“ ausgeht und darauf hinzielt.

Das grundsätzliche Credo findet man bereits bei Immanuel Kant. Im Jahr 1784 hat er auf die Frage „Was ist Aufklärung?“ das folgende, immer wieder und bis heute zitierte Motto beschrieben: „*Aufklärung ist der Ausgang des Menschen aus seiner selbstverschuldeten Unmündigkeit. Unmündigkeit* ist das Unvermögen, sich seines Verstandes ohne Leitung eines anderen zu bedienen. *Selbstverschuldet* ist diese Unmündigkeit, wenn die Ursache derselben nicht am Mangel des Verstandes, sondern der Entschließung und des Mutes liegt, sich seiner ohne Leitung eines anderen zu bedienen. Sapere aude! [Habe Mut, zu wissen, Anm. d. Verf.] Habe Mut, dich deines eigenen Verstandes zu bedienen ist also der Wahlspruch der Aufklärung“ (Kursivsetzung im Original, Kant 1784/2010, 9).

Die zentrale Bedeutung von Mündigkeit in der demokratischen Erziehung hat Theodor W. Adorno betont: „Wer innerhalb der Demokratie Erziehungsideale verficht, die gegen Mündigkeit, also gegen die selbständige bewußte Entscheidung jedes einzelnen Menschen gerichtet sind, der ist antidemokratisch [...]“ (Adorno 1963/1979, 107).

Die Gleichsetzung von Leistungsbereitschaft und Disziplin im Programm der AfD geht an den Erkenntnissen der modernen Lernpsychologie vorbei. Disziplin – hier wohl gleichzusetzen mit autoritärem Druck und mit entsprechenden Sanktionen – schafft keine Lernmotivation, sondern allenfalls angepasste Reproduktion von vorgegebenem Wissen. Bildung ist mehr als eine Wissensvermittlung.

Mit dieser Gewichtung werden alle Erkenntnisse und Errungenschaften einer mittlerweile 250-jährigen Tradition der Reformpädagogik ignoriert (Rousseau, Pestalozzi, Fröbel). Für die Vertreter/-innen der Reformpädagogik geht Schule „vom Kinde aus“ und nicht „vom Lehrer“. Gute Leistung kann nicht erzwungen werden, sie muss geweckt werden, und zwar durch eine anregende Lernatmosphäre, die Schüler/-innen fordert und fördert.

Die Bedürfnisse der Schüler/-innen spielen in der oben zitierten AfD-Position keine Rolle. Stattdessen wird ein Bild gezeichnet, in dem „Schulverweigerung, Null-Bock-Mentalität, Disziplinlosigkeit, Mobbing und Gewalt“ (Programm für Deutschland 2016, 54) gang und gäbe seien. Sicherlich gibt es das alles, aber doch keineswegs generell und flächendeckend. Und wenn, dann ist das in der Tat nicht zu tolerieren. Aber diese Phänomene sind keine rein schulbezogenen, sondern mittlerweile gesamtgesellschaftliche. Die Ursachenforschung und Problemlösung müssen da ansetzen.

Schließlich ist auffallend und wohl auch nicht verwunderlich, dass bei den Erziehungs- und Bildungsvorstellungen der Neuen Rechten die besondere Rolle des Holocaust und die Wachsamkeit gegenüber nazistischer Ideologie keine Rolle spielt. Deren Aufkommen gilt es unbedingt zu verhindern, ihrer Präsenz muss entgegengetreten werden – so der demokratische Konsens. Dafür steht Adornos immer wieder zitierter kategorischer Satz: „Jede Debatte über Erziehungsziele ist nichtig und gleichgültig diesem einen gegenüber, daß Auschwitz nicht sich wiederhole" (Adorno 1979, 88).

3.2.3 Demokratie

→ **Politik**
→ **Staat**

Rechte Position

Die Rede ist von einer „Alimentierenden Demokratie".

> „Versorgt wird man entweder mit ökonomischen Vorteilen – so im Fall des Wohlfahrtsstaates der westlichen Welt – oder ökonomischen Chancen – so im Fall des amerikanischen Systems. [...] Allerdings sind in seinem Inneren längst politische Klassen entstanden, die sich immer stärker abschotten und über effektive Möglichkeiten verfügen, Mitbewerber von der Einflußnahme fernzuhalten. Die in ihren Verfassungen festgelegten Grundrechte und das Mehrheitsprinzip werden regelmäßig in Frage gestellt, wenn das der Machterhaltung dient; im Namen aller möglichen demokratischen Prinzipien hat man außerdem Sondergesetze und Privilegien für korporativ erfaßte Bevölkerungsteile geschaffen und eine Gesellschaftspädagogik entwickelt, die zwar sanfter ist als die totalitäre, aber doch darauf ausgeht, den Souverän nach einem Bild zu formen, das nicht seinem Wesen entspricht. Das gilt vor allem in bezug auf den propagierten ‚Multikulturalismus', der die Homogenität des *demos* und damit eine wesentliche Voraussetzung für das Funktionieren der D. zerstört" (Lehnert/Weißmann 2009, 29).

Gegenargumente

Das entscheidende „Gegenargument" ist eine Gegenfrage: Machen sich die Vertreter der Neuen Rechten wirklich Sorgen um die Substanz und die Weiterentwicklung der Demokratie? Sicherlich ist einiges richtig, was da kritisiert wird. Die Abkehr von „der Politik", die vielfach festzustellen ist, hat ihren Kern, in dem, was der ehemalige Bundespräsident Richard von Weizsäcker in einer vielbeachteten und -diskutierten Feststellung zum Ausdruck gebracht hat: Die politischen Parteien seien machtbesessen und machtvergessen zugleich. In einem Interview mit der Wochenzeitung „Die Zeit" übte Richard von Weizsäcker schwere Kritik an den deutschen Parteien. Ihr Einfluss habe sich auf die gesamte Gesellschaft ausgeweitet und keiner Kontrolle unterworfen. Doch er stellte auch klar: „Es gibt oder ich kenne jedenfalls keine Alternative zu politischen Parteien in demokratischen Massengesellschaften. Wir brauchen sie dringend, und daß sie starken politischen Einfluß haben, ist selbstverständlich. Um so wichtiger ist es, klarer zu wissen, welche Rechte und Pflichten sie haben und wie sich ihr Ansehen entwickelt.“ [6]

Die oben zitierte rechte Kritik hingegen impliziert eine harsche Abkehr von der Parteiendemokratie. Es wird suggeriert, als hätten die Parteien eine quasi totalitäre „Gesellschaftspädagogik entwickelt, durch die „der Souverän“ nach ihrem Bild geformt und von seinem „Wesen“ entfernt werde. Wie soll das gehen? Wer formt wie? Und gibt es „den“ Souverän bei ca. 82 Millionen Menschen, die in der Bundesrepublik Deutschland leben und jeweils individuelle Meinungen und Interessen haben? Allein diese Zahl widerlegt die Vorstellung von einer „Homogenität“ „des“ Volkes. Doch: „Der Volkswille ist fiktiv, fehlbar und verführbar“ (Nohlen/Grotz 2015, 93).

Mit gutem Grund gibt es in Deutschland ein plurales und repräsentatives Demokratiemodell. Das wird in vielen Punkten seinen eigenen Ansprüchen nicht gerecht, ist kritisierbar und muss reformiert werden. So kritisiert der britische Politikwissenschaftler Colin Crouch die „Macht der Wirtschaftseliten“ (Crouch 2008, 13), den „Rückzug des Staates“ (ebd., 30), die Personalisierung von Politik, die zu einem „Showbusiness“ werde (ebd., 41) sowie die Rolle der Massenmedien, die sich „in Richtung einer extrem vereinfachenden, sensationsheischenden Berichterstattung“ bewegten (ebd., 64). Das, was sich da entwickelt, nennt Crouch „Postdemokratie“. Im Unterschied zur Kritik der Rechten, die sich ja letztendlich von einer repräsentativen und partizipativen Demokratie entfernen wollen, zeigt Crouch Wege, wie die politische Entwicklung aufzuhalten ist, und zwar durch Begrenzung der Dominanz der ökonomischen Eliten durch Reformen der politischen Praxis und verbesserte Handlungsmöglichkeiten der Bürger.

Die Rechten wollen das repräsentative, pluralistische Demokratiemodell abbauen zugunsten eines Modells, das einen einheitlichen Volkswillen zum Ausdruck bringen soll. Das würde zur Unterdrückung von Minderheiten, zu einer Tyrannei einer – wie auch immer zustande gekommenen – Mehrheit führen. Der Agitation wären damit Tür und Tor geöffnet. Die demokratische Alternative heißt dagegen: Reform, mehr Partizipation und – mehr Demokratie.

6 www.zeit.de/1992/26/wo-bleibt-der-politische-wille-des-volkes (aufgerufen am 28.2.2017)

3.2.4 Ethnopluralismus

→ Identität
→ Volk

Rechte Positionen

„Die Möglichkeiten, Mensch zu sein, sind vielfältig. Die Vielfalt in ihrer Differenzierung zwischen den Völkern schwerwiegender als bei oberflächlicher Betrachtung oft angenommen. Das ist die Grundeinsicht des Ethnopluralismus" (Zit. in: Henning Eichberg ist ... 2017).

„Eurem Credo des Multikulturalismus stellen wir das ethnopluralistische Prinzip entgegen. Statt der Mischung und Vereinheitlichung wollen wir den Erhalt der Unterschiede. Den Erhalt der verschiedenen Völker, Kulturen und Identitäten. Auch unserer eigenen! Wir wollen, daß die Welt ein bunt schimmerndes, fröhliches Bild bleibt und keine graue Leinwand wird. Wir sind die wahren Vertreter und Kämpfer für die Vielfalt" (Willinger 2013, 39).

„Der Ethnopluralismus betont und anerkennt die Existenz der Unterschiede zwischen den menschlichen Identitäten. Anders als eine diffuse Vorstellung von der Gleichheit aller Menschen ist nach ethnopluralistischer Auffassung der Mensch eben kein Wesen welches bindungslos und atomisiert in einer Welt des individualisierten ‚Nichts' hineingeworfen wird, sondern immer nur im Zusammenhang mit seinen Bindungskräften betrachtet werden kann, die es aus seiner ethnokulturellen Zugehörigkeit speist. Nur indem jeder ethnokulturellen Gemeinschaft ihr natürlich angestammter Lebensraum zugesprochen und akzeptiert wird, kann es auch im geopolitischen Kontext eine friedliche Weltordnung geben" (Dittmer: Identitäres Manifest, o. J.).

Gegenargumente

„Mit dem Begriff ‚Ethnopluralismus' bezeichnet die sogenannte Neue Rechte ein Theoriekonzept, das den für Rechtsextreme typischen Rassismus neu und weniger angreifbar begründen soll. Kritiker nennen ihn einen ‚Rassismus ohne Rassen'. Das Wort ‚Ethnopluralismus' – zusammengesetzt aus dem griechischen ‚ethnos' (Volk) und dem lateinischen ‚pluralis' (Mehrzahl) – propagiert eine ‚Völkervielfalt'. Es wurde geprägt von Henning Eichberg, einem der wichtigsten deutschen Theoretiker der Neuen Rechten. Vorläufer des Konzepts finden sich aber schon bei Carl Schmitt" (Bundeszentrale für politische Bildung 2014).

Diese Begriffserklärung macht deutlich, worum es geht: Das Beharren auf den Begriff „Rasse" würde die Neue Rechte eindeutig in die unmittelbare Verwandtschaft zum immer rassistisch orientierten Rechtsextremismus bringen. Der Bezug auf die „Ethnie", also das Volk, klingt dagegen weniger verdächtig. Doch wie einheitlich ist ein „Volk"? Schon alleine in Deutschland unterscheiden sich von Tradition, Mentalität, Kultur und Religion Bayern von Friesen, Schwaben von Rheinländern etc. Diese Pluralität im Inneren trifft auch für alle anderen Völker zu. Wie kann da von einer Homogenität eines Volkes die Reden sein? Und überhaupt: Definiert sich „Volk" durch Abstammung oder rechtliche Zugehörigkeit?

Das Entscheidende bei dem Versuch der Neuen Rechten, sich als Verteidiger der Vielfalt der Völker darzustellen, ist doch die „Bewahrung" der eigenen Identität. Wie aber wäre die zu definieren? Wer stellt fest, wer und was „eigen" ist?

Bei der Ideologie des Ethnopluralismus geht es um Abgrenzung, die trennende Kategorie ist jetzt nicht mehr Rasse oder Blut, sondern Volk. Das Ergebnis ist jedoch dasselbe.

Praktisch stellt sich die Frage, wie Ethnopluralismus realisiert wird. Laut Statistischem Bundesamt haben in Deutschland 20 % der Menschen einen Migrationshintergrund (Statistisches Bundesamt 2016, 216). Was geschieht mit ihnen? Konsequent aus der Sicht der Befürworter der ethnopluralistischen Idee wäre ja deren Zurückführung, also Remigration. Wie wäre die jedoch durchzusetzen? Sicherlich nicht mit Maßnahmen, die mit Demokratie und Menschenechten vereinbar wären.

Über Jahrhunderte hinweg gab es Einwanderungen nach Deutschland (und auch Auswanderungen). Dadurch hat sich das „deutsche Volk" ständig weiterentwickelt. Es ist immer vielfältiger geworden. Heute ist es ist nicht mehr das Deutschland der 50er Jahre des letzten Jahrtausends, und in 50 Jahren wird es wieder anders sein, anders leben, anders aussehen.

Die weltweiten Kommunikationsformen, internationalen Begegnungen, tansnationalen Zusammenarbeiten und globalen Wanderungsbewegungen haben zudem dazu geführt, dass sich die Völker insgesamt immer mehr angleichen.

> „Trotz der vermeintlichen Toleranz einer ‚Vielfalt der Völker' basiert das Konzept des Ethnopluralismus auf der rassistischen Prämisse von der schützenswerten Reinheit eines ‚Volkes' oder einer ‚Rasse', die für den Erhalt von Identität und damit in letzter Konsequenz für die Lebensfähigkeit oberste Priorität habe" (Gießelmann u. a. 2016, 249).

3.2.5 Europa

→ **Nation**

Rechte Position

> „Die Vision eines europäischen Großstaates läuft zwangsläufig darauf hinaus, dass die EU-Einzelstaaten, mit den sie tragenden Völkern, ihre nationale Souveränität verlieren. Aber nur die nationalen Demokratien, geschaffen durch ihre Nationen in schmerzlicher

Geschichte, vermögen ihren Bürgern die nötigen und gewünschten Identifikations- und Schutzräume zu bieten" (Programm für Deutschland, 17).

Gegenargumente

Zweifelsohne gibt es zahlreiche Gründe, die politische Realität der EU zu kritisieren. Auch eine engagierte Europa-Befürworterin wie die Politikwissenschaftlerin Ulrike Guérot bemängelt die „haarsträubenden Verletzungen demokratischer und parlamentarischer Prinzipien in der EU" (Guérot 2017, 38). Im mangelnden Ausbau eines sozialen und demokratischen Europas sieht sie einen Grund für den Zulauf populistischer EU-Kritiker. Die Folge daraus kann aber nicht sein, mit der Kritik an der EU die europäische Idee aufzugeben. Anstatt einer Rückkehr ins Nationale sieht sie den Ausweg in der „Ausgestaltung einer transnationalen europäischen Demokratie" (ebd., 54).

Das Plädoyer der AfD für eine „nationale Demokratie" kann als Loslösung von der EU gedeutet werden. Die Frage ist, welche politische Bedeutung und ökonomische Kraft ein autarkes Deutschland in einer globalisierten, miteinander verflochtenen Welt hätte. Dem Vorbehalt der AfD, die Völker würden ihre nationale Souveränität und ihre Identität verlieren, kann mit der Feststellung von Mayte Peters, Projektleiterin des International Network of Internet and Society Research Centers, entgegnet werden:

> „Die EU ist durchaus demokratischer, als sie angesichts der oft diffusen EU-Kritik dargestellt wird. Es ist zunächst hilfreich, sich das Identitätsverständnis der EU zu vergegenwärtigen, weil sich daraus Argumente gegen einen vermeintlich drohenden Verlust nationaler Identität destillieren lassen. Die nationale Identität der EU-Mitgliedsstaaten, die laut EU-Vertrag ‚in ihren grundlegenden politischen und verfassungsmäßigen Strukturen' zum Ausdruck kommt, wird von der Union explizit anerkannt. Gleichzeitig achtet die Europäische Union auch die kulturelle Vielfalt der Mitgliedsstaaten und somit die kulturelle Dimension ihrer nationalen Identitäten. Entgegen anderslautender Kritik sucht die EU keineswegs, kulturelle Vielfalt zu unterbinden oder gar eine europäische ‚Einheitskultur' zu formen, sondern sie fördert kulturelle Vielfalt explizit. Die Verzahnung nationaler und europäischer Ordnungen ist zwar durchaus komplex, aber mindestens ebenso gut durchdacht. Eine Europäisierung nationaler Öffentlichkeiten wird allerdings zur Voraussetzung von Demokratie im EU-integrierten Nationalstaat, und eben diese gilt es zu beleben" (Peters 2014).

3.2.6 Familie

→ Geschlecht

Rechte Position

„Zersetzend wirken im allgemeinen der Modernisierungsprozeß (Dysfunktion der Großfamilie, Reduktion auf die Kernfamilie) und im Besonderen die linken und liberalen Vorstöße zur Beschneidung der väterlichen Stellung und Emanzipation der Frau, Erleichterung der Ehescheidung, Verrechtlichung der innerfamiliären Beziehungen und Umdeutung des Familienbegriffs (im Sinne einer homo- oder heterosexuellen Verbindung zweier Erwachsener mit Kindern) [...] Menschen [sind] von Natur aus auf intensive Kleingruppenbindungen angelegt [...] und die lange Reifungszeit der Kinder wie die Schutzbedürftigkeit der Frau in der Schwangerschaft [sprechen] für die Notwendigkeit der F." (Lehnert/Weißmann 2009, 52).

„Die Alternative für Deutschland bekennt sich zur traditionellen Familie als Leitbild. Ehe und Familie stehen unter dem besonderen Schutz des Grundgesetzes. In der Familie sorgen Mutter und Vater in dauerhafter gemeinsamer Verantwortung für ihre Kinder. Die originären Bedürfnisse der Kinder, die Zeit und Zuwendung ihrer Eltern brauchen, stehen dabei im Mittelpunkt. Es sollte wieder erstrebenswert sein, eine Ehe einzugehen, Kinder zu erziehen und möglichst viel Zeit mit diesen zu verbringen. Die AfD möchte eine gesellschaftliche Wertediskussion zur Stärkung der Elternrolle und gegen die vom ‚Gender-Mainstreaming' propagierte Stigmatisierung traditioneller Geschlechterrollen anstoßen" (Programm für Deutschland 2016, 41).

„Wir wenden uns entschieden gegen Versuche von Organisationen, Medien und Politik, Einelternfamilien als fortschrittlichen oder gar erstrebenswerten Lebensentwurf zu propagieren" (Programm für Deutschland 2016, 44).

„Gefährlich für die Familie ist auch die Schaffung immer neuer ‚Familienformen': Dahinter steckt die Illusion, dass es einen leichteren Zugang zur Gründung einer Familie gäbe als die dauerhafte Verbindung von Mann und Frau. [...] Am gefährlichsten für die Familie ist die Forderung nach allgegenwärtiger Gleichheit" (Initiative Familienschutz)[7].

7 Initiative Familien-Schutz: Selbstverständlich Familie. Familien brauchen Zukunft. Die Zukunft braucht Familien. www.familien-schutz.de/wp-content/uploads/2016/10/Familie-Schutz_DIN_A4_Ansicht.pdf (aufgerufen am 13.03.2017)

Gegenargumente

(Von Laura Schudoma)

Wenn von der traditionellen Familie als Leitbild die Rede ist, wird sich auf das Modell der bürgerlichen Kleinfamilie bezogen, geprägt durch die Trennung von Familie und Erwerbsarbeit mit der ihr entsprechenden Rollenzuteilung für Mann und Frau, die sich im Zuge der Industrialisierung für wirtschaftlich privilegierte Schichten festigte. Charakteristisch für das tradierte Familienbild ist, dass die Ehe der leiblichen Eltern obligatorisch ist.[8] Aber in einer Studie der Hans-Böckler-Stiftung wird betont, „dass es schon immer viele verschiedene Formen von Familie gegeben hat" (Maihofer u. a. 2001, 12).

Auch in Bezug auf die Ehe als wichtiges und definierendes Merkmal einer Familie und im Hinblick auf heute hohe Scheidungsraten lohnt sich ein Blick zurück, als Ehen z. B. auch aus materiellen Gründen geschlossen oder solche erhalten wurden aus Angst vor der Stigmatisierung. Die frühere strenge Scheidungsgesetzgebung täuschte häufig „heile" Verhältnisse vor, so wie die aktuelle Scheidungsrate lediglich ein Anzeichen dafür ist, wie häufig Ehen bzw. Partnerschaften scheitern können (ebd. 16). Das heißt, „die Institution Ehe ist aufgrund der Scheidungszahlen nicht an sich in Frage gestellt, sondern als gesellschaftlich-konventioneller Zwang" (ebd.). Maihofer und ihre Kolleg/-innen fassen in ihrer Studie zusammen: „Historisch besehen relativieren sich [...] eine ganze Reihe in der aktuellen Diskussion immer wieder vorgebrachter Beispiele, mit denen die gegenwärtigen Veränderungen als bedrohlicher Funktionsverlust der Familie skandalisiert werden und in denen zugleich die Familie früherer Zeiten idealisiert wird" (ebd., 14).

Wird der Kern von Familie genauer betrachtet, ergibt sich als Dreh- und Angelpunkt aller Diskussionen um eine Definition von Familie und die Berechtigung anderer Familienformen das Vorhandensein von Kindern. „Wo Kinder sind, da ist Familie" – so brachte es das Bundesinstitut für Bevölkerungsforschung auf den Punkt: „Insgesamt zeigt sich, dass für die überwiegende Mehrheit der Befragten Kinder im Zentrum der Definition einer Familie stehen", ob Kinder nur eine sich um sie kümmernde Bezugsperson, homosexuelle Eltern haben oder in Patchwork-Systemen aufwachsen, ist dabei für die meisten irrelevant (BIB 2013, 10). Ausschlaggebend sind vielmehr die Aspekte einer besonderen sozialen Beziehung zueinander, die Sorge füreinander und die Übernahme von Verantwortung. „Entscheidend ist, dass die Beteiligten sich als Teil einer generationen-

8 Huinink, Johannes: Familie: Konzeption und Realität. In: Informationen zur politischen Bildung Nr. 301/2008, 2009, online: www.bpb.de/izpb/8017/familie-konzeption-und-realitaet?p=all (aufgerufen am 13.03.2017)

übergreifenden Solidargemeinschaft verstehen und diese auch praktisch leben, das heißt sich gegenseitig helfen und füreinander eintreten."[9]

In diesem Sinne wird der Familienbegriff derzeit nicht „umgedeutet", vielmehr wird auf die eigentliche Funktion von Familie geschaut, nämlich das Aufwachsen und die Erziehung von Kindern, Geborgenheit in der Familie und die gegenseitige Sorge umeinander. Genauso, wie es in der sogenannten Normalfamilie der Fall ist.

Um allen Familienformen gerecht zu werden, bedarf es eine den geänderten gesellschaftlichen Verhältnissen entsprechende Familienpolitik: „Kinder wachsen seltener in der sogenannten Normalfamilie auf. [...] Die Vervielfältigung der Familienformen erfordert, dass neben der sogenannten Normalfamilie viele andere Familientypen wertgeschätzt und anerkannt werden. Bei einer zeitgemäßen Familienpolitik kann es nicht darum gehen, bestimmte Lebensformen und Partnerschaftsmodelle entlang eines tradierten normativen Leitbildes, das an Bodenhaftung verloren hat, anderen vorzuziehen" (Jurczyk/Klinkhardt 2014, 7).

3.2.7 Freiheit

Rechte Position

> „Seit der Aufklärung wurden große intellektuelle und praktisch-politische Anstrengungen unternommen, um [...] Gleichheit mit F. [Freiheit, Anm. d. Verf.] harmonisch zu verknüpfen. Das ist um so schwieriger, als der moderne Mensch nicht nur von der Forderung nach Egalität angezogen wird, sondern auch einen so massiven Individualisierungsprozeß durchläuft, daß er neben der Gleichheit eine F. verlangt, die ihm die unbeschränkte Entfaltung seiner Persönlichkeit erlaubt. Die Forderungen sind nicht harmonisierbar, stellen aber nach der Zerstörung der alteuropäischen Gesellschaft mit ihren ständischen F. einen Fixpunkt aller möglichen politischen Programme dar" (Lehnert/Weimann 2009, 57).

Gegenargumente

Diese Erklärung verneint eine wechselseitige und gleichberechtigte Beziehung von Freiheit und Gleichheit. Zudem wird Gleichheit mit Egalität gleichgesetzt. Das ist nicht nur ein alternativer Begriff, sondern eine verschärfende Zuspitzung. Das Gleiche geschieht, indem Freiheit in der modernen Gesellschaft mit dem Verlangen nach „unbeschränkter Entfaltung" der eigenen Persönlichkeit übersetzt wird. Das sind manipulative semantische Wortspielereien, mit denen der Freiheitsgedanke *und* das Streben nach Gleichheit – man kann auch sagen, nach Gerechtigkeit – diskreditiert werden sollen.

---

9 Hunink, a. a. O.

Der Sozialphilosoph Max Horkheimer hat darauf hingewiesen, „daß Gerechtigkeit und Freiheit dialektische Begriffe sind. Je mehr Gerechtigkeit, desto weniger Freiheit; je mehr Freiheit, desto weniger Gerechtigkeit. Freiheit. Gleichheit, Brüderlichkeit – wunderbar! Aber wenn Sie die Gleichheit erhalten wollen, dann müssen Sie die Freiheit einschränken, und wenn Sie den Menschen die Freiheit lassen wollen, dann gibt es keine Gleichheit" („Was wir ‚Sinn' nennen ..." 2017).

3.2.8 Geschichte/Geschichtspolitik

Rechte Position

„Geschichtlichkeit bedeutet für den Konservativen, daß in der Welt nichts für die Ewigkeit bestimmt ist. Deshalb hat auch der Begriff des Schicksals einen festen Platz in seiner Weltanschauung, ohne daß man dessen Annahme mit Fatalismus verwechseln dürfte; eher teilen alle Konservativen eine gewisse Melancholie bei der Betrachtung der G. [Geschichte, Anm. d. Verf.] Bestimmend bleibt für die Praxis aber die konservative Sorge vor dem Verfall einer bestimmten historischen Gestalt, einer Heimat, einer Nation, einer Kultur" (Lehnert/Weißmann 2009, 66 f.).

„Geschichtspolitik bezeichnet grundsätzlich jeden Umgang mit der Vergangenheit zum Zweck der Identitätsstiftung im öffentlichen Raum. Solche G. haben seit jeher alle Sozialformen gepflegt, die ihren Bestand dadurch sichern wollen, daß sie diesen ebenso wie ihre Entstehung als sinnvollen historischen Prozeß interpretierten und diese Interpretation autoritativ durchzusetzen suchten. [...] Um so bedenklicher muß es deshalb erscheinen, wenn in Deutschland fast nur eine negative G. betrieben wird. ‚Vergangenheitsbewältigung' ist ein hier seit den 1960er Jahren in Gebrauch gekommener Begriff, um die aktive Auseinandersetzung mit dem Nationalsozialismus und den durch das NS-Regime begangenen Verbrechen zu bezeichnen. [...]

Das Ziel der Vergangenheitsbewältigung soll die Läuterung der Nation durch Erinnerung und Erschütterung sein. Diese quasitheologische Dimension und das Engagement vieler intellektuell einflußreichen Persönlichkeiten in den Debatten über die Vergangenheitsbewältigung (etwa Eugen Kogon, Karl Jaspers, Alexander Mitscherlich, Jürgen Habermas) dürfen aber nicht darüber hinwegtäuschen, daß es sich um ein politisches Instrument handelte und handelt, mit dem in erster Linie politische Zwecke verfolgt werden" (Lehnert/Weißmann 2009, 67).

„Das große Problem ist, dass man Hitler als das absolut Böse darstellt. Wir wissen aber natürlich, dass es in der Geschichte kein Schwarz und kein Weiß gibt" (Björn Höcke, in einem Gespräch mit dem Wall Street Journal, geführt am 18.1.2017).

„Es sind doch dieser fortdauernde Schuld- und Sühnekomplex, dieser nicht endenwollende Gang nach Canossa, die angebliche Schuld der Deutschen und die angebliche Schuld der weißen Rasse, die uns lähmen und unfähig machen, die aktuellen Probleme zu lösen [...]" (Sellner/Spatz 2015, 37 f.).

Das grundsätzliche Muster rechter Geschichtsbetrachtung ist, dass was sich in der Historie ereignet, auf das „Schicksal“ zurückgeführt wird. Wenn das so ist, dann wird Geschichte nicht bestimmt von menschlichen Interessen, die sich – mit welchen Mitteln auch immer – erfolgreich durchsetzen. Ein „Schicksal“ ereignet sich und muss hingenommen werden. Aber so vollzieht sich die Auseinandersetzung zwischen Akteuren, seien es Klassen oder Nationen, nicht.

Das zweite Signalwort ist „Verfall“: In der Wahrnehmung oder Behauptung der Rechtskonservativen und Rechtsextremen ist die Entwicklung negativ: Auflösung, Niedergang, eben Verfall. Doch wer kann das aufhalten, wenn gleichzeitig das Schicksal eine /die zentrale Rolle spielt?

Die Definition der Neuen Rechten vom Zweck der Geschichtspolitik als Beitrag zur „Identitätsstiftung“ klammert in seinem harmonisierenden Tenor die Auseinandersetzungen und Konflikte um die Deutung von Geschichte und deren Vermittlung (beispielsweise im Unterricht) aus. Dagegen kann immer auch eine politische Dimension der Geschichte gesehen werden, da ja „die zentralen Kategorien“ von Politik „Interesse, Macht und Herrschaft“ sind. Damit hat Geschichtspolitik eine Funktion (Nohlen/Grotz 2015, 216), Aufgabe eines zu vermittelnden Geschichtsbewusstseins ist es, das deutlich zu machen.

Die Unterstellung, dass in Deutschland „fast nur eine negative“ Geschichtspolitik betrieben würde, ist falsch. Und lässt sich mit vielen Beispielen widerlegen. Wer sich informieren will, hat ausreichende Möglichkeiten.[10]

Als ein gelungenes früheres Beispiel von Geschichtsdarstellung sei an das dreibändige „Lesebuch zur deutschen Geschichte“ (Pollmann 1984) erinnert. Dieses, versehen mit einem Geleit- und Nachwort des Bundespräsidenten Walter Scheel, enthält in über 1.000 Seiten unkommentierte Dokumente und bietet eine ungeschminkte Chronologie der deutschen Geschichte. Dabei wird den demokratischen Strömungen ein besonderer Raum gelassen (Vormärz, 1848, Novemberrevolution, Weimarer Republik). Breit werden auch die Gräuel des „Dritten Reichs“ dokumentiert. Aber das wäre sicherlich im Sinne rechtskonservativer und -extremer Geschichtsbetrachtung „negativ“.

Die Äußerung des Fraktionsvorsitzenden der thüringischen AfD Björn Höcke hat Wogen der Empörung mit sich gebracht – zu Recht. Im Klartext heißt das ja: „Der Mann plädiert für einen positiveren Umgang mit Adolf Hitler und dem Nationalsozialismus“ (Geis 2017). Doch was kann an Hitler, was am Nationalsozialismus positiv sein, außer dass Hitler tot ist und in Deutschland eine wachsame demokratische Geschichtspolitik daran arbeitet, dass die „Erinnerung

10 Hingewiesen sei nur auf das reichhaltige Angebot an Büchern, Filmen, Dossiers, Kernmaterialien etc. zur Geschichte, die die Bundeszentrale für politische Bildung jedem kostengünstig oder entgeltfrei zur Verfügung stellt: www.bpb.de/suche/?suchwort=Geschichte&suchen=Suchen

an die Schrecken der NS-Zeit“ (ebd.) nicht vergeht, sondern Teil des demokratischen nationalen Selbstverständnisses geworden ist.

Derselbe Tenor klingt beim letzten Zitat durch. Die Deutschen haben aber keine „angebliche“ Schuld, und es ist auch kein „fortdauernde[r] Schuld- und Sühnekomplex“, der veranlasst, die Erinnerung an die schändlichen millionenfachen Gräueltaten wachzuhalten, die durch die Nazis im deutschen Namen geschahen. Dass der Zweite Weltkrieg ursächlich von Deutschland veranlasst wurde, ist außerhalb jeglichen Zweifels. Er begann am 1. September 1939 mit dem Überfall der deutschen Wehrmacht auf Polen. In dem anschließenden sechs Jahre dauernden Krieg verloren ca. 60 Millionen Menschen ihr Leben.

3.2.9 Geschlecht

→ Familie

Rechte Position

> „Ideologisch“ ist die „Annahme, daß die Auslegung des G. [Geschlecht, Anm. d. Verf.] lediglich auf einer gesellschaftlichen ‚Rolle‘ beruhe, die auch beliebig anders aussehen könne. Neuerdings wird darüber hinausgehend behauptet, daß das G. letztlich eine Konstruktion sei und der Wahlfreiheit des einzelnen unterliege. Derartige Vorstellungen, auf die auch die Hochschätzung von Homo- und Transsexualität zurückzuführen sind, haben einen erheblichen Einfluß auf Gesetzgebung und Pädagogik gewonnen. [...]
> Dem liegt in letzter Konsequenz der Wunsch nach einer ‚anthropologischen Revolution‘ (Herbert Marcuse) zugrunde, die den Menschen vollständig von seinen biologischen Bedingungen ablösen soll. Obwohl die praktischen Möglichkeiten, dieses Ziel zu erreichen, weit gediehen sind, wird man doch auch die Stärke der Gegenbewegungen sehen müssen, die wieder auf eine ‚natürliche‘ Zuordnung des G. ausgehen. Deren Wirkungschancen wachsen in dem Maße, in dem sich die fatalen Folgen des neuen Geschlechterkampfes – Verwahrlosung der Sexualität, steigende Scheidungs-, sinkende Geburtenrate – abzeichnen. Eine noch ungenützte Potenz ist die Rückbesinnung auf die Natürlichkeit des Geschlechtsunterschieds und die Unnatürlichkeit von *gender mainstreaming*“ (Lehnert/Weißmann 2009, 70 f.).
> „Die Gender-Ideologie marginalisiert naturgegebene Unterschiede zwischen den Geschlechtern und wirkt damit traditionellen Wertvorstellungen und spezifischen Geschlechterrollen in den Familien entgegen. Das klassische Rollenverständnis von Mann und Frau soll durch staatlich geförderte Umerziehungsprogramme in Kindergärten und Schulen systematisch ‚korrigiert‘ werden. Die AfD lehnt diese Geschlechterpädagogik als Eingriff in die natürliche Entwicklung unserer Kinder und in das vom Grundgesetz garantierte Elternrecht auf Erziehung ab“ (Programm für Deutschland 2016, 55).

„Unter Hitler gab es einen übersteigerten Männlichkeitswahn, jetzt gibt es Gender Mainstreaming, auch in einer völlig übersteigerten Form" (Müller-Mertens, in: Compact-Gespräch 2016, 3:21).

Gegenargumente

(Von Laura Schudoma)

Dass über Begrifflichkeiten wie Gender, Sex und Geschlecht diskutiert wird und Strategien wie „Gender Mainstreaming" durchgesetzt werden, ergibt sich aus der Tatsache, dass erstens ein „kulturell etabliertes Alltagswissen von Zweigeschlechtlichkeit" vorherrscht (Küppers 2012, 4); Geschlecht wird heteronormativ gedacht, d. h. die Unterschiedlichkeit wird zur Norm und Vorgabe für gesellschaftliche Rollenzuschreibungen. Demzufolge baut sich zweitens die gegenwärtige Ordnung der Gesellschaft aus den biologischen Unterschieden „Mann und Frau" auf. Den Geschlechtern werden (klare) Rollen zugewiesen, die wiederum den Zusammenhalt des Ganzen, der Ordnung sichern sollen. Diese Ordnung ist nach wie vor machtvoll (Schilling 2015, 3). Aber Ordnungen sind von Menschen gemacht. Gender Mainstreaming hilft, die sozialen Unterschiede und vor allem Nachteile für Frauen in der gesellschaftlichen Ordnung aufzuheben, die ihnen allein aufgrund des biologischen Geschlechts zugeschrieben werden.

Es stellt sich damit die Frage, inwiefern eine gesellschaftliche Ordnung eine „natürliche Zuordnung" sein kann. „Denn was aus den bestehenden biologischen Unterschieden folgen soll, ergibt sich nicht von selbst. Dazu sind die historischen und aktuellen Gesellschaftsentwürfe auch in dieser Beziehung zu verschieden" (Schilling 2015, 3). Auf der sozialstrukturellen Ebene steht das Geschlecht „noch immer für soziale Ungleichheit. Und für soziale Ungerechtigkeit" (Allmendinger 2011, 7).

Die biologische Dimension wird durch Gender Mainstreaming nicht aufgehoben, es wird nur genauer unterschieden. „Der Begriff *sex* wird in der Regel mit ‚biologisches Geschlecht' übersetzt und anatomisch definiert. Der Begriff *gender* wird meist in der Bedeutung von ‚sozialem Geschlecht' verwendet und zielt auf die soziale Konstruktion von geschlechtsspezifischen Rollen und Attributen ab" (Küppers 2012, 4). Gesellschaftliche und soziale Ungleichheit oder gar Benachteiligung darf sich demnach nicht aus dem biologischen Geschlecht ergeben. Um eine Chancengleichheit zu erreichen, bedarf es Strategien wie Gender Mainstreaming, denn sie „nimmt zur Kenntnis, dass es keine geschlechtsneutrale Wirklichkeit gibt und beinhaltet somit die nachhaltige Verankerung der Geschlechterdimension in alle Bereiche von Institutionen und Organisationen" (Universität Duisburg-Essen o. J.).

Gender Mainstreaming bezieht sich auch nicht ausschließlich auf die Rolle der Frau, sondern auf die angestrebte Gleichstellung der Geschlechter: „Gender

Mainstreaming richtet sich gleichermaßen an Männer wie Frauen und will erreichen, dass negative Auswirkungen der derzeitigen Geschlechterverhältnisse auf Frauen, aber auch auf Männer überwunden werden" (ebd.). Demnach kann nicht von einem „Geschlechterkampf" gesprochen werden, wie es Lehnert und Weißmann in dem oben genannten Zitat behaupten. Es geht vielmehr um eine tatsächliche Gleichstellung ohne Benachteiligung des einen noch des anderen Geschlechtes. Da es sich um eine Analyse von und Veränderung der sozialen Bedingungen handelt, lässt sich kein Zusammenhang mit dem Ausleben von Sexualität bzw. ihrer „Verwahrlosung" (ebd.) herstellen. Auch sind sinkende Geburtenraten nicht abhängig von der Gleichstellung der Geschlechter, sondern von den Rahmenbedingungen, die eine Gleichstellung und gleichzeitige Verwirklichung vom Kinderwunsch immer noch erschweren (fehlende Infrastruktur der Kinderbetreuung etc.).

Indem in der Diskussion um eine plurale und diverse Gesellschaft die reine Zweigeschlechtlichkeit heute hinterfragt wird (Mann-Frau), wird der Anteil von „LGBT-Personen (Lesbian, Gay, Bi, Trans)" allgemein anerkannt, deren Geschlecht oder sexuelle Orientierung – heute wissenschaftlich belegt – ebenso biologisch und natürlich ist, wie bei heterosexuellen Frauen und Männern.[11]

3.2.10 Gesellschaft/Gemeinschaft

→ **Identität**
→ **Staat**

Rechte Position

> „Zu den wichtigsten Elementen aller konservativen Gesellschaftskritik gehört [...], daß sich die G. [Gesellschaft, Anm. d. Verf.] den Forderungen des Staates beziehungsweise der Gemeinschaft unterzuordnen habe und weiter, daß die Vorstellung einer beliebigen ‚Konstruierbarkeit' in die Irre führen muß" (Lehnert/Weißmann 2009, 72).

Gegenargumente

Es war der Soziologe Ferdinand Tönnis, der in seinem zum Klassiker gewordenen Buch „Gemeinschaft und Gesellschaft", erschienen 1887, diese beiden Begriffe genauestens analysiert und voneinander unterschieden hat: „Gesellschaft ist die Öffentlichkeit, ist die Welt. In Gemeinschaft mit den Seinen befindet man sich, von Geburt an, mit allem Wohl du Wehe daran gebunden" (Tönnis 1991, 5). In der Gemeinschaft ist und bleibt man „durch *Abstammung* und Geburt miteinander

---

11 Vgl. hierzu bspw. http://sz-magazin.sueddeutsche.de/texte/anzeigen/1731/ (aufgerufen am 07.06.2017)

verbunden“ (ebd., 7). Gemeinschaft ist eine „Verbindung des ‚Blutes‘“ (ebd., 46), wohingegen die Gesellschaft [...] nichts ist als abstrakte Vernunft“ (ebd. 39).[12]

Schon alleine diese „klassische“ Unterscheidung macht deutlich, warum in der rechtskonservativen bis eindeutig rechten Denkweise die Gemeinschaft einen höheren Wert hat als die Gesellschaft. Das „Blut“ war und ist und hat da eine konstante, nicht zu veräußernde, ja schicksalhafte Bindekraft. Aber Bindungen, die so definiert werden, haben immer auch einen ausschließenden, aus- und eingrenzenden Charakter. Besonders problematisch wird es, wenn das „selbe Blut“ einem ganzen Volk zugeschrieben wird. Mit diesen Kategorien war die nationalsozialistische Ideologie durchsetzt, Blut ist „eine der häufigsten Vokabeln“ (Bedürftig 1994, 48 f.) in deren Erklärungen und Texten. Blut war im Nationalsozialismus ein „Rassemerkmal“, das „zur Begründung der eigenen höherwertigen ‚arischen‘ Eigenschaften und zur Diffamierung angeblich minderwertiger Rassen [diente]“ (ebd., 48). Ein Beispiel: In „Hirt's Deutsches Lesebuch“ aus dem Jahr 1940, gedacht für die Klasse 7 der „Oberschulen für Mädchen“, ist eine Erklärung des Reichsritters Ulrich von Hutten[13] (1488–1523) abgedruckt. Sie ist überschrieben mit „Das deutsche Volk eine Blutsverwandtschaft“. Darin heißt es, dass diese „Blutsverwandtschaft eine stabile Nation hervorgerufen hätte, die „nie durch Vermischung mit auswärtigen Völkern infiziert worden ist“ (Hirt's Lesebuch 1940, 18 u. 19).

Die der Gesellschaft von Tönnis zugeschriebene Kategorie „Vernunft“ ist dagegen rational, offen und allen Menschen zugänglich. Ein Vertrag zwischen Mitgliedern einer Gesellschaft beruht auf gleichberechtigte Verhandlung und wechselseitige Übereinkunft. „Beliebig konstruierbar“, wie Lehnert/Weißmann behaupten, ist eine so zustande gekommene gesellschaftliche Verbindung nicht – im Gegenteil.

3.2.11 Heimat

→ Identität

Rechte Position

> „Wir wollen nicht Bürger der Welt sein, denn wir sind mit unserer Heimat glücklicher“ (Willinger 2013, 11).
>
> „Sicher hat das H.gefühl des Menschen eine Wurzel in der Territorialität unserer Spezies, das heißt der biologischen Neigung, einen bestimmten Raum als Eigentum zu

12 Das ist jetzt eine sehr verkürzte, auf den Kontext unserer Betrachtung zugeschnittene Wiedergabe von Definitionen von Tönnis. Das Buch beleuchtet den Unterschied und das Verhältnis von Gemeinschaft und Gesellschaft von allen möglichen Seiten äußerst ergiebig und aussagekräftig.

13 In der rechten Monatszeitschrift „Compact“ 5/2017, S. 63, wird Ulrich von Hutten als einer „unsere(r) Helden“ gefeiert.

betrachten und gegen jeden Eindringling zu verteidigen. Aber die Stärke und Differenziertheit der Emotionen, die sich mit der H. verbinden, ist dadurch nicht zu erklären. Hier wirken vor allem die lange Tradition der Seßhaftigkeit und der bäuerlichen Lebensweise nach" (Lehnert/Weißmann 2009, 75).

„Der Tatbestand, daß jede angemessene Vorstellung von H. Dauer und Homogenität der Gemeinschaft und ihres Lebensraums voraussetzt, wird regelmäßig umgangen, man meidet ihn so wie den Sachverhalt, daß über H. nicht gesprochen werden kann ohne Bezug auf die Anthropologie überhaupt" (ebd., 76).

Gegenargumente

(Von Jens Korfkamp)

Im Zeitalter von Globalisierung, Migration und Flüchtlingen kommt dem Heimatbegriff eine wachsende Bedeutung zu.[14] Die mit Heimat implizit verbundenen Versprechen von Übersichtlichkeit und Sicherheit in einer Welt der Verunsicherung und des bedrohlich Fremden verschaffen sich in jüngster Vergangenheit verstärkt Ausdruck in Ideologien der Neuen Rechten. So wirbt die Identitäre Bewegung auf Plakaten und Aufklebern offensiv mit Parolen wie „Heimat-Freiheit-Tradition" oder „Jugend ohne Migrationshintergrund: heimatverliebt".[15] In der Ideologie und Programmatik der Neuen Rechten wird Einwanderung an sich als Bedrohung und als ein Prozess der „kulturellen Enteignung und Entheimatung" dargestellt (Patzelt 2015). Folglich soll, wer nicht zur imaginären Heimatgemeinschaft gehört, zum Schutz der Heimat vertrieben werden. Das schließt soziale Ausgrenzungen Ortsansässiger, die dazu nicht (mehr) passen, ein.

Noch immer wird Heimat als wirksames gesellschaftliches Ausschlussprinzip zur Aufrechterhaltung der Fiktion einer „geschlossenen Gesellschaft" verstanden, zur Abwehr der „Heimatfremden". „Das fängt mit ihrer Abwertung und sozialen Ausschließung an, kann zu brutaler Vertreibung und mitunter, wie das sinistere NSU-Trio jüngst demonstrierte, bis zum Mord führen" (Meyer 2012, 4). Deshalb ist es dringend geboten, einen gesellschaftsadäquaten Begriff von Heimat auszubilden, der sich an der Freiheit und Vernunft der Individuen orientiert (Korfkamp 2006, 199 ff.). Heimat dabei allein auf überschaubare Nahwelten zu reduzieren, um so die kritische Reflexion von negativen Formen gesellschaftlicher Modernisierung ebenso wie den Anspruch auf eine persönlich gestaltete, vertraute Lebenswelt in einer modernen Gesellschaft zu artikulieren, ist hierzu kein probates Mittel. Im Zeitalter fortschreitender Globalisierung bieten auch

14 Laut einer Umfrage gaben 64 % der Befragten an, dass Heimat im Zeitalter der Globalisierung für sie eher an Bedeutung gewonnen hat. 1999 sagten das 56 % (Kurbjuweit 2012, 63).

15 Diese Artikel werden im Online-Shop auf der Homepage der Identitären Bewegung vertrieben (www.ibladen.de; aufgerufen am 03.05.2017).

diese Nahwelten keine geschlossenen Horizonte mehr. Nur ein Konzept von Heimat, das weder auf einer Gemeinschaftsideologie noch auf einer vermeintlich faktischen Homogenisierung der Gesellschaft beruht, bildet eine tragfähige Grundlage für eine diskursive Begriffsbildung von Heimat, die der Komplexität und den innergesellschaftlichen Entwicklungsdynamiken der modernen Gesellschaft angemessen ist. Es darf sich nicht in der Wiedergabe von substantiell-statischen, d.h. angeblich festen und gültigen Überlieferungen von Heimat erschöpfen, die die Menschen mit ideologisch geladenen Versatzstücken und Symbolen von Heimat in Form von Folklorismus und Volkstümelei überschüttet und dabei das gefährliche Gefühl vermittelt, die Kultur des gesamten Kollektivs zu vertreten und zu praktizieren (ebd., 219 f.).

Diese Ablösung von solchen Überlieferungen bedeutet auch die Öffnung zur Zukunft. Eine oder besser „die Heimat" im Sinne eines kollektiven Identifikationsangebotes besteht nicht, sondern wird in demokratischen Verfahren und im öffentlichen Diskurs einer politischen Gemeinschaft unter den modernen Bedingungen eines Wertepluralismus jeweils neu verhandelt und hergestellt. An dieser Verhandlung von Heimat, die insbesondere die Praxen der Beheimatung ins Zentrum stellt, haben dann in einer Einwanderungsgesellschaft als selbstbewusste und verantwortungsvolle Individuen auch ethnische Minderheiten als Mitbürger/-innen teil. Denn erst in „realer Demokratie", darauf hatte schon Ernst Bloch in seiner bekannten Schlusspassage in *Prinzip Hoffnung* hingewiesen, „entsteht in der Welt etwas, das allen in die Kindheit scheint, und worin noch niemand war: Heimat" (Bloch 1993, 1628).

3.2.12 Hierarchie

→ **Natur**

Rechte Position

> „Eine wesentliche Ursache für [die] Unsterblichkeit des hierarchischen Prinzips liegt in der Natürlichkeit von H. [Hierarchie, Anm. d. Verf.], die sich schon im System der Elemente, im Aufbau der Organismen und den sozialen Formprinzipien tierischer Gruppen nachweisen lassen, wo sie zur mehr oder weniger deutlichen Scheidung von Führern und Geführten sowie zur Geltung von Beziehungsregeln zwischen den verschiedenen Klassen beitragen.
> Daß der Mensch auch biologisch auf H. angelegt ist, jedenfalls nicht ohne dauerhafte Orientierung an entsprechenden sozialen Mustern existieren kann, zeigt aber nur einen Aspekt des Sachverhalts. Entscheidender ist, daß die vollständige Aufhebung der H. zwangsläufig in Chaos oder die Ausübung illegitimer Gewalt führt, was jede wirklichkeitsgerechte politische Theorie zugunsten der H. anführen wird" (Lehnert/Weißmann 2009, 80).

Gegenargumente

In dieser Definition von Hierarchie und deren Begründung wird wieder in Reinform ein Kern der rechten Ideologie deutlich, nämlich die naturalistische, biologische Begründung sozialer Verhältnisse. In einer Gesellschaft aber sind Hierarchien keine natürlichen Selbstverständlichkeiten. Wer es in die Spitze der Hierarchie einer Institution, Organisation oder eines wirtschaftlichen Unternehmens schafft, ist keineswegs immer derjenige, der eine vorteilhaftere „biologische" Ausstattung hat. Um „nach oben" zu kommen, bedarf es auch Mittel, die nicht sozial verträglich sind: Seilschaften bilden und nutzen, Ellenbogen einsetzen, vielleicht auch Korruption. Eine demokratische Gesellschaft akzeptiert nur gewählte und wieder abwählbare Hierarchen.

Entgegen der oben zitierten Textpassage kann das Aufheben von Hierarchien eine von dort praktizierte illegitime Gewalt beenden, den privaten Nutzen der Spitzeninhaber einer Hierarchie und das damit erzeugte Chaos für die Gesellschaft beseitigen. Dafür gibt es viele Beispiele von demokratischen Revolutionen und Protesten, so das Ende der DDR.

Im Unterschied zum Biologismus im rechten Denken, mit dem Hierarchien als „natürlich" dargestellt werden, gibt es eine gegenteilige wissenschaftliche Auskunft: „Etwa die letzten zwei Millionen Jahre – also den überwiegenden Teil unserer Geschichte als ‚anatomisch moderne' Menschen mit etwa unserem gegenwärtigen Aussehen – verbrachten die Menschen als Jäger oder Nahrungssuchende in bemerkenswert egalitären Gruppen. Die Entstehung und Verbreitung der heutigen Ungleichheit datiert auf den Beginn der Landwirtschaft. In den egalitären Gesellschaften dürften ganz andere Eigenschaften als erfolgversprechend gegolten haben als die Dominanzhierarchien" (Wilkinson/Pickett 2009, 234).

3.2.13 Identität

→ **Geschichte/Geschichtspolitik**
→ **Kultur**

Rechte Position

> „[...] trotz des offenkundigen Zerfalls tradierter I. [Identität, Anm. d. Verf.] in der westlichen Welt (bilden) sich dauernd neue I. [...] Ein Phänomen, das nicht zuletzt an der fehlenden Integrationskraft der Einwanderungsländer und der fehlenden Integrationsbereitschaft der Einwanderer abzulesen ist. Von den Jugendbanden in den Metropolen bis zur Bildung von ethnischen Brückenköpfen, von der Anziehungskraft des Islamismus bis zur Entstehung aller möglichen Subkulturen handelt es sich um Versuche, ein Empfinden von Entfremdung zu überwinden und sich der eigenen Gruppen-I. zu vergewissern und das Andere als anders auszumachen [...]

Man kann darin auch einen Hinweis auf die feste Disposition des Menschen sehen, die ihn angesichts fehlender objektiver Bindung an eine Gemeinschaft zur Bildung von ‚Pseudo-Spezies' (Erik H. Erikson) trieb. Daß die Tendenz zu übertriebener Abgrenzung solcher Pseudo-Spezies – in Annahme einer totalen I. – ebenso schädlich ist wie die vollständige Aufhebung der Scheidelinien, liegt auf der Hand" (Lehnert/Weißmann 2009, 83).

„Eine Klärung der Begriffe ist immer notwendig, wenn man sich mit den modischen Worten wie ‚Identität' und ‚ethnische Gruppe' befasst. Der Identitätsbegriff ist ein uraltes Thema, obgleich das Wort ziemlich neu ist und Ambivalenzen aufweist. Vor einhundert Jahren wurde das Wort ‚Identität' in der Gerichtsmedizin benutzt, aber natürlich nicht zur Beschreibung nationaler Identitäten. Im Gegensatz zu dem alten Begriff ist das heutige Wort ‚Identität' wenig brauchbar für tiefere gesellschaftliche Analysen, da dieses Wort mehrdeutig ist und auch falsche Bedeutungen einschließen kann. Heute kann ein Bürger in der Bundesrepublik Deutschland mehrere und verschiedene Identitäten zur Schau stellen, die sich gegenseitig ergänzen, aber auch ausschließen: Er kann sich als guter Europäer bezeichnen, obgleich er nordafrikanischer oder türkischer Herkunft ist; zudem kann er ein guter Passdeutscher sein und auch dazu mehrere andere professionelle Identitäten aufweisen. Die Frage ist nun, welche seine *grundlegende* Identität und welche seine *zweitrangige* Identität ist. Was kommt an erster Stelle?: Seine Rassezugehörigkeit, sein Volksbewusstsein oder seine Staatszugehörigkeit? In seinem Buch über Identität schreibt Alain de Benoist über die konflikthafte Natur der ethnischen und nationalen Identitäten und fügt hinzu: ‚*Der Glauben, dass die Identität besser erhalten sein kann ohne diese Konfrontation ist Unsinn; im Gegenteil ist es die Konfrontation, die die Identität ermöglicht*'. Das heißt, dass jede Identität in zweifacher Weise erscheint; sie setzt das Gleiche einer Gruppe voraus sowie die Abgrenzung des Anderen. Wir identifizieren uns am besten mit uns selbst und mit unserer Gruppe in dem Maße, in dem wir uns von anderen entsprechend unterscheiden" (Sunic 2013).

„Die demographische Expansion von Moslems in Deutschland und Europa findet statt, weil die politisch Verantwortlichen sie zulassen und zur abschottungsfördernden Einwanderung in die Sozialsysteme regelrecht einladen. Die Islamverbände sind einflußreich geworden und erheben immer weitergehende Forderungen, weil sie damit durchkommen. Was als Islamisierung erscheint, ist in Wahrheit eine Folge der Selbstabschaffung von Gemeinwesen und Kultur der Autochthonen; der Landnahme geht eine Landaufgabe voraus. [...]

Wer die eigene Identität aufgibt, überläßt das Terrain denen, die sich ihrer Identität gewiß sind. Nicht die vermeintliche Stärke des Islam, sondern eigene Schwäche läßt immer mehr Deutschen die Heimat zur Fremde werden. Solange sie sich weigern, diesen Zusammenhang zu begreifen, wird diese Entfremdung auch nicht aufzuhalten sein" (Paulwitz 2013).

Vorweg eine Definition: Identität ist die „völlige Übereinstimmung einer Person oder Sache mit dem, was sie ist oder als was sie bezeichnet wird“ (Die Zeit 2005, 589).

Auffallend an den drei Beispielen ist aber, dass jeweils die Auflösung einer *kollektiven* Identität behauptet wird. Diese wird an Ethnien, an Rasse, am Volk, die Heimat oder am Staat gebunden. Andere, hinzukommende kollektive Identitäten stören oder zerstören die eigne Identität (das Deutschtum, das Christentum etc.). Das Feindbild ist „der Islam“, der „demographische Expansion“ oder die Bildung von „ethnischen Brückenköpfen“ betreibt. Das sind archaische Metaphern und Horrorszenarien.

Aber muss Identität ausschließlich bzw. fundamental an den genannten Großkategorien gebunden sein? Keineswegs, denn die Identität des Menschen entwickelt sich aus verschiedenen Faktoren, Komponenten, Stadien, Lernprozessen. Da können Menschen sehr unterschiedliche Identitäten entwickeln, und zwar lebenslang. Man kann Deutscher türkischer Herkunft, muslimischen Glaubens und Mitglied eines traditionellen Schützenvereins sein. Man kann sich als Single, Atheist mit urbanem Lebensgefühl in einer Großstadt begreifen, der sich mit seinem Start up-Unternehmen identifiziert. Oder man ist Mitglied in einem Kleinstadt-Fußballverein, Lektor in der Kirche, Familienvater und stolzes Mitglied im Heimatverein. Diese Beispiele können ins schier Unendliche erweitert werden, alle diese Personen, deren Persönlichkeiten sich aus weiteren unzähligen Identifikationspunkten zusammensetzen, leben in ihrer Übereinstimmung.

Für den Psychoanalytiker Erich Fromm „leitet der reife und produktive Mensch das Gefühl seiner Identität davon her, daß er sich als ein Handelnder erlebt, der im Tun mit seinen Kräften eins ist. ‚*Ich bin, was ich tue*‘, das ist, kurz gesagt, der Inhalt dieses Selbstgefühls“ (Fromm 1985, 64).

Erik H. Erikson, ebenfalls ein Psychoanalytiker, wird zwar von den Neuen Rechten zitiert, aber er würde diesen Zusammenhang bestimmt entschieden ablehnen. Denn seine Definition von Identität ist das genaue Gegenteil von dem, was den drei rechten Erklärungen zugrunde liegt. Für Erikson entwickelt sich die Identität eines Menschen psychodynamisch auf acht Stufen (vom Säugling bis zum reifen Erwachsenen), die jeweils mit Krisen verbunden sind. Sie müssen überwunden werden, um auf die nächste Stufe zu kommen (Erikson 1972, 130/131 u. 214/215). Identitätsbildung beginnt für ihn dort, „wo die Brauchbarkeit der Identifikationen endet“ (ebd.,140). Wer sich allzu sehr an Identifikationen orientiert, beispielsweise am Volk, der „Rasse“, der Nation, erreicht das Stadium autonomer Identität nicht. Ein solcher Mensch braucht auch kein Feindbild (siehe oben). Noch einmal Erikson: „Identität [...] erlaubt dem Individuum, sich von der übermäßigen Selbstverurteilung und dem diffusen Haß auf Andersartige zu befreien“ (ebd., 212). Der Knackpunkt der oben zitierten Beispiele liegt darin, dass Identifikation mit Identität verwechselt wird. Von reifen individuellen Persönlichkeiten ist da nicht die Rede, wohl aber von Kollektiven, in denen diese verschwinden.

3.2.14 Integration

→ **Identität**
→ **Nation**
→ **Volk**

Rechte Position

> „Gelingende Integration fordert von Einwanderern jeden Alters nach einer angemessenen Zeit die Beherrschung der deutschen Sprache in Wort und Schrift, die Achtung und gelebte Bejahung unserer Rechts- und Gesellschaftsordnung sowie den Verdienst des eigenen Lebensunterhalts. Assimilation als weitestgehende Form der Integration ist zwar anzustreben, aber nicht erzwingbar" (Programm für Deutschland 2016, 63).
>
> „Weniger für die deutsche Wirtschaft, deren Verbandsvertreter immer leiser von neuen Fachkräften schwärmen, scheinen die Hunderttausenden jungen Männer aus Nahost eine Blutauffrischung zu bedeuten. Vielmehr sind Asylanten Rekrutierungsfeld für kriminelle Milieus in Deutschland, die Nachwuchs für die Drecksarbeit suchen.
>
> Überall findet in der Unterwelt ein brutaler Verdrängungswettbewerb statt. Am Drogenbrennpunkt Kottbusser Tor ist dies mit bloßem Auge zu erkennen, wie einer unserer Reporter beobachten konnte. Junge Nordafrikaner verdrängen alteingesessene Dealer. Noch robuster geht es in der Rockerszene zu.
>
> In der Szene der Hells Angels und Bandidos findet im Kleinen statt, was der Gesellschaft insgesamt droht. Die demographisch überalterten deutschen Rocker-Gruppen werden von neuen Streetgangs verdrängt. Sie heißen „Black Jackets" oder „United Tribuns" und werden von Arabern und Türken dominiert.
>
> Dahinter stehen Clans, im Kern männlich-hierarchisch, autoritär geführte Verbände von Großfamilien, als Staat im Staat ein Kontrastbild zur fragmentierten, individualistischen, feminisierten, antiautoritären Gesellschaft. Wie entscheidet sich nun ein junger, haltsuchender Mann aus der Levante, wenn er die Wahl hat zwischen dickem Mercedes vor dem Flüchtlingsheim, schneller Kohle, harten Jungs und dem von Frauen geführten Flüchtlingscafé der örtlichen evangelischen Kirche, anstrengenden Sprachkursen und den kuscheligen deutschen ‚Alles kann, nichts muß'-Integrations-Angeboten?
>
> Anstelle von Integration in Deutschland findet Assimilation durch andere ethnisch-religiöse Gruppen, arabisch-türkische Parallelgesellschaften statt. Im harten Kern: Rekrutierung durch Islamisten und kriminelle Banden" (Stein 2016).
>
> „Ein altes Rechtsprinzip lautet *ultra posse nemo obligatur,* d. h. jede Verpflichtung hat ihre Grenze dort, wo die Selbstzerstörung begänne. Das Leben wie auch das Überleben des politischen Gemeinwesens hat einen Vorrang vor abstrakten Rechtsprinzipien, auch wenn es einzelnen freistehen mag, den Selbstmord zu wählen. Die politische

Führung ist dazu jedoch nirgendwo ermächtigt. Man kann, wenn man will, die andere Wange hinhalten; die Regierung darf jedoch nicht die Wange des Volkes hinhalten, das sie gewählt hat" (Sieferle 2017, Originalzitat aus der Verlagsmitteilung).

Gegenargumente

Die AfD fordert als Integrationsleistung von „Einwanderern" das Erlernen der deutschen Sprache „in Wort und Schrift". Unbestreitbar ist die Existenz einer Gesellschaft davon abhängig, dass Kommunikation zwischen ihren Mitgliedern möglich ist und stattfindet. Da ist eine Sprache, die alle beherrschen, eine notwendige Voraussetzung. Aber dafür muss die Mehrheitsgesellschaft auch Möglichkeiten bereitstellen, dass die hinzugekommenen Menschen diese Sprache erlernen können. Diese gibt es, beispielsweise durch die Integrationskurse des BAMF (Bundesamt für Migration und Flüchtlinge). Schon an diesem Beispiel wird deutlich, dass Integration kein einseitiger, sondern ein wechselseitiger Vorgang ist.

Was aber heißt „gelebte Bejahung unserer Rechts- und Gesellschaftsordnung"? Wie weit soll das gehen? Diese Formulierung ist so nebulös, da alles darunter verstanden werden kann, auch die Preisgabe der jeweils eigenen kulturellen Erscheinungsformen, die Migrant/-innen nach Deutschland mitbringen und aus nachvollziehbaren Gründen auch weiter pflegen wollen. Gesellschaften sind nie statisch, auch in Deutschland gab es, ohne Einwirkung von Migrant/-innen, permanente Änderungen der Rechts- und Gesellschaftsordnung. Man vergleiche nur das politische und gesellschaftliche Klima der autoritären 1950er Jahre mit dem der weitgehend liberalen Gegenwart.

Die Forderung der AfD, dass Integration „den Verdienst des eigenen Lebensunterhalts" voraussetze, kann man durchaus als Absage bzw. Abstriche von Sozialleistungen für eingewanderte Menschen bewerten. Was deren damit verbundene Verarmung dann für eine Integration bedeutet, ist unschwer nachvollziehbar.

Aber der AfD geht es nicht um Integration, sondern um Assimilation. Zum Verständnis die Definitionen: „Integration [bezeichnet, Anm. d. Verf.] [...] die Entstehung oder Herstellung einer Einheit oder Ganzheit aus einzelnen Elementen oder die Fähigkeit einer Einheit oder Ganzheit, den Zusammenhalt der einzelnen Elemente auf der Basis gemeinsam geteilter Werte und Normen aufrechtzuerhalten" (Nohlen/Grotz 2015, 283). Hier ist nicht die Rede von der Aufgabe einzelner Elemente. Einheit wird durch gemeinsam geteilte Werte und Normen hergestellt. Das Grundgesetz der Bundesrepublik Deutschland und die Allgemeine Erklärung der Menschenrechte, die UN-Menschenrechtscharta, bieten dafür eine ausreichende Grundlage. In diesem Rahmen ist sowohl Vielfalt als auch Einheit möglich. Assimilation bedeutet hingegen einen „Vorgang, bei dem Einzelne oder Gruppen die Traditionen, Gefühle und Einstellungen anderer Gruppen übernehmen und in diesen allmählich aufgehen" (Die Zeit 2005, Band 1, 408). So gesehen, ist Assimilation keineswegs die „weitestgehende Form der Integration", sondern eine Einheit, bei der es keine Vielfalt gibt. Diese ist allerdings nur mit Zwangsmaßnahmen zu erreichen.

Die beiden anderen Zitate stammen von Dieter Stein und Rolf-Peter Sieferle, es sind Personen, die exponiert zum Kreis der intellektuellen Neuen Rechten gehören (siehe Glossar, Kap. 7). Da wird einmal die Integration der Mehrheit durch die Minderheit behauptet. Zum anderen wird mit selektivem Blick auf problematische Randereignisse die Assimilation, das Aufgehen der Mehrheit in der Minderheit beschrieben. Das Bild ist bekannt: Es gibt nur Schwarz und Weiß, nur ein Entweder-oder: Einwanderer sind männlich, jung, brutal, kriminell, gierig und in Clans organisiert. Ihnen gegenüber stehen veraltete, verweichlichte, feminisierte und von ihren Bindungen entwurzelte Deutsche. Die Folge: Die Übernahme der Gesellschaft durch die Eingewanderten. Aber die Palette der Farben zwischen Schwarz und Weiß ist groß, in der Zusammenschau ist sie bunt. Und um das Bild zu drehen: Es gibt junge, kriminelle, in Gangs organisierte Deutschstämmige und friedlich lebende, sozial bestens in der Gesellschaft angekommene ältere und alte Einwanderer.

Schließlich sei mit Blick auf das letzte der oben vorgestellten Zitate auf ein bekanntes rechtes ideologisches Muster verwiesen: eine Gegenüberstellung von Regierung und Volk, wobei hier in verschwörungstheoretischer Manier der Regierung unterstellt wird, dass sie das Volk opfere. Wem? Wohl den Fremden, den nicht dazu Gehörenden.

Eine schöne Beschreibung, welchen Reichtum Vielfalt bedeutet und wie aus ihr ein sich immer neu integrierendes Gemeinwesen bildet, kann man in Carl Zuckmayers Drama „Des Teufels General" (1946/47) finden. Dort lässt er seine Hauptperson Harras den folgenden Widerspruch zu einem vom Rassenwahn der Nationalsozialisten Besessenen äußern:

> „Denken Sie doch – was kann da nicht alles vorgekommen sein in einer alten Familie. Vom Rhein – noch dazu. Von der großen Völkermühle. Von der Kelter Europas! ... Und jetzt stellen Sie sich doch mal Ihre Ahnenreihe vor – seit Christi Geburt. Da war ein römischer Feldhauptmann, ein schwarzer Kerl, braun wie ne reife Olive, der hat einem blonden Mädchen Latein beigebracht. Und dann kam ein jüdischer Gewürzhändler in die Familie, das war ein ernster Mensch, der ist noch vor der Heirat Christ geworden und hat die katholische Haustradition begründet. – Und dann kam ein griechischer Arzt dazu, oder ein keltischer Legionär, ein Graubündner Landsknecht, ein schwedischer Reiter, ein Soldat Napoleons, ein desertierter Kosak, ein Schwarzwälder Flözer, ein wandernder Müllerbursch vom Elsass, ein dicker Schiffer aus Holland, ein Magyar, ein Pandur, ein Offizier aus Wien, ein französischer Schauspieler, ein böhmischer Musikant – das alles hat am Rhein gelebt, gerauft, gesoffen und gesungen und Kinder gezeugt – und – und der Goethe, der kam aus dem selben Topf, und der Beethoven, und der Gutenberg, und der Matthias Grünewald, und – ach was, schau im Lexikon

nach. Es waren die Besten, mein Lieber! Die Besten der Welt! Und warum? Weil sich die Völker vermischt haben. Vermischt – wie die Wasser aus Quellen und Bächen und Flüssen, damit sie zu einem großen, lebendigen Strom zusammenrinnen. Vom Rhein – das heißt: vom Abendland. Das ist natürlicher Adel. Das ist Rasse“ (Zuckmayer 1963, 65).

3.2.15 Islam

→ **Identität**

Rechte Position

„Der Islam gehört nicht zu Deutschland. In seiner Ausbreitung und in der Präsenz einer ständig wachsenden Zahl von Muslimen sieht die AfD eine große Gefahr für unseren Staat, unsere Gesellschaft und unsere Werteordnung. Ein Islam, der unsere Rechtsordnung nicht respektiert oder sogar bekämpft und einen Herrschaftsanspruch als alleingültige Religion erhebt, ist mit unserer Rechtsordnung und Kultur unvereinbar. Viele Muslime leben rechtstreu sowie integriert und sind akzeptierte und geschätzte Mitglieder unserer Gesellschaft. Die AfD verlangt jedoch zu verhindern, dass sich islamische Parallelgesellschaften mit Scharia-Richtern bilden und zunehmend abschotten. Sie will verhindern, dass sich Muslime bis zum gewaltbereiten Salafismus und Terror religiös radikalisieren.

Die AfD wendet sich gegen eine Diffamierung von Islamkritik als ‚Islamophobie‘ oder ‚Rassismus‘.

Islamische Staaten wollen durch den Bau und Betrieb von Moscheen den Islam in Deutschland verbreiten und ihre Macht vergrößern. Die wachsende Einflussnahme des islamischen Auslands ist mit dem freiheitlichen Verfassungsstaat und der Integration von hier lebenden Muslimen nicht vereinbar.

Die islamtheologischen Lehrstühle an deutschen Universitäten sind abzuschaffen und die Stellen der bekenntnisneutralen Islamwissenschaft zu übertragen.

Das Minarett lehnt die AfD als islamisches Herrschaftssymbol ebenso ab wie den Muezzinruf, nach dem es außer dem islamischen Allah keinen Gott gibt. Minarett und Muezzinruf stehen im Widerspruch zu einem toleranten Nebeneinander der Religionen, das die christlichen Kirchen in der Moderne praktizieren“ (Programm für Deutschland 2016, 49–50).

„[...] das, was jetzt im Land als tickende Zeitbombe schlummert, das sind wirklich Millionen Moslems, die ja jetzt wirklich aus fundamentalistisch orientierten islamischen Ländern zu uns gekommen sind, wo eine ganz extreme Einstellung an der Tagesordnung ist und die wird sich hier bemerkbar machen. Wir erleben es ja jetzt schon: Fast täglich Berichte von Vergewaltigungen, sexueller Nötigungen, Diebstahl, Verbrechen, Gewaltexzesse ohne Ende“ (Stürzenberger, in: Compact-Gespräch 2016, 4:50).

„Im Islam ist Lügen, Tricksen, Täuschen erlaubt. Es ist religiös legitimiert. [....] Auch das Rauben ist im Islam legitimiert. Man muss wissen, dass Mohammed, also die Urgemeinde des Islams, sich durch Rauben finanziert hat. Sie haben ständig Karawanen überfallen. Und das ist im Koran manifestiert als zeitlos gültige Befehle. [...] Auch das Töten wird befohlen, von den Ungläubigen, von allen Nicht-Moslems, ja, tötet sie wo immer ihr sie findet, wir werden als minderwertige Geschöpfe hingestellt. Und wenn jetzt nicht endlich diese tabulose, umfassende Aufklärung über den Islam beginnt, in den Medien, auch durch Politiker angesprochen, durch ne breite gesellschaftliche Diskussion, werden wir in Deutschland, in Europa die Apokalypse erleben, mit Sicherheit, es ist nicht übertrieben" (Stürzenberger, in: Compact-Gespräch 2016, 25:47).

„Was wir hier uns ins Land holen, ja, das ist etwas, was es vorher nicht gab. Es gab keine Massenvergewaltigungen und es gab keine Zusammenrottungen von Tausenden Männern, die Frauen hier belästigen, nötigen und vergewaltigen. Und das ist etwas, das durch den Islam, durch den fundamentalen Islam ins Land gekommen ist" (Stürzenberger, in: Compact-Gespräch 2016, 28:29).

Gegenargumente

Kaum ein Thema erzeugt dermaßen heftige Emotionen wie die Debatte über „den Islam" und „die Moslems". Wie beim Thema Migration wird in der politischen Auseinandersetzung vordergründig zwischen den „guten" integrierten und der wachsenden Zahl an Muslimen in Deutschland als Bedrohung unterschieden. Im Hintergrund steht jedoch meist die Annahme, dass der Islam grundsätzlich nicht zu Deutschland gehört. Zuschreibungen wie invasiv, aggressiv, frauenfeindlich oder gewaltbereit werden in direkten Zusammenhang mit der muslimischen Religion und ihrer Ausübung gebracht. Dass der Islam sehr wohl zu Deutschland gehört, das haben Politiker in den letzten Jahren der wachsenden Islamophobie entgegengehalten. „Der frühere Bundespräsident Christian Wulff hat gesagt: Der Islam gehört zu Deutschland. Und das ist so. Dieser Meinung bin ich auch.", betonte Kanzlerin Angela Merkel. [16]

Das Bundesamt für Migration und Flüchtlinge gibt 4,4 bis 4,7 Millionen Muslime in Deutschland an. Bei einer Einwohnerzahl von insgesamt 82,2 Millionen Personen in Deutschland liegt deren Anteil zwischen 5,4 Prozent und 5,7 Prozent (Stand 31.12. 2015) [17], wobei jeder vierte Muslim erst jüngst zugewandert ist und um Asyl angesucht hat. Nur jeder zweite Muslim stammt aus der Türkei. Der Islam in Deutschland wird also vielfältiger. [18] Alleine dadurch verbietet es

16 www.spiegel.de/politik/deutschland/angela-merkel-islam-gehoert-zu-deutschland-a-1012578.html (aufgerufen am 26.3. 2017)

17 www.bamf.de/SharedDocs/Meldungen/DE/2016/20161214-studie-zahl-muslime-deutschland.html (aufgerufen am 26.3.2017)

18 www.deutschlandfunk.de/zahl-der-muslime-in-deutschland-wie-viel-millionen-sind-es.886.de.html?dram:article_id=375505 (aufgerufen am 26.3. 2017)

sich von „dem“ Islam zu sprechen. Das bestätigt auch die Islamwissenschaftlerin Gudrun Krämer: „Der Islam ist eine Weltreligion mit weit über einer Milliarde Anhängern, die ihn in vielerlei Weise leben und erleben. Sunniten unterscheiden sich in gewissen Dingen von Schiiten, schriftgläubige Muslime von liberalen; die einen suchen einen spirituellen Weg zu Gott, andere stehen der Mystik fern, manche leben streng puritanisch, andere ausgesprochen lebensfroh; viele sehen in der Politik eine wichtige Dimension ihrer Religion, andere lehnen Politik im Namen des Islam strikt ab“ (Krämer 2007, 172).

Nach den Terroranschlägen in Europa wird der Islam verstärkt als Bedrohung empfunden. Die weit verbreitete auch mediale Hetze gegen Muslime und den Islam, vor allem nach Einsetzen der Flüchtlingsbewegung 2015, führten dazu, dass 57 Prozent der nicht-muslimischen Bundesbürger den Islam als Bedrohung einschätzen, jeder Vierte will Muslimen sogar die Zuwanderung nach Deutschland verbieten. Die Islamexpertin Yasemin El-Menouar stellt fest: „Für Muslime ist Deutschland inzwischen Heimat, sie sehen sich aber mit einem Negativ-Image konfrontiert, das anscheinend durch eine Minderheit von radikalen Islamisten geprägt wird“. [19]

Klarzustellen ist, dass aus dem Koran sehr wohl einiges über Intoleranz und Krieg zitierbar ist, jedoch der historische Kontext seiner Überlieferung zu berücksichtigen ist. Halis Albayrak, Leiter des Instituts für Koranexegese der Islamisch-Theologischen Fakultät der Universität Ankara, meint, man sollte den Koran nicht als Buch, sondern als Diskurs lesen, „Buchstabentreue“ führe den heutigen Leser in die Irre und zu fundamentalistischen Ansichten. Der Koran berührt zahlreiche Themenfelder, die auf unterschiedliche Art das Leben der Menschen beeinflussen, nämlich auf religiöser, rechtlicher, wirtschaftlicher aber auch politischer und kultureller Ebene. [20] Allerdings, so Albayrak, stehe auch im Islam Religionsfreiheit außer Frage, der Glaube wird im Grunde als innerer Zustand verstanden. „Kein Zwang ist in der Religion. Der rechte Weg ist klargeworden gegenüber dem Irrweg. Wer nicht an die Götzen glaubt, sondern an Gott, der hat den stärksten Halt ergriffen, der nicht reißt. Gott ist hörend, wissend“ (Sure 2,256). Die von islamistischen Gläubigen oft aus dem Zusammenhang gerissenen Glaubensinhalte, die sich auch in der Scharia, dem islamischen Recht, wiederfinden, wie z. B. problematische Haltungen bezüglich der Todesstrafe, stützen sich auf „Hadithe“, also überlieferte Worte Mohammeds, die normativen Charakter haben. So ist es in jedem Fall problematisch, religiöse Texte mit „Gottes-

19 www.bertelsmann-stiftung.de/de/themen/aktuelle-meldungen/2015/januar/religionsmonitor/ (abgerufen am 26.3. 2017)

20 www.faz.net/aktuell/feuilleton/debatten/keine-argumente-fuer-krieg-und-intoleranz-im-koran-13434373.html?printPagedArticle=true#pageIndex_2 (aufgerufen am 27.3. 2017)

willen“ gleichzusetzen und das Leben der heutigen Gläubigen dem Denken von vor hunderten Jahren anpassen zu wollen[21] (siehe auch Ruthven 2000).

Der Religionsmonitor der Bertelsmann-Stiftung hat aufgezeigt, dass 90 Prozent der in Deutschland lebenden Muslime nicht etwa den Gottesstaat, sondern die Demokratie für „eine gute Regierungsform“ halten. [22]

Was die Debatte über den Islam allerdings erschwert, ist eine in den letzten Jahren deutlich verstärkte Traditionalisierung der Ausübung der Religionsvorschriften und eine teils rigide Auslegung des Korans u. a. in Bezug auf Frauen. Mehrere Faktoren wie unzulängliche Integration, soziale Problematiken vor allem auch in Bezug auf die Bildungschancen jüngerer männlicher Migranten, aber auch der Einfluss aus den Heimatländern, die über die Medien, Vereine und Kultureinrichtungen Religiosität und politische Haltungen verbreiten, spielen hier eine Rolle.

Dieser letzte Punkt, die Traditionalisierung des Islam und die rigide Auslegung des Koran, bietet einen Hinweis auf die widersprüchlich erscheinende Tatsache, dass es – entgegen den zahlreichen antiislamischen Verlautbarungen – *„gleichermaßen* eine proislamische Grundhaltung im Rechtextremismus“ gibt (Salzborn 2015, 83). Der Grund dafür ist, dass der „Islam für seine gemeinschaftliche[n] Homogenitätsvorstellungen in Verbindung mit Antisemitismus und Antifeminismus bewundert [wird]“ (ebd.).

3.2.16 Kultur

→ Identität

Rechte Position

> „Wir sind offen gegenüber der Welt, wollen aber Deutsche sein und bleiben. Wir wollen die Würde des Menschen, die Familie mit Kindern, unsere abendländische christliche Kultur, unsere Sprache und Tradition in einem friedlichen, demokratischen und souveränen Nationalstaat des deutschen Volkes dauerhaft erhalten“ (Programm für Deutschland 2016, 6).
>
> „Kultur ist außerdem die zentrale Klammer, in der sich auch ein neues Politikverständnis sehen muss. Unser aller Identität ist vorrangig kulturell determiniert. Sie kann nicht dem freien Spiel der Kräfte ausgesetzt werden. Vielmehr soll ein Bewusstsein gestärkt werden, welches kulturelle Verbundenheit wahrnimmt, fördert und schützt.

---

21 www.faz.net/aktuell/feuilleton/debatten/keine-argumente-fuer-krieg-und-intoleranz-im-koran-13434373.html?printPagedArticle=true#pageIndex_2 (aufgerufen am 27.3.2017)

22 www.bertelsmann-stiftung.de/de/themen/aktuelle-meldungen/2015/januar/religionsmonitor/ (aufgerufen am 26.3. 2017)

Für die AfD ist der Zusammenhang von Bildung, Kultur und Identität für die Entwicklung der Gesellschaft von zentraler Bedeutung" (Programm für Deutschland 2016, 46).
„Die Alternative für Deutschland bekennt sich zur deutschen Leitkultur, die sich im Wesentlichen aus drei Quellen speist: erstens der religiösen Überlieferung des Christentums, zweitens der wissenschaftlich-humanistischen Tradition, deren antike Wurzeln in Renaissance und Aufklärung erneuert wurden, und drittens dem römischen Recht, auf dem unser Rechtsstaat fußt. Gemeinsam liegen diese Traditionen nicht nur unserer freiheitlich-demokratischen Grundordnung zugrunde, sondern prägen auch den alltäglichen Umgang der Menschen miteinander, das Verhältnis der Geschlechter und das Verhalten der Eltern gegenüber ihren Kindern" (Programm für Deutschland 2016, 47).
„[...] so, wie jeder Mensch seine Privatsphäre braucht, so benötigt auch jede Kultur ihren eigenen Raum, in dem sie sich in Ruhe entwickeln und den Alltag auf ihre Weise gestalten kann.
Wer verschiedene Kulturen und Völker in ein Land wirft, der wird auf Dauer die blutigsten Kriege auslösen" (Willinger 2013, 68).

Gegenargumente

Kultur wird in diesen rechten Erklärungen aus einer Tradition heraus bestimmt, die es zu bewahren und – damit werden diese Positionen nicht fehlinterpretiert – zu verteidigen gilt. Es gibt eine „deutsche Leitkultur", bei der das Christentum prägend ist. Dieses Verständnis schreibt Kultur fest, und sie darf „nicht dem freien Spiel der Kräfte ausgesetzt werden". Doch was heißt das? Wer bewahrt Kultur vor diesem „freien Spiel"? Gibt es eine Institution, die auf die Reinheit der zu bewahrenden Kultur achtet und fremde Einflüsse verhindert? Da läge die Vermutung nahe, dass es eine Zensur gäbe, die zu viel fremden Einfluss fernhielte.

Zu fragen ist auch, welche Konsequenzen die Vorstellung von einer Leitkultur für eine Einwanderungsgesellschaft hat, die Deutschland seit Jahrzehenten ist. Die hinzugekommenen Menschen müssen sich den kulturellen Gegebenheiten anpassen. Statt Integration, also einer wechselseitigen Weiterentwicklung wird Assimilation erwartet, also eine einseitige Anpassung.

Die frühere Herausgeberin der Wochen-Zeitung „Die Zeit", Marion Gräfin Dönhoff, hielt diametral dagegen: „Leitkultur gibt es nicht."

„Denn er [der Begriff] unterstellt, dass es – ungeachtet verschiedener Phasen in der Geschichte – konstante angeborene nationale Eigenschaften gibt, sozusagen genetische Eigenschaften. Wie, so fragt man sich, ist denn dann der Wandel der deutschen Mentalität von der Entdeckung der Vernunft während der Aufklärung über die Romantik, den Wilhelminismus und Hitler zur heutigen Demokratie zu erklären? Schließlich, was war vor der Reichsgründung? Gab es eine sächsische, bayerische, preußische Leitkultur? [...]

Es gibt keine angeborenen nationalen Eigenschaften, alles hängt jeweils von den Umständen ab. [...]
Als ich das Wort von der ‚Leitkultur' zum ersten Mal hörte, musste ich automatisch an den aufreizenden, unverfrorenen, selbstherrlichen wilhelminischen Satz denken: ‚Am deutschen Wesen soll die Welt einst noch genesen.' Darum finde ich die Proteste gegen diesen Begriff unterstützenswert. Wir leben heute in einem sich immer mehr integrierenden Europa. Die Globalisierung in Wirtschaft und Finanzen hat sich weitgehend durchgesetzt. Desgleichen der Supranationalismus im politischen Bereich und im Kommunikationswesen. Die Kultur wird folgen" (Dönhoff 2000).

Der Sozialphilosoph Jürgen Habermas weist darauf hin, dass Kultur sich entwickelt, und zwar in einem wechselseitigen Prozess:

„Eine liberale Verfassung verlangt [...] die Differenzierung der im Lande tradierten Mehrheitskultur von einer allen Bürgern gleichermaßen zugänglichen und zugemuteten politischen Kultur. Deren Kern ist die Verfassung selbst. Erforderlichenfalls können Minderheiten sogar kulturelle Rechte einklagen, die ihnen erlauben, die Integrität ihrer Lebensform im Rahmen der gemeinsamen politischen Kultur zu wahren. [...] Allerdings muss die Zivilgesellschaft von den eingewanderten Staatsbürgern erwarten, dass sie sich in die politische Kultur einleben – auch wenn sich das rechtlich nicht erzwingen lässt. Dazu gehören auch die geschichtlichen Kontexte der neuen Heimat, von denen das Selbstverständnis der Staatsbürger und vor allem die Interpretation der Verfassungsprinzipien zehrt. Aber im Fluss einer lebendigen demokratischen Streitkultur stehen die Inhalte der politischen Kultur nicht still. Die Eingebürgerten können genauso wie die Alteingesessenen ihre eigene Stimme in den Prozess der Fort- und Umbildung dieser Inhalte einbringen" (Habermas 2017, 172).

3.2.17 Multikulturalität

→ **Demokratie**
→ **Identität**
→ **Integration**
→ **Kultur**
→ **Nation**
→ **Volk**

Rechte Position

Die „Masseneinwanderung [führte] zu einem Verlust an Homogenität, der nicht ein mehr an individueller Freiheit zur Konsequenz hatte – wie von den Befürwortern des ‚Multikulturalismus' behauptet –, sondern einen Substanzabbau, der die Existenz der europäischen Nationen ebenso wie die der Demokratie in Frage stellt" (Lehnert/Weißmann 2009, 81).

„Die Ideologie des Multikulturalismus, die importierte kulturelle Strömungen auf geschichtsblinde Weise der einheimischen Kultur gleichstellt und deren Werte damit zutiefst relativiert, betrachtet die AfD als ernste Bedrohung für den sozialen Frieden und für den Fortbestand der Nation als kulturelle Einheit. Ihr gegenüber müssen der Staat und die Zivilgesellschaft die deutsche kulturelle Identität als Leitkultur selbstbewusst verteidigen" (Programm für Deutschland 2016, 47).

„Die multikulturelle Gesellschaft ist gescheitert. Um mit Einwanderern in der Zukunft friedlich zusammenleben zu können, ist deren Integration unerlässlich. Nur so lässt sich auch das weitere Vordringen von Gegen- und Parallelgesellschaften in unserem Land verhindern" (Programm für Deutschland 2016, 3).

„[...] die Idee, die hinter dieser Multikulti-Politik steht, ist ja, die nationalen Gemeinschaften zu zerstören und ihre Mitglieder durch scheinbare Individualität auf ihre Einzelheit zurück zu werfen und dann in eine neue Gesellschaft, in einen neuen Menschen zu transformieren und daraus dann die von den Eliten gewollte globale Gesellschaft zu schaffen. Und das ist natürlich etwas, das in Deutschland – auch in Schweden, aber Schweden ist zu klein für eine Machtposition – am stärksten vorangetrieben worden ist und dann ist natürlich diese Gesellschaft auch prädestiniert, den Nukleus einer neuen Weltführungsmacht Europa/Islam/Liberalität zu werden" (Müller-Mertens, in: Compact-Gespräch 2016, 12: 21).

„Eure multikulturelle Gesellschaft bedeutet für uns nur Hass und Gewalt" (Willinger 2013, 11).

„Zu deutlich ist der Charakter der derzeitigen Invasion aus Afrika und Vorderasien, als daß ein unvoreingenommener Deutscher noch der Meinung sein könnte, daß alle diese Fremden hierhergehörten" (Sellner/Spatz 2015, 32).

In „der multikulturellen Gesellschaft [...] herrscht ausschließlich die ‚wirre Vermischung', die stets unfruchtbar und destruktiv für alle Beteiligten ist – und definitiv keine Bereicherung" (Sellner/Spatz 2015, 40).

Gegenargumente

(Von Laura Schudoma)

Die größte Furcht vor einer multikulturellen Gesellschaft ist den rechten Protagonisten eine (von Eliten, von linksliberalen Befürwortern gesteuerte) „Vermischung"; der Verlust des „Eigenen" und „Homogenen". Sie sprechen bei Multikulturalität von einer „Ideologie" und gehen von einem gesellschaftlichen Zustand aus, der zum Scheitern verurteilt ist und wieder umgekehrt werden muss hin zu einer „Nation als kultureller Einheit".

Der Begriff „multikulturelle Gesellschaft" wurde „zu einem wert- und emotionsgeladenen Reizwort stilisiert" (Geißler 2003, 19), gesteigert in der Diskussion um Masseneinwanderung (gar „Invasionen") und einer deutschen Leitkultur. Diskutiert wird „Multi Kulti" in Deutschland besonders seit Claus Leggewies Werk aus dem Jahr 1990: „Multi Kulti. Spielregeln für die Vielvölkerrepublik". In diesem Buch machte er die „nüchterne Bestandsaufnahme einer Gesellschaft, in der unterschiedliche Kulturen aufeinander treffen" und betonte die Notwendigkeit einer vernünftigen Einwanderungspolitik und einer offenen Gesellschaft (SPIEGEL-Gespräch 2015, 41). Es ging Leggewie viel weniger um eine ideologische, euphorische Betrachtung als um praktisch-politische Gestaltungskonzepte für eine bereits gegebene gesellschaftliche Vielfalt. Dabei beschönigte er die Situation keineswegs: „Weder kann die ethnische Vielfalt an sich jemanden retten, noch wird sie die europäische Menschheit ins Unglück stürzen. Weder verschönt uns ‚MultiKulti' den grauen Alltag, noch versetzt sie alles in einen Zustand schlimmster Unübersichtlichkeit. Sie ist weder Quell unverdorbener Solidarität noch institutionalisierter Rassenkrieg. Die multikulturelle Gesellschaft ist weder rechts noch links [...]" (Leggewie 1990, 8).

Migrant/-innen wurden in Deutschland lange nur als Gäste auf Zeit betrachtet, ein Nebeneinander dominierte ein mögliches Miteinander und migrationspolitische Konzepte fehlten. „Gegen ein nationales Selbstverständnis, welches das Recht auf den Bürgerstatus noch immer ausschließlich auf die ethnische Zugehörigkeit band, forderten die an ‚Multi Kulti' beteiligten Autoren eine Revision des deutschen Staatsbürgerschaftsrechts und die damit längst überfällige politische und rechtliche Gleichstellung von Eingewanderten und deren Nachkommen" (Körber/Neckel 2010, 227).

Eine deutsche Leitkultur, wie sie die AfD fordert, meint eine Anpassung an eine vermeintlich für alle Deutschen geltende Kultur. In solchen Positionen werden die Deutschen verstanden als eine „ethnische Abstammungsgemeinschaft [...]. [Eine solche] völkische Nationalstaatsidee ist mit der Vorstellung einer Nationalkultur verbunden, die inhaltlich definiert und gegen ‚fremde' Kulturen abgegrenzt werden kann" (Oberndörfer 1994, 35 f.). Aber diese unterstellte „nationale Kultur" lässt sich nur schwer definieren, weil auch sie in ihren leitenden Ideen stetig einem geschichtlichen Wandel und neuen Konflikten unterliegt (ebd., 36). Das wiederum bedeutet, dass dieses Verständnis von Kultur, welches einem völkisch-ethnischen Nationalismus entspricht, auf selektiver Wahrnehmung der Vergangenheit gründet. So wird eine „nationale" kulturelle Identität konstruiert, die gegenüber anderem abgrenzend wirkt und dadurch innovations- und entwicklungsfeindlich ist (ebd., 37).

Während in den obigen rechten Zitaten vom Scheitern der multikulturellen Gesellschaft gesprochen wird, steht Kanada beispielhalft für ein Land und eine Gesellschaft, in der Multikulturalismus bereits staatliches Programm ist. Dabei gelten – idealerweise und verkürzt – sieben Grundprinzipien:

1. ein „prinzipielles Ja zur ethno-kulturellen Verschiedenheit (diversity)", die als Kraftquelle und Bereicherung empfunden wird,
2. das „Recht auf kulturelle Differenz",
3. ein „Prinzip der kulturellen Gleichwertigkeit und gegenseitigen Toleranz",
4. die „Sicherheit-und-Kontakt-Hypothese", bei der eine Verankerung in der Eigengruppe Sicherheit und Selbstbewusstsein schafft und damit Offenheit gegenüber anderen,
5. die „Einheit in Verschiedenheit (unity-within-diversity): Ein Kern von gemeinsamen Grundwerten und -regeln [...] garantiert den Zusammenhalt des Ganzen und setzt der Verschiedenheit und dem Recht auf kulturelle Differenz und dem Prinzip der kulturellen Gleichwertigkeit Grenzen",
6. das „Recht auf gleiche Chancen [...] bei der Teilhabe" und schließlich
7. eine „Management-Annahme", denn bei der Entwicklung, die durchaus nicht immer leicht ist, bedarf es politischer Förderung und Ermutigung (Geißler 2003, 21).

Zwar lassen sich solche Systeme nicht einfach auf historisch anders gewachsene Staaten und Gesellschaften übertragen, doch zeigen sie Umsetzungsmöglichkeiten und Potenziale der Gestaltung einer offenen Gesellschaft auf. Aus den Grundwerten im Grundgesetz der Bundesrepublik Deutschland lassen sich Prinzipien ableiten, die die beschriebene „Einheit in Verschiedenheit" auch in Deutschland ermöglichen können. So bleibt es „den Staatsbürgern überlassen, welche Kulturwerte sie sich innerhalb der Grenzen der Rechtsordnung und ihrer kulturellen Grundwerte aneignen und für sich selbst verbindlich halten wollen" (Oberndörfer 1994, 37). Diese Betrachtung der multikulturellen Gesellschaft ist in keiner Weise eine totale Vereinheitlichung oder gar eine „wirre Vermischung", sondern im Idealfall die Anerkennung der Gleichwertigkeit von Eigenheiten, die im Rahmen von gemeinsamen Grundwerten gleichberechtigt sind.

„Multikulturalität ist kein Nebeneinander unantastbarer Kulturen, eher eine Gesellschaft ohne leitkulturelles Zentrum, die nicht Gruppenloyalität, sondern die Chance des Individuums stärkt, in eine Gemeinschaft einzutreten und daraus Ideen, Talente, Ressourcen zu ziehen" (Leggewie u. Stemmler 2010, 220). Das, was dem Einzelnen persönlich bedeutsam ist, lässt sich im Rahmen der Grundrechte für alle bewahren und leben, ohne anderen etwas zu nehmen, was ihre kulturelle Identität ausmacht. Wichtig für das Gelingen dieser multikulturellen, gleichberechtigten und demokratischen Gesellschaft ist die Teilhabe und „politische Gleichheit" aller: Die Menschen müssen als Bürger/-innen teilhaben am politischen Gemeinwesen, damit sie nicht Exoten und Fremde bleiben (Leggewie 1990, 142).

3.2.18 Nation

→ **Europa**
→ **Multikulturalität**
→ **Volk**

Rechte Position

> „Die Idee, daß das [...] westliche Verständnis von N. [Nation, Anm. d. Verf.] dem Prinzip der Freiwilligkeit und individuellen Entscheidungen folge, ist [...] abzulehnen. [...] Tatsächlich ist das Konzept in erster Linie etatisch. Dem Akzent auf der Staatlichkeit steht das deutsche Verständnis von N. entgegen, das gemeinhin als ‚völkisch' bezeichnet wird, weil hier die N. als das zu seinem politischen Selbstbewußtsein gelangte Volk, das heißt eine Herkunfts- und Kulturgemeinschaft betrachtet wird" (Lehnert/Weißmann 2009, 107 f.).
>
> „Die Vision eines europäischen Großstaates läuft zwangsläufig darauf hinaus, dass die EU-Einzelstaaten, mit den sie tragenden Völkern, ihre nationale Souveränität verlieren. Aber nur die nationalen Demokratien, geschaffen durch ihre Nationen in schmerzlicher Geschichte, vermögen ihren Bürgern die nötigen und gewünschten Identifikations- und Schutzräume zu bieten" (Programm für Deutschland 2016, 17).

Gegenargumente

(Von Jens Korfkamp)

In Europa gewann der Begriff „Nation" durch vielfältige politische, wirtschaftliche und kulturelle Entwicklungen gegen Ende des 18. Jahrhunderts zunehmend an politischer Bedeutung. In den einzelnen europäischen Ländern verlief der Prozess der Nationsbildung sehr unterschiedlich (Alter 2016, 50 ff.). Mit der Französischen Revolution von 1789 wurde der Begriff der Nation zuerst in Frankreich zur Legitimationsgrundlage einer neuen Ordnung. Das spezifisch Neue am Nationalismus der Französischen Revolution war zum einen die säkulare Begründung des Anspruchs auf Souveränität. Zum anderen wurde das Konzept einer Nation freier und gleicher Bürger, die zugleich politischer Souverän sein sollten, zum Ausdruck einer antiständischen, egalitären Befreiungsidee. Der Wille zur Nation und zum Nationalstaat war verbunden mit der Forderung nach politischer und sozialer Demokratisierung (Langewiesche 1994, 6). Für dieses Konzept von Nation prägte der deutsche Historiker Friedrich Meinecke (1862–1954) den Begriff der „Staatsnation". Diese beruht idealtypisch auf der „vereinigenden Kraft einer gemeinsamen politischen Geschichte und Verfassung" (Meinecke 1911, 3). In diesem Konstrukt ist aber auch die (aggressive) Außenabgrenzung als konstitutives Merkmal enthalten. „Im Gegenbild erkennt sich die Nation, entwirft sie eine Vorstellung von sich selbst. Selbstbild durch Gegenbild, nicht selten gesteigert zum Feindbild“ (Langewiesche 1994, 11). So wird die Nation als Partizipationsgemeinschaft als ein politisches Kollektiv zusammengeschweißt und handlungsfähig gemacht.

Gemäß dem demokratischen, emanzipatorischen Modell der Staatsnation bildet nicht ein „Volksgeist“ (so Johann Gottfried Herder, 1744–1803), die Sprach- und Kulturgemeinschaft, die sich aus ihrer Geschichte erschließt, die Nation, sondern die freiwillige Beteiligung der Individuen (Alter 2016 35 f.).

Im Gegensatz zur Entwicklung des französischen Nationalismus und der Konstruktion einer Staatsnation, wird der auf die Etablierung eines Nationalstaates gerichtete deutsche Nationalismus mit dem Terminus „Kulturnation“ (Meinecke 1911, 2) verbunden. Die Kulturnation leitet sich aus vermeintlich objektiven Kriterien her. Die Zugehörigkeit zur Nation ist dabei dem Belieben des Individuums weitgehend entzogen, sie beruht nicht auf freier Selbstbestimmung. Stattdessen determinieren Kriterien wie Kultur, Sprache und Geschichte die Zugehörigkeit (Alter 2016, 39 f.).

Diese kulturalistische Definition der Nation und ihre ideologische Verabsolutierung ist historisch betrachtet nicht von der Annahme einer Gleichwertigkeit aller Menschen und Nationen getragen. Sie bewertet und behandelt vielmehr andere Völker und Nationen sowie deren Kulturen als minderwertig.

Auf dieser deterministischen, undemokratischen und irrationalen Grundlage argumentieren auch Lehnert und Weißmann, wenn sie das Prinzip der Freiwilligkeit und individuellen Entscheidung mit dem Verweis auf eine völkische Nation, die sich als homogene Herkunfts- und Kulturgemeinschaft versteht, ablehnen (Lehnert/Weißmann 2009, 107 f.). Die Übereinstimmung von Kultur und Staat wird so zum „nationalistischen Imperativ“ (Ernest Gellner, in Langewiesche 1994, 23) erhoben, der die Identität der Gemeinschaft in der Abgrenzung gegen das als fremd Empfundene sichert. Darin steckt ein Aggressionspotenzial gegenüber denjenigen Bevölkerungsgruppen, die als nicht integrationsfähig oder -willig angesehen werden und denen die Vollmitgliedschaft in der angestrebten nationalen Gemeinschaft verwehrt werden soll.

Es zeigt sich, dass es *den* Nationalismus nicht als einheitliche Lehre gibt, sondern Nationalismen respektive unterschiedliche Erscheinungsformen. Das bedeutet aber auch, dass der Nationalismus per se kein Kampfbegriff am rechten Rand ist, sondern ursprünglich geradezu das Gegenteil: eine völkerverbindende Bewegung im Zeichen von Freiheit, Gleichheit, Brüderlichkeit war (Alter 2016, 64 ff.).

3.2.19 Natur

→ **Abstammung**
→ **Geschlecht**
→ **Hierarchie**
→ **Rasse**

Rechte Position

> Man muss „aus den Forschungen, insbesondere der Genetik und Ethologie, folgern, daß die Menschen als einzelne wie als Gruppen ungleich sind, was ihre intellektuellen und körperlichen Fähigkeiten betrifft, daß sich diese Ungleichheiten nur bedingt korrigieren lassen oder die Korrektur erhebliche negative Begleiterscheinungen hat [...]" (Lehnert/Weißmann 2009, 100).

Gegenargumente

Wie bei anderen Kernbegriffen wird wieder deutlich, dass „Natur" für rechtes Denken eine feste Kategorie ist, die in seinen ideologischen Begründungen und Deutungen der Welt und des Lebens eine zentrale, ja dominierende Rolle spielt. Im oben zitierten Beispiel wird eine prinzipielle Ungleichheit der Menschen festgeschrieben.

Es ist eine triviale Erkenntnis, dass Menschen unterschiedlich und daher in ihren Fähigkeiten nicht gleich sind, aber menschliche Unterschiede und Ungleichheiten werden durch Fairness und Kooperation ausgeglichen. Die entwickelte menschliche Moral beweist das. Michael Tomassello, Direktor am Max-Planck-Institut für evolutionäre Anthropologie in Leipzig, belegt anhand differenzierter Forschungsarbeiten und Experimenten, dass der „*Homo sapiens* ein ultrakooperativer Primat ist" (Tomassello 2016, 13). Dafür liefert er evolutionäre Begründungen: In über Hunderttausenden von Jahren bildeten sich „drei verschiedene Arten von Moral" (ebd., 19) heraus: „Die erste wird einfach von den kooperativen Neigungen der Menschenaffen im allgemeinen bestimmt und ist um ein besonderes Mitgefühl für Verwandte und Freunde herum organisiert [...]. Die zweite Art ist eine gemeinsame Moral der Zusammenarbeit, bei der ich spezifische Verantwortlichkeiten in spezifischen Umständen gegenüber spezifischen Individuen habe [...]. Die dritte ist die stärkste unpersönliche kollektive Moral kultureller Normen und Institutionen, der zufolge alle Mitglieder der Kulturgruppe gleichermaßen wertvoll sind" (ebd.).

Mitgefühl (ebd., 198), Sinn für Fairness und Gerechtigkeit (ebd., 64) und Bereitschaft zur Kooperation (ebd., 194) sind, wie Tomassello zeigt, Kennzeichen der Moral des modernen Menschen, die sich im Laufe der Hunderttausenden von Jahren seiner Evolution herausgebildet hat. Dieses soziale Verhalten ist aber auch immer bedroht: „Menschen haben natürliche Neigungen des Mitgefühls und der Fairneß gegenüber anderen, aber dennoch sind wir manchmal auch egoistisch" (ebd., 246).

Wer die Ungleichheiten für unumstößlich erklärt (siehe oben), liefert Rechtfertigungen für egoistisches Verhalten. Wenn aus diesen „von Natur aus" bestehenden Ungleichheiten Hierarchien, Elitarismus und Führerdenken abgeleitet werden, dann werden soziale bedingte Differenzen biologisiert und „naturalisiert", wird Egoismus legitimiert, werden schließlich Herrschen und Beherrschtwerden als quasi naturgegeben deklariert.

3.2.20 Patriotismus

→ Identität

Rechte Position

> „Die Verfassung begründet keinen Patriotismus [...]. Es führt also kein Weg an der Tatsache vorbei, daß Patriotismus immer den Bezug zur Geschichte des eigenen Volkes, Landes und Staates erforderlich macht. Insofern gibt es keine universalistische Begründung von Patriotismus, Patriotismus bezieht sich immer auf den besonderen Weg, die besondere Leistung eines Landes, Staates und seiner Bevölkerung" (Bauch 2005).
> „Wir sind der Meinung, dass ein gesunder Patriotismus in Deutschland selbstverständlich sein sollte. Diese Haltung schließt Verantwortung für die eigene Geschichte ein, setzt aber gesundes Verhältnis zur eigenen Identität voraus [...]. Dass sich deutsche Politiker ausschließlich das Schuldmäntelchen überziehen, halten wir für falsch" (Petry 2016, 28).

Gegenargumente

(Von Jens Korfkamp)

Insbesondere seit der Fußballweltmeisterschaft 2006 und der unbekümmerten, eventorientierten Begeisterung deutscher Fußball-Fans für nationale Symbole geistert das Phänomen eines *neuen* Patriotismus durch die deutschen Feuilletons. Der Philosoph Peter Sloterdijk liefert hierzu in seinem Essay „Theorie der Nachkriegszeiten" (Sloterdijk 2008) die intellektuelle Begleitmusik, indem er proklamiert, dass der „Hypermoral-Standort Deutschland" tatsächlich schon seit einer Weile dabei ist, u. a. durch die Ausbildung eines „gesund sein wollenden Patriotismus" (Sloterdijk 2008, 52), „seine Übergangsrolle als Idiot der europäischen Familie abzulegen" (ebd., 61).

In der von Sloterdijk postulierten „deutschen Annäherung an die psychopolitische Normalität" (ebd., 52) schwingt auch der Wunsch mit, den in der alten

Bundesrepublik entstandenen und häufig kritisierten Begriff des „Verfassungspatriotismus" im öffentlichen Diskurs der Berliner Republik zu überwinden. Dieser von dem Politikwissenschaftler Dolf Sternberger geprägte Begriff besinnt sich auf die republikanische Tradition des Patriotismusbegriffs, die in diesem kein naturwüchsiges Konzept sieht, sondern ein genuin politisches. Unter dem Begriff „Verfassungspatriotismus" subsumiert Sternberger nicht nur die Folgebereitschaft gegenüber den spezifischen Artikeln der geschriebenen Verfassung, sondern auch die affektive wie verstandesmäßige Zustimmung zur freiheitlichen Verfasstheit des Gemeinwesens als solcher (Sternberger 1990, 17 ff.). Jürgen Habermas hat Ende der 1980er Jahre im Aufgreifen des Terminus „Verfassungspatriotismus" einen Vorschlag für postnationale Identität gemacht, dessen Absicht es ist, eine vor Abschließungsreaktionen gefeite kulturelle Identität ohne Vorbehalte zu verbinden mit einer identifizierenden, affektiven Besetzung der demokratischen Ordnung und der Prinzipien des Grundgesetzes. „Dabei werden Identifikationen mit eigenen Lebensformen und Überlieferungen überlagert von einem abstrakter gewordenen Patriotismus, der sich nicht mehr auf das konkrete Ganze einer Nation, sondern auf abstrakte Verfahren und Prinzipien bezieht. Diese zielen auf die Bedingungen des Zusammenlebens und der Kommunikation zwischen verschiedenen, gleichberechtigt koexistierenden Lebensformen – im Inneren wie nach außen" (Habermas 1987, 173). Der demokratische Staat kann so nur noch unter Gesichtspunkten der Gerechtigkeit beurteilt werden, nicht mehr unter solchen des „guten Lebens".

Allerdings übersehen Kritiker wie Sloterdijk, dass sich bei Habermas der Verfassungspatriotismus nicht in der Anerkennung der Prinzipien von Demokratie und Rechtsstaatlichkeit als weltweit gültigen Universalien erschöpft. Habermas betont mit Nachdruck, dass sich der Verfassungspatriotismus, soll er motivationale Kraft entfalten, auf etwas Besonderes beziehen muss (Habermas 1992, 642). Denn eine Identität – ob individuell oder kollektiv – kann „niemals nur aus allgemeinen, moralischen, sozusagen von allen geteilten Orientierungen und Merkmalen bestehen" (Habermas 1990, 151). Vielmehr geht es darum, im Lichte universalistischer Prinzipien eine eigene identitätsprägende Geschichte zu rekonstruieren, um sodann jene Traditionen und Einflüsse als nicht fortführenswert zu selektieren, die diesen Prinzipien nicht zu genügen wissen.

In seinen Beiträgen zur angemessenen Vergangenheitsbewältigung, vor allem im sogenannten Historikerstreit der 1980er Jahre, hat Habermas akzentuiert dazu Stellung genommen, dass diese Lesart des Verfassungspatriotismus mit der Vergewisserung einer ganz spezifischen (im deutschen Fall aus der Erfahrung von Auschwitz und der NS-Periode verhängnisvollen) Traditionslinie dem Anspruch gerecht werden kann, innerhalb des Verfassungspatriotismus das Partikulare herauszuarbeiten. „Erst die Sensibilität gegenüber den unschuldig Gemarterten, von deren Erbe wir leben, erzeugt auch eine reflexive Distanz zu eigenen Überlieferungen, eine Empfindlichkeit gegenüber den abgründigen Ambivalenzen der Überlieferungen, die unsere Identität geformt haben. Aber unsere Identität ist nicht nur etwas Vorgefundenes, sondern eben auch gleichzeitig unser eigenes Projekt. Wir können uns unsere Traditionen nicht aussuchen, aber wir können wissen, daß es an uns liegt, *wie* wir sie fortsetzen" (Habermas 1990, 155).

3.2.21 Politik

→ **Demokratie**
→ **Staat**
→ **Volk**

Rechte Position

> „Die Politiker sind für uns alle dieselben alten Schwätzer, die nicht die entfernteste Ahnung von den Problemen und Sorgen unserer Generation haben" (Willinger 2013, 18).
> „Direkte Demokratie und Volksabstimmungen sind unsere Ideale. Wenn wir Demokratie sagen, dann meinen wir auch Demokratie. [...]
> Denn ihr weigert euch, das Volk in den wirklich relevanten Dingen abstimmen zu lassen. Zu sehr fürchtet ihr Populismus [...] und die ‚Dummheit' des Volkes. Das Volk verstünde ja von den wesentlichen Fragen gar nichts.
> Wir aber behaupten, daß das Volk die entscheidenden Dinge tausendmal besser beurteilen kann als eure weltfremden Parlamentarier" (Willinger 2013, 36 f.).
> „Wer sich immer noch bemüht um Eintrittskarten in das herrschende politische Kartell und sich bei diesen Bemühungen der Illusion hingibt, man werde – zur Not auch am Katzentisch – Teil an der Macht haben, verkennt die Verkrustung dieses Staates, der aus sich heraus unter keinen Umständen reformierbar ist" (Waldstein 2017, 50).

Gegenargumente

Diese rechte Bewertung von Politik ist nichts anders als eine rigide und fundamentale Verachtung von Politiker/-innen. Diese werden pauschal mit Verdikten belegt: „Schwätzer", „herrschendes Kartell", „weltfremd", „nicht die entfernteste Ahnung".

Gegen die repräsentative Demokratie wird die direkte Demokratie, werden Volksabstimmungen gesetzt. Dabei wird „dem" Volk bescheinigt, ein „tausendmal" besseres Beurteilungsvermögen zu haben als „die" Politiker. Deren um sich kreisendes „Kartell" weigere sich, „das Volk" entscheiden zu lassen. Der so „verkrustete" Staat wird als „unter keinen Umständen reformierbar" kategorisch abqualifiziert.

Gegen diese apodiktische Generalkritik kann zunächst einmal auf die Pauschalierung hingewiesen werden: Wer sind denn „die Politiker"? Der Bürgermeister der Hallig Hooge (SPD-Mitglied), die Bundeskanzlerin (CDU-Mitglied), eine Landtagsabgebordnete der Linken in Mecklenburg-Vorpommern, der Landrat in Lindau am Bodensee (CSU-Mitglied)? Die sieben größten politischen Parteien in Deutschland hatten am 31. Dezember 2015 1.220.865 Mitglieder[23], wovon die meisten ehrenamtlich arbeiten. Sie alle sind Politiker, nach der Logik der Rechten gehörten sie demzufolge nicht zum „Volk".

Mit den rechten Positionen wird ein grundsätzliches Gegenüber von „der" Politik und „dem" Volk konstruiert. Das Volk erscheint als eine homogene Einheit. Das ist es aber nicht. In Deutschland leben ca. 82 Millionen Menschen, einige sind reich, viele sind es nicht, etliche sind arm. Es gibt Alte und Junge, sie sind Mitglieder verschiedener Religionen, etwa ein Drittel ist konfessionslos. Sie engagieren sich in Bürgerinitiativen, Menschenrechts- und Naturschutzorganisationen, Gewerkschaften und Wirtschafts- bzw. Unternehmerverbänden. Sie leben in traditionellen Familien oder Patchworkfamilien, als Alleinerziehende oder Singles. Es ist ein Unterschied, ob man in einer Großstadt, beispielsweise im Ballungszentrum des Ruhrgebiets oder in einem Dorf in einer ländlichen Region wohnt. Die Beispiele lassen sich ins nahezu Unendliche vermehren. Was also ist das „Volk", worauf sollte sich die unterstellte Gewissheit gründen, dass es per Volksentscheid die richtigen Antworten gäbe?

Volksentscheide lassen nur ein Entweder-oder zu. Aber die politisch zu lösenden Fragen sind oft sehr komplex, haben verschiedene, unterschiedliche Aspekte und Konsequenzen, die sorgfältig, auch unter Hinzuziehung wissenschaftlicher Expertisen abgewogen werden müssen. Bei direkter Demokratie setzt sich ausschließlich eine Mehrheitsmeinung durch, Minderheiten fallen unter den Tisch. Der „gesunde Menschenverstand" wird höher bewertet als der Sachverstand.

Bei der Verwirklichung einer den Rechten vorschwebenden direkten Demokratie wäre davon auszugehen, dass das Gewicht von kapitalstarken Interessen und Verbänden noch größer würde beispielsweise durch den Einsatz von Werbekampagnen, Info-Materialien ihrer Think-Tanks und Verbänden bei anstehenden Volksentscheidungen. Der Einfluss von Demagogen wäre erheblich, zumal die Bürger/-innen nicht immer und keineswegs alle entsprechend informiert sind.

Hinzu kommt, dass sich ein möglicher Elitarismus entwickelt: Besser Gebildete, sozial Arriviertere würden sich eher an den Entscheidungen beteiligen und effektvoller ihre Interessen artikulieren als Menschen mit einer geringeren Bildung und geringerem sozialen Wirkungskreis.

Die rechte Politikerschelte bedient sich vieler gängiger Ressentiments, die sich in entsprechenden Stammtischparolen zeigen (Boeser-Schnebel u. a. 2016). Hier äußern sich Verdruss und Politikverweigerung (ebd., 21–24), aus denen heraus einfache politische Gegenmodelle attraktiv erscheinen. Aber in einer pluralen Welt, einer individualisierten Gesellschaft gibt es kein Ja oder Nein, sondern jede

---

23 https://de.statista.com/statistik/daten/studie/1339/umfrage/mitgliederzahlen-der-politischen-parteien-deutschlands/ (aufgerufen am 18.6.2017)

Lösung bringt auch Dilemmata, weil zwischen gleichberechtigten Alternativen entschieden werden muss. Dabei bleiben immer wieder unerfüllte Lösungsideen zurück. Dann muss neu um sie gerungen werden (ebd., 35, 121–125, 145). Das ist der Preis von Demokratie. Um das ohne Frustration und Aggression anzunehmen, bedarf es politischer Urteilsfähigkeit und Urteilskraft und den öffentlichen Gebrauch von Vernunft. In einer fragmentierten Welt ist es das „oberste [...] Lernziel Zusammenhänge her[zu]stellen" (Negt 2010, 207). Das ist mühsam, aber es gibt keine Alternative.

3.2.22 Rasse

→ **Abstammung**
→ **Natur**

Rechte Position

> Die „militärische Niederlage 1945 hat [...] die Argumentation unter Bezug auf den Begriff R. [Rasse, Anm. d. Verf.] nachhaltig diskreditiert, allerdings mit dem eifrigen Bemühen, den ‚Rassismus' – also eigentlich die moralische Abwertung von einzelnen oder Gruppen aufgrund ihrer Rassenzugehörigkeit – zu beseitigen, die absurde Lage geschaffen, daß der Faktor R. und seine tatsächlichen Auswirkungen gar nicht oder nur noch verdeckt diskutiert werden. Selbst in wissenschaftlichen Disziplinen wie der Ethnologie, der Anthropologie oder der Biologie, die im Grund gar nicht umhinkönnen, von ‚R.' zu sprechen, scheut man davor zurück und verwendet Ersatztermini, die allerdings nicht erhellend, sondern verdunkelnd wirken.
> Immerhin hat eine Minderheit von Unerschrockenen sich durch diese Art von Meinungsdiktat nicht irritieren lassen und hinreichende Gründe für die Annahme benannt, daß die R. nicht nur in bezug auf das Äußere von Menschen Bedeutung hat, sondern auch in bezug auf solche Faktoren wie durchschnittliche Intelligenz, Individualismus, Kollektivismus, körperliche Fähigkeiten" (Lehnert/Weißmann 2009, 124).
> „Wir haben sozusagen einen umgekehrten Rassismus. Also im Dritten Reich hat sich der Rassismus, der Rassenwahn gegen Fremde gerichtet, wobei man da dann noch die Juden dazu gerechnet hat, die ja eigentlich Deutsche waren. Jetzt richtet sich der Rassismus des Regimes gegen die Eigenen, also gegen die deutsche Urbevölkerung?" (Elsässer, in: Compact-Gepräch 2016, 4:30).

Gegenargumente

Eine Erklärung der UNESCO hat dem Begriff „Rasse" eine klare Absage erteilt und ihn als wissenschaftlich nicht haltbar bewiesen. Sie wurde auf einer UNESCO-Konferenz am 8. und 9. Juli 1995 von internationalen Fachleuten einstimmig verabschiedet. Auszüge:

„[...] Das Konzept der ‚Rasse', das aus der Vergangenheit in das 20. Jahrhundert übernommen wurde, ist völlig obsolet geworden. Dessen ungeachtet ist dieses Konzept dazu benutzt worden, gänzlich unannehmbare Verletzungen der Menschenrechte zu rechtfertigen. [...]

Die neuen wissenschaftlichen Befunde stützen nicht die frühere Auffassung, daß menschliche Populationen in getrennte ‚Rassen' wie ‚Afrikaner', ‚Eurasier' [...], oder irgendeine größere Anzahl von Untergruppen klassifiziert werden könnten. Im einzelnen können zwischen den menschlichen Populationen, einschließlich kleineren Gruppen, genetische Unterschiede festgestellt werden. Diese Unterschiede vergrößern sich im allgemeinen mit der geographischen Entfernung, doch die grundlegende genetische Variation zwischen Populationen ist viel weniger ausgeprägt. Das bedeutet, daß die genetische Diversität beim Menschen gleitend ist und keine größere Diskontinuität zwischen den Populationen anzeigt.

Befunde, die diese Schlußfolgerungen stützen, widersprechen der traditionellen Klassifikation in ‚Rassen' und machen jedes typologische Vorgehen völlig unangemessen. Darüber hinaus hat die Analyse von Genen, die in verschiedenen Versionen (Allelen) auftreten, gezeigt, daß die genetische Variation zwischen den Individuen innerhalb jeder Gruppe groß ist, während im Vergleich dazu die Variation zwischen den Gruppen verhältnismäßig klein ist. Es ist leicht, zwischen Menschen aus verschiedenen Teilen der Erde Unterschiede in der äußeren Erscheinung (Hautfarbe, Morphologie des Körpers und des Gesichts, Pigmentierung etc.) zu erkennen, aber die zugrundeliegende genetische Variation selbst ist viel weniger ausgeprägt. Obwohl es angesichts der auffälligen genetisch determinierten morphologischen Unterschiede paradox erscheint, sind die genetischen Variationen in den zugrundeliegenden physiologischen Eigenschaften und Funktionen sehr gering, wenn Populationsdurchschnitte betrachtet werden. Mit anderen Worten: Die Wahrnehmung von morphologischen Unterschieden kann uns irrtümlicherweise verleiten, von diesen auf wesentliche genetische Unterschiede zu schließen.

Befunde deuten darauf hin, daß es im Verlauf der Evolution des modernen Menschen relativ wenig Veränderungen in der genetischen Grundausstattung der Populationen gegeben hat. Die molekularen Analysen von Genen legen außerdem sehr nahe, daß der moderne Mensch sich erst vor kurzer Zeit in die bewohnbaren Gebiete der Erde ausgebreitet hat und in diesem Prozeß während einer relativ kurzen Zeitspanne an sehr unterschiedliche und zuweilen extreme Umweltbedingungen angepaßt worden ist (z. B. an rauhes Klima). Die Notwendigkeit der Anpassung an extreme unterschiedliche Umweltbedingungen hat nur in einer kleineren Untergruppe von Genen, die die Empfindlichkeit gegenüber Umweltfaktoren betrifft, Veränderungen bewirkt.

[...] Darüber hinaus gibt es keine überzeugenden Belege für ‚rassistische' Verschiedenheit hinsichtlich Intelligenz, emotionaler, motivationaler oder anderer psychologischer und das Verhalten betreffender Eigenschaften, die unabhängig von kulturellen Faktoren sind. [...] Rassismus ist der Glaube, daß menschliche Populationen sich in genetisch bedingten Merkmalen von sozialem Wert unterscheiden, so daß bestimm-

> te Gruppen gegenüber anderen höherwertig oder minderwertig sind. Es gibt keinen überzeugenden wissenschaftlichen Beleg, mit dem dieser Glaube gestützt werden könnte. Mit diesem Dokument wird nachdrücklich erklärt, daß es keinen wissenschaftlich zuverlässigen Weg gibt, die menschliche Vielfalt mit den starren Begriffen ‚rassischer' Kategorien oder dem traditionellen ‚Rassen'-Konzept zu charakterisieren. Es gibt keinen wissenschaftlichen Grund, den Begriff ‚Rasse' weiterhin zu verwenden" (UNESCO-Erklärung 1995).

Dennoch ist der Begriff „Rasse" fester Bestandteil im Repertoire der rechten, ganz besonders der rechtsextremen Ideologie. Mit ihm wird nicht nur ein Unterschied zwischen menschlichen Gruppen, Ethnien und Herkünfte, sondern auch eine Höher- und Unterwertigkeit konstruiert. Im Extremfall des Nationalsozialismus wurde die „jüdische Rasse" als „parasitär" und wurden Juden als „Untermenschen" bezeichnet (Hofer 1957, 279–281). Dadurch wurde „der zersetzende Einfluß der Rassenvermischung (als besonders verwerflich […]" (zit. nach ebd., 281) propagiert. Auf Grund einer solchen pseudowissenschaftlichen Erklärung wurde behauptet, durch „rassische Vermischung" (zit. nach ebd.) würde der „Volkskörper" zersetzt (zit. nach ebd.). Damit war der Weg frei für das Ziel: „die Lösung der Judenfrage" (zit. nach ebd.).

Demgegenüber zeigt die zitierte UNESCO-Erklärung, dass das Festhalten an der Einteilung der Menschen in „Rassen" keine wissenschaftliche Grundlage hat.

„Rasse" ist eine gesellschaftliche Konstruktion von Wirklichkeit. „Rassen" sind nicht durch manifeste biologische Merkmale vorhanden, sondern das Resultat einer Zuschreibung von Merkmalen: „‚Rassen' sind gesellschaftliche Fiktionen, keine biologischen Realitäten" (Miles 1992, 96).

Somit wird dem radikalisierten Gebrauch dieses Begriffs, dem Rassismus, der Boden entzogen. Rassismus ist eine „Ideologie", in deren Zentrum „die Erfindung von körperlichen Unterschieden [steht]" (Arndt 2015, 15). Allerdings folgen die Kriterien, die angelegt werden, „um körperliche Unterschiede zu zementieren, […] keineswegs reiner Willkür." Sie sind „vielmehr […] einem ökonomischen und politischen Machtstreben verpflichtet" (ebd., 16).

3.2.23 Raum

→ **Volk**

Rechte Position

> „Raum bezeichnet im politischen Zusammenhang vor allem das Territorium, das beherrscht wird. Die Bedeutung des Raumaspekts für das Politische unterlag in der Geschichte zwar Schwankungen, der R. war aber niemals bedeutungslos. Das gilt, obwohl der Mensch keinen ‚Lebensraum' (Friedrich Ratzel) hat wie andere Lebewesen. An

seiner ‚Territorialität' ist trotzdem nicht zu zweifeln, die ihn zur Raumbildung und dem Schutz des eigenen R. gegen Eindringlinge zwingt" (Lehnert/Weißmann 2009, 124). „Die Bindung des Volkes an einen bestimmten Raum scheint mir unhintergehbar" (Sellner/Spatz 2015, 32).

Gegenargumente

Die Betonung des Raumes geht einher mit Territorien, die behauptet und gegen Eindringlinge verteidigt werden müssen. Auch das wird mit Rückgriff auf die biologische Figur „des Menschen" behauptet. Bei der Kategorie „Raum" schwingt mit, dass er einerseits abschottet und andererseits ausschließt. Das ist in der globalisierten Welt anachronistisch. Der „Raum", ideologisch begriffen und definiert, kann zur Bastion gegen weltweiten Austausch von Waren, gegen die Erfahrung von neuen Kulturen und die Begegnung von Menschen unterschiedlicher Länder und Herkunft werden.

Im rechten Denken, ganz besonders im Rechtsextremismus, „werden Volk und Raum zusammengedacht" (Salzborn 2015, 25). Allerdings werden Volk und Raum nicht als *demos* – und zwar nicht in einem demokratischen Sinn als *demos* gedacht, sondern als *ethnos*. Der Unterschied ist erheblich: *Demos* ist „zufällig, wandelbar und wechselhaft", ethnos ist „essentiell, statisch, homogen" (ebd.).

Wenn der „Raum" „völkisch" definiert wird, wie das im zweiten Zitat oben der Fall ist, dann hat dies die Abwehr von Migration zur Folge. Denn jedes Volk wird an „einen bestimmten Raum" gebunden.

Die demokratische Gegenposition zum exkludierenden Raum ist die der „Öffentlichkeit". Das ist ein allen zugänglicher offener Raum, „in dem sich die Mitglieder des politischen Gemeinwesens mit dem Zeigen ihres Antlitzes und also ihrer Individualität wechselseitig anerkennen, zugleich verschonen und sich aufeinander beziehen" (Brumlik 2016, 88 f.).

Es ist vor allem Jürgen Habermas, der den Begriff „Öffentlichkeit" als Kriterium einer zivilen und diskursiven Gesellschaft immer wieder betont, differenziert dargestellt und gefordert hat. „Öffentlichkeit ist ein Begriff zur Beschreibung des kommunikativen Raums zwischen bürgerlicher Privatsphäre und dem Staat. Sie ist gekennzeichnet durch den freien, allgemeinen, ungehinderten Zugang des Publikums, durch Publizität und durch die Möglichkeit der Kritik am autoritären Staat und die autonome Selbstentscheidung des Bürgers" (Reese-Schäfer 2001, 34 f.).

Für Jürgen Habermas „eignet sich ‚politische Öffentlichkeit' als Inbegriff derjenigen Kommunikationsbedingungen, unter denen eine diskursive Meinungs- und Willensbildung eines Publikums von Staatsbürgern zustande kommen kann, zum Grundbegriff einer normativen Demokratietheorie" (Habermas 1993, 38).

3.2.24 Staat

→ Demokratie
→ Politik

Rechte Position

„Der Staat ist für den Bürger da, nicht der Bürger für den Staat. Nur ein schlanker Staat kann daher ein guter Staat sein. Erforderlich ist ein vom Staat garantierter Ordnungsrahmen, in dem sich die Bürger frei entfalten können“ (Programm für Deutschland 2016, 9).

„Das Nebeneinander von St. und Gesellschaft hat [...] zur Folge gehabt, daß einzelne gesellschaftliche Gruppen darangingen, die staatlichen Institutionen ihrer Kontrolle zu unterwerfen, ihren Sonderinteressen dienstbar zu machen und Elemente der Staatshoheit auszuhöhlen. Der so installierte Pluralismus hatte zwar den Machtverlust des St. zur Folge, allerdings ohne die vor allem von Linken und Liberalen erwarteten wohltätigen Folgen. Vielmehr bahnte sich eine krisenhafte Entwicklung an, die noch dadurch verstärkt wurde, daß die Souveränität des St. durch Technisierung, Industrialisierung und den Prozeß der Globalisierung nachhaltig infrage gestellt wurde.
Das Ende des klassischen St., das bereits in der ersten Hälfte des 20. Jahrhunderts diagnostiziert wurde, hat allerdings eine gewisse Ratlosigkeit angesichts der Frage erzeugt, was danach kommen könnte. Optimisten glauben, daß die ‚Zivilgesellschaft‘ zukünftig ohne die Korsettstangen des Staates auskommen könne, während gerade konservative Beobachter den Rückfall in ein ‚neues Mittelalter‘ befürchten, das von ähnlichen anarchischen Zuständen geprägt sein wird wie der Feudalismus“ (Lehnert/Weißmann 2009, 139).

„Der Staat gerät zunehmend in die Abhängigkeit einer Gesellschaft, die sich mit dem allgemeinen Anspruch des Staates nicht identifiziert. Ihre Interessengruppen machen den Staat zu ihrer Beute, indem sie ihn für ihre jeweiligen Sonderinteressen instrumentalisieren. Das hat Carl Schmitt bereits in seiner Auseinandersetzung mit dem Pluralismus erkannt. Diese Inanspruchnahme des Staates dient verschiedenen Zielen. Das beginnt bei jeder Art des Lobbyismus, der auf Kosten der Gesamtheit eine bevorzugte Behandlung seiner Klientel fordert, geht weiter mit der Beeinflussung des Rechtsstaates durch die Politik, die sich auf diesem Wege unliebsamer Kritiker und Gegner entledigt und endet schließlich bei einer weltanschaulich geschlossenen Einheit von Staat und Gesellschaft, die die freiheitliche Grundordnung ad absurdum führt“ (Institut für Sozialpolitik[24]).

---

24 https://staatspolitik.de/arbeitsgebiete (aufgerufen am 19.6.2017)

Gegenargumente

Es gehört zum festen Grundmuster rechter Theorie und Ideologie, dass der Staat eine exponierte Bedeutung hat. Ein Urheber dieses Denkens ist Thomas Hobbes (1588–1679). In seinem zum politischen Klassiker gewordenem Buch „Leviathan" geht er von der Prämisse aus, die Natur der Menschen sei so beschaffen, dass diese sich im „Krieg aller gegen alle" befänden (Hobbes 1970, 115). Um diesem Zustand zu entgehen, unterwerfen sie sich „freiwillig" (ebd., 156) durch einen Vertrag einer „höchste[n] Gewalt" (ebd.): dem Staat. Dieser besitzt einen absoluten Rang. Im Detail definiert Hobbes die „Rechte [...] des Oberhaupts" und „die Pflichten eines jeden Bürgers" (ebd., 157). Der Staat ist „der *große Leviathan*" oder „der *sterbliche Gott*" (ebd., 156).

Im „Staatspolitischen Handbuch" des Antaios Verlags wird Hobbes „Leviathan" als ein „Schlüsselwerk" mit einem „hohen Anregungspotential" gewürdigt (Lehnert/Weißmann 2010, 146).

Auch für Georg Friedrich Wilhelm Hegel (1770–1831) hat der Staat eine überaus herausragende Bedeutung. In seinen „Grundlinien der Philosophie des Rechts" heißt es: „Der Staat ist die Wirklichkeit der sittlichen Idee" (Hegel 1970, 338). Auch Hegel bringt Gott in Verbindung mit dem Staat: „Es ist der Gang Gottes in der Welt, dass der Staat ist [...]" (ebd., 341). Hegels „Grundlinien der Philosophie des Rechts" ist ebenfalls eines der für Konservative wichtigen Schlüsselwerke (Lehnert/Weißmann 2010, 109–11).

Ganz anders ist da die Position des Liberalismus. Einer seiner wichtigsten Vordenker war John Stuart Mill (1806–1873). Sein bedeutendstes Werk heißt „Über die Freiheit". Darin sieht Mill die Aufgabe des Staates darin, dass er „die Freiheit des Individuums in seinen eigenen Angelegenheiten achtet" (Mill 1859/1974, 143).

Diese unterschiedliche Bedeutungs- bzw. Rollenzuweisungen des Staates ist eine (von vielen) Trennungslinien zwischen rechtem und liberalem Politikverständnis.

Wenn im AfD-Programm behauptet wird, dass nur ein schlanker Staat ein guter Staat sein kann, dann ist damit nicht gemeint, dass man von der traditionellen rechten Idee von einem starken Staat abgerückt ist. Vielmehr kann das Plädoyer für einen schlanken Staat als eine eindeutige Absage des Sozialstaatsgedankens gesehen werden. Aber im Artikel 20 (1) des Grundgesetztes heißt es: „Die Bundesrepublik Deutschland ist ein demokratischer und sozialer Bundesstaat." Dazu der juristische Kommentar: „Mit der Entscheidung für den Sozialstaat wird die immer wieder gestellte Forderung nach sozialer Gerechtigkeit zu einem leitenden Prinzip aller staatlichen Maßnahmen erhoben" (Hesselberger 1999, 176).

Hinter der oben wiedergegebenen rechten Position steht die grundlegende Ablehnung eines pluralistischen Politik- und Gesellschaftsverständnisses, was konsequent aus der rechten Homogenisierungs-Ideologie folgt. Gleichermaßen damit verbunden ist die Kritik an der Zivil- oder Bürgergesellschaft. Für diese plädieren demokratische Sozialisten und Liberale, beispielsweise der Soziologe Ralf Dahrendorf (1929–2009). Für ihn gibt es drei „wichtige Merkmale" der Bürgergesellschaft: Erstens „die Vielfalt ihrer Elemente" (Dahrendorf 1992, 69), zweitens „die Autonomie der vielen Organisationen und Institutionen. Dabei ist unter Autonomie vor allem die Unabhängigkeit von einem Machtzentrum zu verstehen" (ebd.). Drittens ist „Bürgersinn", u. a. ziviles Verhalten und Zivilcourage erforderlich (ebd., 70).

Eine Ursache für die Idee einer Zivil- bzw. Bürgergesellschaft ist „zur Hälfte eine Entmachtung des Staates. Die andere Hälfte besteht in der gelebten Kritik an einem etatistisch verkürzten Verständnis von Gemeinwesen" (Höffe 2009, 115 f.). Das ist die diametral der Neuen Rechten entgegengesetzte Position.

Die Zustimmungsbereitschaft und damit Legitimation des politischen Gemeinwesens ist in einer partizipativen Bürgergesellschaft größer als in einem System mit einem über den Bürger/-innen schwebenden, autoritären Staat. Die Bundesrepublik hat sich in Richtung einer liberalen Bürgergesellschaft entwickelt. Das ist ein „Gewinn" für die politische Kultur (Greiffenhagen 1998, 318).

Zweifelsohne ist es äußerst problematisch und demokratiegefährdend, dass Wirtschaftsverbände und -interessen zunehmend Gesetzesentscheidungen zu ihren Gunsten beeinflussen (Balser/Ritze 2016). Und schwer einzusehen ist es, dass „Politiker als Lobbyisten große Kasse machen" (ebd., 101), dass bei vielen Spitzenpolitkern nach der Karriere das große Geldverdienen anfängt (ebd., 101–127). Solche Entwicklungen sind Steilvorlagen für eine rigide Verachtung des bestehenden Staates. Aber da sind systemimmanente Lösungen denkbar, beispielsweiseweise durch öffentlich zugängliche Lobbyregister, durch ein zumindest zeitlich befristetes Lobbyisten-Verbot für Politiker/-innen etc. Nur: reformieren wollen die Neuen Rechten den bestehenden Staat nicht.

3.2.25 Volk

→ Nation
→ Patriotismus
→ Raum

Rechte Position

> „Völker sind historische Größen, aber sie sind, wie Tilman Meyer feststellte, ‚nicht vereinbart, beschlossen, kontrahiert, gestiftet, gegründet, geschaffen, d. h. konventionell'. Das Volk ist nicht mehr Natur, aber auch nicht künstlich wie etwa der Staat künstlich ist. Es beruht oft auf ‚Abstammungs-', in jedem Fall aber auf ‚Fortpflanzungsgemeinschaft', und die ‚Ethnogenese' ist ein in vielen Fällen durchaus rekonstruierbarer Prozeß" (Lehnert/Weißmann 2009, 156).

„Schon begrifflich gibt es überhaupt kein deutsches Volk mehr, sondern es wird ein neues Wir gebaut, ohne Fundierung in der Herkunft, der Tradition, ohne Unterscheidung zwischen denen, die das Land aufgebaut haben und denen, die jetzt hier aufgenommen werden und verköstigt. Und da find ich schon ein Element: Es ist kein Völkermord, aber es ist eine Auflösung des Volkes über Atomisierung und über Austausch. Also schon ein Austauschprozess, der natürlich nicht im Sinne von Abschlachten erfolgt, obwohl er im Kleinen auch Elemente des Abschlachtens hat [...]" (Elsässer, in: Compact-Gespräch 2016, 14:02).

Gegenargumente

(Von Jens Korfkamp)

Der Begriff des „Volkes" als politisches Kollektiv rückte erst im Zuge der deutschen Romantik in den allgemeinen Sprachgebrauch. Der Soziologe Emerich K. Francis weist darauf hin, dass der Begriff „Volk" ursprünglich nichts anderes bedeutet als „eine Anzahl von anschaulich gegenwärtigen Menschen, also: Haufen, Menge, ganz allgemein Leute. [...] Im Deutschen hat sich diese Bedeutung in verschiedenen z. T. archaisch anmutenden Ausdrücken erhalten, wie ‚Volksauflauf', ‚Volksmenge', ‚Kriegsvolk', ‚Fußvolk', ‚Mädchen aus dem Volk' u. dgl." (Francis 1965, 69). Im 18. und vor allem im 19. Jahrhundert erhielt das Wort seine mystisch-spekulative Bedeutung als ein Verband des „Geistes" oder „Volksgeistes". Als Vordenker sei hier insbesondere der Philosoph Johann G. Herder (1744–1803) genannt, der jedes Volk zu einer kollektiven, mit Sprache, Seele und Charakter begabten Individualität aufwertete (Wildt 2017, 40). So wurde das Volk „als ein Stück der von Gott geschaffenen natürlichen Ordnung mythologisiert und als das spontan oder ‚organisch' Gewordene dem bloß künstlich gemachten, von einer (staatstragenden) Oberschicht bewußt geschaffenen gegenübergestellt" (Francis 1965, 72).

In diesem Sinne wurde „Volk" ab 1813/14 in der deutschen Nationalbewegung in bewusster Abgrenzung zur „Nation" verwendet. Die „Nation" wurde der Französischen Revolution zugerechnet. Diese wurde besonders in ihren Folgen vom deutschen Bürgertum nach anfänglicher Sympathie entschieden abgelehnt. Aus dieser ablehnenden, teilweise hasserfüllten Haltung gegenüber der französischen Nation, wurde „Volk" zu einem Begriff erhoben, der die deutsche „Eigenart" zum Ausdruck bringen sollte (Berghoff 1997, 27).

Durch die Gegenüberstellung von „Volk" als organische Einheit („ethnos") und biologischer Träger deutscher Eigenart (Tradition, Kultur, Sprache etc.) mit dem Konzept des Volkes als „demos", für das Rechtsgenossenschaft und staatsbürgerliche Gleichheit kennzeichnend sind, wird eine gesellschaftliche Konstruktion als objektive Wirklichkeit gesetzt. Die Andersheit des „Anderen" wird so zu einer unbestreitbaren Naturtatsache (Wildt 2017, 47).

Diese ethnische Konzeption des Volksbegriffs schwingt auch in den oben angeführten Zitaten von Lehnert, Weißmann und Elsässer mit. Auch die AfD verknüpft den Begriff des Volkes elementar mit ethnischen und kulturellen Zugehörigkeitsmerkmalen vor allem um zu definieren, wer nicht zum „Volk" gehören soll (ebd., 114).

Eine genauere Analyse erweist jedoch die Untauglichkeit und Widersprüchlichkeit von ethnischen und kulturellen Zugehörigkeitsmerkmalen. Diese Merkmale sind deshalb untauglich, weil deren Anwendungen zu vielfachen Überschneidungen, Vermischungen und Vernetzungen führen und somit als exakte Bestimmungsinstrumente einer vermeintlich homogenen Gemeinschaft versagen (Berghoff 1997, 29 ff.). So ist zum Beispiel die Rede von einer Abstammungs- oder Fortpflanzungsgemeinschaft umso absurder, je mehr sie sich auf abstrakte Großgruppen (Volk, Ethnie, Nation) bezieht. Zahllose Migrationen und vielfältiger Austausch haben in der Geschichte der Menschheit zu einer genetischen Mischung geführt, sodass die Annahme einer rassischen Reinheit aus humanbiologischer Perspektive ebenso unsinnig ist, wie die von Elsässer vertretene These von der „Auflösung des Volkes über Atomisierung und über Austausch" (Elsässer 2016, 14:02). Auch das Merkmal einer gemeinsamen Kultur erweist sich als untauglich. In einer pluralen Gesellschaft ist Kultur keine kollektive statische Substanz, sondern ein diskursives und durchaus konfliktbeladenes Konstrukt, das auf unterschiedlichste Weise zur individuellen und kollektiven Identitätsbildung beiträgt. Der letztlich immer zum Scheitern verursachte Versuch, Kollektive hinsichtlich ethnischer und kultureller Merkmale zu homogenisieren, war ein Versuch der verschiedenen Nationalbewegungen, die vorgestellte Ordnung in der Realität zu begründen, da sie so nicht in der Realität vorhanden war. Eine Methode, die in den Politiken von rechtspopulistischen Parteien und Bewegungen in Europa aktuell eine Renaissance erfährt (Wildt 2017, 92 ff.).

Schon Max Weber (1864–1920), einer der großen Klassiker der Soziologie, zog die „empirischen gemeinsamen Qualitäten" in Zweifel und sprach von einem „spezifischen Solidaritätsempfinden" gewisser Menschengruppen (Weber 1972, 528). Zwar mögen kulturelle Definitionen eines Volkes durch Sprache, Kultur und Geschichte oder der Rekurs auf eine biologische Abstammungsgemeinschaft Gefühle von Zugehörigkeit erleichtern und stellen eine politisch wirkmächtige Spekulation dar; eine Grundlage für eine demokratische Verfassungsordnung auf der Basis der Menschenrechte sind sie nicht (Wildt 2017, 119).

4 Vordenker, philosophische Ahnenreihe

Die Neue Rechte, mit der wir uns bisher vor allem auseinandergesetzt haben, „ist im hohen Maße philosophisch interessiert, setzt Philosophie als Waffe [...] ein [...]" (Klönne 1987, 287). Als Beispiele nennt Arno Klönne in einem Beitrag aus dem Jahr 1987 eine Reihe von namhaften Philosophen, auf die in Zirkeln der 1970er und 1980er Jahre Bezug genommen wurde: Friedrich Nietzsche, Oswald Spengler, Arnold Gehlen, Ernst Jünger, Martin Heidegger, Konrad Lorenz, Carl Schmitt (ebd., 288). Sie und andere werden im Folgenden mit Bezug auf ihr originär rechtes Denken und der Aktualisierung durch die Neuen Rechten vorgestellt.

4.1 Hans Freyer

(Von Jens Korfkamp)

Der Philosoph, Historiker und Soziologe Hans Freyer (1887–1969) ist ein jugendbewegter Rechtsintellektueller, der dem Umkreis der konservativen Revolution zuzurechnen ist. In den 1930er Jahren entstand um ihn herum ein wissenschaftlicher Kreis, die sogenannte Leipziger Schule, der wichtige Philosophen und Soziologen der Nachkriegszeit wie Arnold Gehlen und Helmut Schelsky entstammen.

Zur Person

Am 31. Juli 1887 wird Hans Freyer als Sohn des Postdirektors Ludwig Freyer und seiner Ehefrau Helene (geborene Broesel) in Leipzig geboren. Nach dem Gymnasium in Chemnitz und Dresden-Neustadt, wo er 1907 die Reifeprüfung ablegte, nahm er das Studium der Theologie in Greifswald auf. Aber bereits nach einem Semester wechselte er an die Universität Leipzig. Dort studierte er Philosophie, Psychologie, Nationalökonomie und Geschichte. Im Jahr 1911 wurde er in Leipzig promoviert, 1920 habilitiert. Nach einer Zwischenstation als Professor für Kulturphilosophie in Kiel erhielt er 1925 in Leipzig den ersten Lehrstuhl für Soziologie ohne eine zusätzliche Beiordnung eines anderen Faches. 1933 ließ er seine Soziologie-Professur in eine für Politische Wissenschaften umwidmen und unterzeichnete am 11. November das „Bekenntnis der Professoren an den deutschen Universitäten und Hochschulen zu Adolf Hitler und dem nationalsozialistischen Staat". Nach 1933 wendet er sich dem Nationalsozialismus positiv zu, ohne je Mitglied der NSDAP oder einer ihrer Gliederungen zu werden oder deren Rassenideologie zu übernehmen (Münkler 1987, 317). Im Jahr 1934 wurde er als Nachfolger von Ferdinand Tönnies zum Präsidenten der Deutschen Gesellschaft für Soziologie (DGS) gewählt und war als Gründungsmitglied im Ausschuss für Rechtsphilosophie der NS-Akademie für Deutsches Recht vertreten. Von 1938 bis 1944 wirkte er unter Beibehaltung der Leipziger Professur als „kultureller Botschafter des Reiches" (Rehberg 2003, 74) als Gastprofessor in Budapest, seit 1941 auch als Direktor des dortigen Deutschen Wissenschaftlichen Instituts. Nach dem Ende des Zweiten Weltkriegs lehrte er als Nicht-Parteimitglied erneut als Soziologe an der Universität Leipzig. Erst drei Jahre später, im Jahr 1948, wurde der öffentliche Druck so stark, dass er auf Anraten des damaligen Rektors Hans-Georg Gadamer sein Entlassungsgesuch einreichte. Im gleichen Jahr ging er nach Wiesbaden, wo er als leitender Redakteur im Brockhaus-Verlag arbeitete. Nachdem ein universitärer Berufungsvorschlag nach Göttingen aufgrund der Weigerung des damaligen niedersächsischen Kultusministers Adolf Grimme scheiterte, wurde Freyer 1953 durch die Vermittlung seines früheren Assistenten Helmut Schelksy als emeritierter Professor nach Münster berufen. In Münster lehrte er mit kurzen Unterbrechungen durch einige Gastprofessuren in Ankara bis 1963. Hans Freyer starb am 18. Januar 1969 in Ebersteinburg.

Hans Freyer gehört zu den umstrittensten Gestalten der deutschen Soziologie vor und nach dem Zweiten Weltkrieg. So schrieb René König, einer der einflussreichsten Vertreter der deutschen Soziologie der Nachkriegszeit, in seinem Nekrolog auf Freyer: „So war er Nationalsozialist vor der Zeit und blieb es wohl auch, nachdem die Zeit vergangen war" (König, zit. nach Münkler 1987, 316).

Werk und Programmatik

In Freyers Schriften sind über die Soziologie hinaus auch Themen der Philosophie und Geschichte zu finden. Nachfolgend werden, um das Denken des Meisters der „großen Erzählung von rechts [...], der die wissenschaftlichen Einsichten in eine mythologisierende Form umgoß" (Rehberg 2003, 93), zu skizzieren, zwei seiner Bücher vorgestellt: (a) „Revolution von rechts" (1931) und (b) „Theorie des gegenwärtigen Zeitalters" (1955).

a) In seinem 1931 veröffentlichten Buch „Revolution von rechts" verwendet Freyer, wie auch andere Denker im Umkreis der konservativen Revolution, linke Kategorien für rechte Zwecke. Für ihn bringt nicht die Revolution von links die wahre Emanzipation des Menschen, sondern die Revolution von rechts. Damit verbunden ist auch ein Subjektwandel der Revolution: Das Proletariat als Träger der Revolution wird ersetzt durch das „politische Volk" (Münkler 1987, 315). Das „politische Volk", das als monolithische Einheit konzipiert ist, ist der wahre Gegenspieler der kapitalistischen Klassenkampf-Gesellschaft mit ihrem Parlamentarismus und Liberalismus, dem Nationalstaat und dem „vorgestrigen" Schema von Bourgeoisie und Proletariat (Freyer

1931, 5). Seine Volkstheorie vermischt Freyer sehr jugendbewegt-visionär mit einer autoritären Staatsauffassung: „Indem das Volk durch das System der industriellen Gesellschaft durchbricht, wird der gesellschaftlich erfüllte, gesellschaftlich neutralisierte Staat gleichsam von innen her umgestülpt. In den Subjektlosen schießt ein drängendes, forderndes, tatbereites Subjekt ein. Der Vielfältige wird zur Einheit einer Stoßkraft zusammengezogen. In dem Willenlosen springt politischer Wille auf [...]" (ebd., 62, 64). Das Entscheidende an dem historischen Vorgang ist, dass das Volk zu politischem Leben erwacht, das es als ein „konstruktives Gebilde aus Kraftlinien" (ebd., 65) zum Staat des in nationaler Gemeinschaft geeinten deutschen Volkes wird. Das Prinzip konservativer Revolution ist für Freyer „reine Kraft, reiner Aufbruch, reiner Prozeß" (ebd., 53). Erst durch die Revolution von rechts wird der Staat, „der in der Epoche der industriellen Gesellschaft immer nur Kampfobjekt, immer nur Beute, bestenfalls der vorsichtige Mittler und Schlichter war [...], zu einem freien Wesen [...]" (ebd., 55). Das Ziel des Volksstaats der Antidemokraten war die für die Weimarer Republik kennzeichnende weltanschauliche und soziale Spaltung in Klassen und sich bekämpfende Gruppen durch den Dynamismus der Volksgemeinschaft zu überwinden. Darunter wurde sowohl die Beseitigung des bestehenden „kümmerlichen" und „sündigen" Gebildes der Weimarer Republik als auch die Entfremdung der vergegenständlichten kapitalistischen Ordnung subsumiert (Sontheimer 1992, 211 f.).

b) Nach dem Desaster des Versuchs, „Volkswerdung" und „große Geschichte" nationalsozialistisch zu verwirklichen, erschien 1955 Freyers Nachkriegs-Analyse „Theorie des gegenwärtigen Zeitalters". Auch in dieser Schrift hält er an seiner Zivilisationskritik fest, „nunmehr jedoch ohne Perspektive auf eine politische Überwindung" (Münkler 1987, 316). Freyer nimmt die Technik- und Wirtschaftsgesellschaft des 19. Jahrhunderts wieder in den Blick und zeigt die Formen der Entfremdung im modernen Sozialstaat auf (Rehberg 2003, 77 f.). Die „gewachsenen Ordnungen" seien durch „geschaffene Ordnungen" abgelöst worden, durch „sekundäre Systeme". Diese produzierten Leere und Vereinsamung, sie reduzierten den Menschen auf seine Stellung und Funktion im Sachprozess und verzehren zuletzt die aufgelagerten seelischen und geistigen Energien des Menschen (Münkler 1987, 316). Die „sekundären Systeme", wie Freyer die Gesellschaftsverfassung nennt, seien durch vier Trends bestimmt: 1. die „Machbarkeit der Sachen", 2. die „Organisierbarkeit der Arbeit", 3. die „Zivilisierbarkeit des Menschen" und 4. die „Vollendbarkeit der Geschichte" (Freyer 1967, 79). Besonders die Unbeschränkbarkeit des Machbaren und die Dominanz technischer Kategorien seien zum Zeitsignum geworden, Technik zu einer Denkform; sie sei nicht mehr Nutzen, sondern Macht (Rehberg 2003, 77). Münkler weist zurecht darauf hin, dass diese Kritik der „sekundären Systeme" in mancher Hinsicht an die Kapitalismuskritik Herbert Marcuses erinnert, „auch wenn beide daraus gegensätzliche Konsequenzen gezogen haben“ (Münkler 1987, 316). Die zentralen Begriffe seiner Theorie hatte Freyer übrigens schon vor 1933 in „Soziologie als Wirklichkeitswissenschaft“ (1930) ausgebildet. Der „Heiligkeit“ der natürlichen, gewachsenen Ordnung stehe die bloße „Nützlichkeit“ der künstlichen Organisationen gegenüber (Greiffenhagen 1986, 192 ff.). Durch die „Verwaltung der Sachen“ werde die „Herrschaft über Menschen“ abgelöst und die Macht auf allen Ebenen „apparativ“. Im „technischen Staat“, wie der Soziologe Helmut Schelsky, einer der bedeutendsten konservativen Ausleger seines Fachs in der Bundesrepublik, das nannte, gibt es keine Politik mehr, sondern nur noch Sacherledigung, eben die Herrschaft der „Sachzwänge“ (Arnold Gehlen). Diese Entwicklung sei mit der Durchsetzung eines umgreifenden Totalitarismus verbunden. In allen Gesellschaften, in denen Gleichheitstendenzen sich durchgesetzt haben, werde die Freiheit – sich willig in den organischen und kollektiven Prozess einzugliedern – nachhaltig zerstört, sodass Volkssouveränität und „administrativer Despotismus“ (Freyer) überall an Boden gewännen (Rehberg 2003, 78).

Rezeption durch die Neue Rechte (ausgewählte Beispiele)

In der Zeitschrift „Sezession“, seit April 2003 herausgegeben vom Institut für Staatspolitik (IfS) – verantwortlicher Redakteur ist der politische Aktivist Götz Kubitscheck – wird insbesondere auf Freyers Schriften „Revolution von rechts“ und „Theorie des gegenwärtigen Zeitalters“ Bezug genommen. Die „geradezu freche geschichtsphilosophische Variante“ (Waßner 2010, 25) von Freyer beeinflusst speziell in seiner antikapitalistischen und antimodernen Sehnsucht nach einer Überwindung des bloß Gesellschaftlichen durch das Volk als neues gesellschaftsbildendes Prinzip das Denken der Neuen Rechten. Im Band 3 des im rechten Antaios Verlag erscheinenden Staatspolitischen Handbuchs schreibt Waßner über den „Vordenker“ Freyer: Sein „mehrtausendseitiges sozialphilosophisches Opus“ eröffnet „einen wortgewaltigen Zugang zur modernen Geschichte Deutschlands im europäischen Rahmen“ (Waßner 2017, 62). Aber auch die Charakterisierung der Revolution von rechts als einen Willensakt, bei dem es wie Freyer es 1931 beschrieben hat, um reine Kraft, reinen Aufbruch, reinen Prozess geht, greift Martin Sellner, einer der führenden Akteure der Identitären Bewegung Österreich (IBÖ), in seinem Beitrag „Tatkult und Revolution von rechts“ (Sellner 2015) auf. Entscheidend ist für ihn, dass dieser Willensakt „das Alte, Verfaulte zerschlägt und den neuen Wert erzeugt“ (ebd., 3). „Diese Tat rechtfertigt sich selbst durch ihre Tatsächlichkeit. Ihre Wahrheit liegt im Effekt“ (ebd., 5). Zum Ende seines Beitrags schreibt Sellner mit viel Pathos und durchdrungen vom Selbstverständnis eines „Erben der ersten europäischen Widerstandsbewegung gegen die Moderne […] In all dem Verfall von Conchita Wurst bis Mario Barth, Türken-Gangsta-HipHop bis Cybersex, ‚Refugees Welcome‘, Abtreibung, Schuldkult,

Dekadenz und Großem Austausch geschieht vielleicht ‚nicht Nichts'. […] In der schwelenden Krise kreißt etwas. ‚Etwas' Fatales kommt in jedem Fall auf uns zu […]. Während wir hier vor dem Bildschirm sitzen, klicken, scrollen und tippen, wird Europa überrannt. Mehr denn je müssen wir ‚die Schwerter halten'" (ebd. 7 f.). Diese Aufforderung zur Tat lässt sowohl an Deutlichkeit als auch an den Zielen des Autors keinen Zweifel zu.

4.2 Arnold Gehlen

(Von Jens Korfkamp)

Der Philosoph und Soziologe Arnold Gehlen (1904–1976) zählt zu den einflussreichsten Vertretern der philosophischen Anthropologie. Diese eigenständige philosophische Disziplin befasst sich mit dem Wesen der Menschen. In den 1960er Jahren galt Gehlen als konservativer Gegenspieler von Theodor W. Adorno.

Zur Person

Am 29. Januar 1904 wird Arnold Gehlen als Sohn eines Verlegers in Leipzig geboren. Nach dem Besuch des traditionsreichen Leipziger Thomas-Gymnasiums studierte er ab 1923 in seiner Heimatstadt Philosophie, Deutsch und Kunstgeschichte und war auch in Physik und Zoologie immatrikuliert. Bereits 1927 wurde er dort promoviert, 1930 für das Fach Philosophie habilitiert. Am 1. Mai 1933 tritt Gehlen der NSDAP bei, der er bis zum Kriegsende angehört; er wird Zellenleiter in Leipzig und steht zwei Semester lang der NS-Dozentenschaft an der Universität Leipzig vor und hält Lehrgänge für Parteifunktionäre ab (Schröder 2011, 145). 1934 wird er als Dreißigjähriger als Ordinarius für Philosophie an die Universität Leipzig berufen. Vom NS-Reichsministerium für Wissenschaft, Erziehung und Volksbildung wird er 1938 auf den Kant-Lehrstuhl nach Königsberg berufen, wo er sein Hauptwerk „Der Mensch. Seine Natur und seine Stellung in der Welt" (1940) abschließt. Zwei Jahre später folgt er einem Ruf nach Wien. 1944 wird er Soldat.

Nach Kriegsende wird er 1945 wie alle „reichsdeutschen" Professoren in Österreich seines dortigen Amtes enthoben. Bereits 1947 wird er von der französischen Militärregierung an die neugegründete Hochschule für Verwaltungswissenschaften in Speyer berufen, nun auf einen soziologischen Lehrstuhl. Von 1962 bis zu seiner Emeritierung 1969 lehrte er als Professor für Soziologie an der Technischen Hochschule Aachen. In beiden Fällen konnte er zwischen Lehrstühlen für Philosophie und Soziologie wählen. Auch außerhalb der Universitäten ist Gehlen sehr nachgefragt: als Autor für Zeitschriften sowie als Redner. Das Magazin „Der Spiegel“ versuchte mehrfach erfolglos, ihn als Essayisten zu gewinnen. Berühmt sind seine Radio- und Fernsehdiskussionen mit Theodor W. Adorno (Thies 2000, 14[1]). Am 30. Januar 1976 stirbt Gehlen in Hamburg.

Werk und Programmatik

Das Gesamtwerk von Gehlen weist mehrere Brüche auf. In der Literatur werden folgende Entwicklungsphasen unterschieden: die frühe existenzialistische Phase, die idealistische Phase sowie die anthropologische Phase seit Mitte der 1930er Jahre. Die Einordnung von Gehlens Werk ist strittig. Für den Politikwissenschaftler Christian Graf von Krockow hat Gehlen „in seinem Werk eine, nein: *die* faschistische Theorie entworfen und vollendet, auf dem allerhöchsten Reflexionsniveau, das sie überhaupt erreichen vermag“ (von Krockow, zit. nach Thies 2000, 15). Andere Autoren ordnen Gehlen, in dessen Veröffentlichungen sich keine antisemitischen Äußerungen finden und auch sozialdarwinistisches oder rassistisches Gedankengut keine Rolle spielt, zwar der politischen Rechten zu, wollen sein Werk aber nicht einfach „rechts“ liegen lassen (Thies 2000, 19).

Aus seinem Gesamtwerk werden folgende zwei Bücher vorgestellt, die wesentlich zu seinem Ruf als radikalkonservativer Vordenker beigetragen haben: (a) „Der Mensch. Seine Natur und seine Stellung in der Welt“ (1940) und (b) „Moral und Hypermoral. Eine pluralistische Ethik“ (1969).

a) In seinem anthropologischen Hauptwerk „Der Mensch. Seine Natur und seine Stellung in der Welt“ führt Gehlen den Begriff vom Menschen als „Mängelwesen“ (Gehlen 1978, 20) ein. Der Disput, ob der Mensch in seiner natürlichen Ausstattung ein vollkommenes oder ein unvollkommenes Wesen ist, lässt sich bis in die Antike (Prometheussage) zurückverfolgen. Gehlen greift nicht so weit zurück. Er bezieht sich zum einen auf die Theorien von Johann Gottfried Herder, der von den grundlegenden Mängeln der menschlichen Natur gesprochen hat, und zum anderen auf Friedrich Nietzsche, der in seinem Spätwerk „Der Antichrist“ (1888) den Menschen als das „missrathenste Thier“ (Nietzsche 2008, 180, 12–15) bezeichnet hat. Für Gehlen ist der Mensch im Vergleich zum Tier defizitär in seiner biologischen Ausstattung und verfügt nicht über die tierische Instinktsicherheit. Um überleben zu können, bedarf es eines kompensatorischen Instinktersatzes. Diesen findet der Mensch, von „Natur ein Kulturwesen“ (Gehlen 1978, 80), in den Institutionen oder – wie Gehlen es noch in der ersten Auflage des Textes formuliert hat – in verbindlichen „Weltanschauungen“. Das konnte 1940 durchaus als Option für faschistische „Zuchtbilder“ (wie Gehlen opportunistisch Alfred Rosenberg, den führenden Ideologen der NSDAP, zitierte) verstanden werden (Rehberg

1 Die Gespräche sind bei You Tube einsehbar.

2003, 80). Nach 1945 hat er seine Schrift entnazifiziert. In der vierten Auflage von 1950 hat er anstößige Stellen gestrichen. Seine Institutionenlehre ist ein eindeutiges Plädoyer für einen starken Staat, orientiert sich aber nicht am nationalsozialistischen Totalitarismus, sondern am konservativen Ordnungsdenken, an einer Tradition, die über Hegels Rechtsphilosophie bis zur antiken Staatstheorie zurückreicht. Wie der englische Philosoph Thomas Hobbes ist Gehlen der Ansicht, „dass die Menschen ihr Zusammenleben nicht selbst organisieren können; ohne stabile Institutionen würden Gesellschaften zugrunde gehen" (Thies 2000, 31 f.). Der Staat ist dabei das Paradebeispiel einer Institution; ist aber längst nicht die einzige. Zu den Institutionen zählt Gehlen eine Reihe sozialer Normen. Die Kirche gehört ebenso dazu wie das Rechtssystem; aber auch Arbeitsgemeinschaften und Familien subsumiert er unter diesem Oberbegriff (Schröder 2011, 148). Seine Gegnerschaft galt allen, die die Auflösung der stabilisierenden Institutionen und die der in ihnen verkörperten Traditionen und Rechtsformen betrieben. In „Urmensch und Spätkultur" (1956) hat Gehlen sein Konzept einer kategorial differenzierten Institutionenlehre weiter ausgebaut (Rehberg 2003, 80).

b) In den 1960er und 1970er Jahren hat Gehlen „die Demokratisierungs- und Gleichheitstendenzen einer scharfen, teilweise höhnischen Kritik unterzogen. Am drastischsten hat er das in der polemischen Darstellung des ‚Humanitarismus' und der ‚Moralhypertrophie' in seiner letzten Monografie ‚Moral und Hypermoral' formuliert" (Rehberg 2003, 83). Die provokante Schärfe seiner grundsätzlichen Ablehnung zeitgenössischer Politiktendenzen, vor allem in Wendung gegen die Studentenrevolte und die Reformen der sozialliberalen Koalition unter Willy Brandt, überlagerte deutlich die in diesem Buch enthaltenen anthropologischen Thesen. So schwächt der späte Gehlen in „Moral und Hypermoral" (1969) seinen pessimistischen Kulturalismus ab und billigt den naturalen Komponenten in menschlichen Handlungsmustern – explizit bezieht er sich auf die Verhaltensforscher Konrad Lorenz und Irenäus Eibl-Eibesfeldt – mehr Einfluss zu (Gehlen 2004, 37 ff.). Den „Humanitarismus oder die zur ethischen Pflicht gemachte unterschiedslose Menschenliebe" (ebd., 75), die den „familiären Ethos in die großen, rationalen Geschäfte" (ebd., 89) überträgt, hielt er für eine völlig unzulässige, verantwortungslose Erweiterung. Diese unterminiere den Staat als Institution zur „rational organisierten Selbsterhaltung eines geschichtlich irgendwie zustande gekommenen Zusammenhangs von Territorium und Bevölkerung" (ebd., 99). Gehlen misstraute jedem ethischen Rigorismus. Demgegenüber hebt er die „ethische Selbstgesetzlichkeit mit den daraus folgenden Möglichkeiten" (ebd.) des Staates hervor: Sicherheit, Autorität, Nüchternheit, Hierarchie und Disziplin. Für ihn ist das gegenwärtige „Zeitalter der Verharmlosung" von „moralhypertropher Aufgeregtheit und täglicher Informationshektik" gekennzeichnet, die in eine „Ideologie vom guten Menschen" mündet (ebd., 36). Das Zusammenspiel von

Humanitarismus und Moralhypertrophie führt nach Gehlen zu bedenklichen gesellschaftlichen Konsequenzen. Zum einen werde die Aufgabe des Staates, das Gemeinwesen zu sichern, nicht erfüllt, zum anderen fielen durch die Degradierung der Institutionen zu Wohlstandsapparaten „die Individuen auf ihre Privatinteressen und deren kurzfristige Horizonte“ zurück (ebd., 143). Als Trägerschicht von Humanitarismus und Moralhypertrophie sowie eines überreizten Individualismus verortet Gehlen in polemischer Form die in unterschiedlichen Epochen wirkenden Intellektuellen. Denn wenn wie in der Gruppe der ideologisierenden Intellektuellen „die Kritik zur Verfassung des Bewußtseins selber wird, nimmt der Prozeß die Form der Entropie an und strebt dem wahrscheinlichsten Zustand zu, nämlich dem der größten Unordnung“ (ebd., 154).

Rezeption durch die Neue Rechte (ausgewählte Beispiele)

Für Autoren aus dem rechtsintellektuellen Milieu ist Arnold Gehlen als Meister der Konservativen ein wichtiger Brückenschläger zur Gegenwart. Schon Anfang der 1970er Jahre lobte Armin Mohler, einer ihrer Vordenker, das Spätwerk „Moral und Hypermoral“ überschwänglich: „Ich halte es für die bedeutendste geistige Leistung, welche die deutsche Rechte seit dem Zusammenbruch von 1945 hervorgebracht hat“ (Mohler, zit. nach: Thies 2000, 18). Karlheinz Weißmann, ein Hauptvertreter der deutschen Neuen Rechten, schätzt die „Kälte der Analyse Gehlens“ (Weißmann 2004, 48). Für ihn ist „Moral und Hypermoral“ ein „prophetisches Buch“, das einen Anstoß gibt, darüber nachzudenken, dass Gehlen „schon vor dreißig Jahren die ‚stets wache Presse- und Rundfunkpolizei‘ verantwortlich machen konnte für das Sterben der echten Debatte und absah, daß die Propaganda für *acceptance* – eine angeblich schrankenlose Toleranz – zur Etablierung jener ‚humanitären Religion‘ führe, deren Ketzer ‚als Ungeheuer‘ erschienen […]“ (ebd., 49). Ein Anstoß, der offensichtlich auf den politischen Kampfbegriff der „Lügenpresse“ im Sinne einer organisierten Manipulation der öffentlichen Meinung abzielt.

Mit seiner Lehre von der Institution, in deren Mittelpunkt der Staat als eine Art Grammatik unserer Lebenswelt steht, manifestiert Gehlen den Wunsch nach einer starken Ordnung im Chaos. Sein grundsätzliches Unbehagen an den Zeitläuften und an deren politischer Bewältigung gewinnt eine unvermutete Aktualität zurück. Es ist die Angst vor dem Untergang, die befürchtete Auflösung der Staatlichkeit, die heute in der Erregung über die Flüchtlingspolitik zum Ausdruck kommt und auch dem diffusen Protest von Pegida und AfD zugrunde liegt (Leick 2016, 116). So erklärt Marc Jongen, Philosoph und stellvertretender Sprecher der AfD von Baden-Württemberg, im Interview mit der Wochenzeitung „Die Zeit“ sehr deutlich, inwiefern das „68er verseuchte Deutschland“ seiner Ansicht nach das Gesamtinteresse des Staates verletzt: „Im elementaren Interesse des Volkes liegt zum Beispiel der Bestand des Staates und dessen konstituierender Faktoren, etwa der deutschen Sprache. Wenn wir die derzeitige Asyl- und Einwanderungspolitik betrachten, so ist deren logische Folge der Verlust der deutschen Sprache und des deutschen Staates. Ein paar Jahrzehnte weitergedacht, führt die aktuelle Politik zu einem Zustand, in dem Deutschland nicht mehr wiederzuerkennen ist. [...] Dass all diese Menschen integriert werden können, ist die große Lebenslüge der Regierenden" (Jongen 2016, 42). Gegen diesen gefühlten Niedergang setzt Gehlen einen Extremismus der Ordnung, der die Institutionen des Staates „einwandsimmun" macht, um sie vor Destabilisierung zu schützen (Gehlen, zit. nach: Leick 2016, 117). Die offene Gesellschaft und ihr Liberalismus werden dabei sowohl von Gehlen als auch der Neuen Rechten als Zersetzung wahrgenommen.

4.3 Martin Heidegger

Martin Heidegger gehört zu den bekanntesten, aber auch umstrittensten Philosophen des 20. Jahrhunderts. Seine Prominenz und die Rezeption seiner Werke sind weltweit verbreitet. Sein „Ruhm als einer der bedeutendsten Denker der Moderne gründete sich maßgeblich auf sein (allerdings Fragment gebliebenes) Hauptwerk ‚Sein und Zeit', das 1927 erschien. Seither galt er neben Karl Jaspers als Hauptvertreter der deutschen ‚Existenzphilosophie', obwohl er selbst sich später gegen diese Einordnung gewehrt hat"[2].

Beide wollten eine radikale Erneuerung der Philosophie, doch eine richtige Freundschaft zwischen ihnen gab es wohl nie, obwohl gerade Jaspers darauf gehofft hatte (so Hans Saner, in: Jaspers 1989, 7). Aber nach Heideggers Hinwendung zum Nationalsozialismus war das Gespräch zwischen beiden beendet, auch weil Jaspers Frau Jüdin war. Das Zerwürfnis blieb.

Nach Jaspers Tod fand man etliche „Notizen zu Heidegger" auf seinem Schreibtisch, einige davon handelten von dessen Beziehung zum Nationalsozialismus. Auf einem Blatt skizzierte Jaspers, „wie die Grundlagen dieses Philosophierens [Heideggers, Anm. d. Verf.] in der Praxis zur totalen Herrschaft führen muß" (ebd., 187).

Viele spätere Autoren haben diesen Zusammenhang, diese Konsequenz gesehen. Für Hans Ebeling, der selbst bei Heidegger studierte hatte, zum Beispiel ist dieser ein „‚geistiger' Rassist" (Ebeling 1991, 84). Victor Farías hatte Anfang der 1980er Jahre für Furore gesorgt, als er detailliert belegte, dass „der Beitritt Heideggers zur NSDAP [...] keineswegs der Ausdruck eines unvorhersehbaren Opportunismus oder taktischer Erwägungen [war]" (Farías 1989, 40). Materialreich widersetzt er sich „den zahlreichen Bestrebungen, die Bedeutung der Beziehung Heideggers zum Nationalsozialismus zu bagatellisieren" (ebd., 44).

2 „Heidegger, Martin", in Munzinger Online/Personen – Internationales Biographisches Archiv, in: www.munzinger.de/document/00000000767 (aufgerufen am 23.3.2017)

Aber Heidegger war nicht nur Nationalsozialist, er war auch Antisemit. Offenkundig wurde das im Jahr 2014 durch die aufsehenerregende Entdeckung und Herausgabe der von Heidegger so gennannten „Schwarzen Hefte". Der Philosoph dachte antisemitisch. Daraufhin wird vom Herausgeber der Hefte, Peter Trawny, sogar die Frage aufgeworfen, „ob wir [...] Abstand von dieser Philosophie nehmen müssten, weil es eine antisemitische Philosophie nicht gibt und nicht geben kann" (Trawny 2014, 12). Mit dieser Frage wird der auch heute noch ins Gigantische gehende Nimbus Heideggers erheblich angezweifelt. Zu Recht, denn wenn Philosophen zu Propagandisten werden und antisemitische Positionen vertreten, wie das bei Heidegger der Fall ist, dann sollte gründlich darüber nachgedacht werden, ob sie den Stellenwert, den sie haben, auch weiterhin verdienen. Mit Ethik, einer wesentlichen Sparte der Philosophie, ist das absolut nicht vereinbar. Eine Philosophie, die Menschengruppen diskriminiert, kann es nicht geben. Sie ist dann keine Philosophie, sondern Ideologie. Damit erhält das Gesamtwerk Heideggers – trotz bedeutender Denkleistungen - einen unangenehmen Beigeschmack.

Zur Person

Martin Heidegger wurde am 26. September 1889 als Sohn eines Küfermeisters und dessen Ehefrau in der oberschwäbischen Kleinstadt Meßkirch geboren. Er wuchs im katholischen Glauben auf, der ihm als jungen Mensch „Orientierung und Sicherheit" gab (Geier 2005, 20). Da die Begabung des jungen Martin erkannt wurde, wechselte er als Zögling der Kirche in das humanistische Gymnasium in Konstanz. Er wollte damals noch Priester werden. So begann er nach dem Abitur in Freiburg das Studium der katholischen Theologie. Er kam in Berührung mit der Philosophie und erlebte die Spannung mit der Theologie. Er entschloss sich, das theologische Studium abzubrechen und Mathematik, Naturwissenschaften und Philosophie zu studieren, ebenfalls in Freiburg. 1913 promovierte und 1915 habilitierte er sich. Damit war er Privatdozent der Philosophie. Vom katholischen Glauben distanzierte er sich zunehmend.

Von August 1915 bis November 1918 leistete er Kriegsdienst auf einem „ruhigen Posten" (ebd., 34).

Bis 1923 war er Assistent bei Edmund Husserl, dem Begründer der Phänomenologie. Doch im Unterschied zu dessen Orientierung „an der mathematischen Naturwissenschaft" versuchte Heidegger „ein Fußfassen im lebendigen geschichtlichen Leben selbst, und zwar in der faktischen Umwelterfahrung" (Heidegger, zit. nach ebd., 42). Er lernte Karl Jaspers kennen, in dem er einen Gleichgesinnten „gegen das bloß akademische Reden über die Philosophie fand" (Geier 2005, 43).

Im Juni 1923 wurde Heidegger zum Professor an der Universität Marburg berufen. In Marburg begegnete er, der mit Elfride (geborene Petri) verheiratete

Familienvater, der damals 18-jährigen Studentin Hannah Arendt, die jüdisch war. Daraus entstand eine Liebesgeschichte, die immer wieder die Gemüter bewegt: hier die jüdische Frau, die emigrieren musste, dort der spätere Nationalsozialist, der schon am 1. Mai 1933 in die NSDAP eintrat (Grunenberg 2008).

Ende Mai 1933 besuchte Heidegger Karl Jaspers zum letzten Mal. Dort kam es zu einem Gespräch über Hitler. Jaspers fragte: „Wie soll ein so ungebildeter Mensch wie Hitler Deutschland regieren?" Darauf Heidegger: „Bildung ist ganz gleichgültig [...] sehen Sie sich nur seine wunderbaren Hände an!" (Jaspers, in: Grunenberg 2008, 178). Danach kam es zu keinem Besuch mehr, auch zu Jaspers Entfernung aus der Universität durch die Nazis fand er „kein Wort" (ebd., 179).

Im Jahr 1927 veröffentlichte Heidegger sein Hauptwerk „Sein und Zeit". Es ist ein Buch, das als „monumental" gilt und trotz der schwer zugänglichen heideggerschen Sprache und Begrifflichkeiten in wohl alle Kultursprachen übersetzt wurde. Heidegger wollte „das eigentliche Wesen des menschlichen Seins offenbaren, dem es um sein eigentliches Sein geht" (Geier 2005, 56). Damit hatte Heidegger „einen völlig neuen Zugang zur Subjektfrage" eröffnet (Grunenberg 2008, 112). Das Buch erschütterte viele Leser, Heidegger wurde, auch außerhalb philosophischer Kreise, zur Berühmtheit (ebd., 117).

Im Jahr 1928 wechselte Heidegger nach Freiburg, wo er die Nachfolge Husserls auf dessen Lehrstuhl übernahm. 1930 hätte man ihn nach Berlin berufen, aber Heidegger lehnte ab, die Großstadt hätte ihn nur abgelenkt (Geier 2005, 81). Immer wieder zog er sich in seine 1922 bei Todtnauberg im Südschwarzwald gebaute Hütte zurück, bis zu seinem Lebensende.

Am 21. April 1933 wurde Heidegger zum Rektor der Freiburger Universität gewählt. Am 27. Mai hielt er seine berühmt-berüchtigte Rektoratsrede. Die Richtung, die er vorgab, war eindeutig: „Die deutsche Universität gilt uns als die hohe Schule, die aus Wissenschaft und durch Wissenschaft die Führer und Hüter des Schicksals des deutschen Volkes in die Erziehung und Zucht nimmt" (Heidegger 1934, 1).

Trotz dieser unmissverständlichen Propagandatöne trat Heidegger im April 1934 von seinem Amt als Rektor zurück. Die Gründe dafür sind nicht eindeutig. Zwar gab er später an, von den Nationalsozialisten ernüchtert zu sein, aber ihm musste auch „gewahr geworden sein, daß er ganze Gruppen an der Universität gegen sich hatte [...]" (Grunenberg 2008, 190).

Seinen Lehrstuhl für Philosophie behielt er. Er hielt Vorlesungen, hatte das Privileg, Vortragsreisen zu unternehmen, u. a. nach Rom. Dort traf er 1936 seinen früheren Schüler, den Philosophen Karl Löwith, der wegen seiner jüdischen Herkunft aus Deutschland emigrieren musste. Dieser beschrieb die Begegnung so: „Heidegger hatte selbst bei dieser Gelegenheit das Parteiabzeichen nicht von seinem Rock entfernt. Er trug es während seines ganzen römischen Aufenthalts, und es war ihm offenbar nicht in den Sinn gekommen, daß das Hakenkreuz nicht am Platz war, wenn er mit mir einen Tag verbrachte" (Löwith 1989, 57).

Nach Kriegsende musste er sich vor einem „Bereinigungsausschuss“ rechtfertigen, der für die französische Militärregierung Gutachten darüber anfertigte, welche Aktivitäten Universitätsangehörige während der NS-Zeit zeigten. Es ging darum, ob Heidegger nur emeritiert oder ob ihm weitere Konsequenzen auferlegt werden sollten. Am Ende sollte Karl Jaspers ein Gutachten schreiben. Sein Fazit: „Heideggers Denkungsart, die mir ihrem Wesen nach unfrei, diktatorisch, kommunikationslos erscheint, wäre heute in der Lehrwirkung verhängnisvoll“ (Jaspers, zit. nach Geier 2005, 120 f.).

Der Senat der Universität Freiburg beschloss das Lehrverbot für Heidegger. Dieses wurde erst zum Wintersemester 1950/1951 aufgehoben. Heidegger erhielt seine Rechte als Professor zurück. Am 26. Mai 1976 starb Heidegger.

Werk und Programmatik

Das Gesamtwerk Heideggers umfasst derzeit 102 Bände.[3] Angesichts dieser überwältigenden Fülle wäre der Anspruch völlig vermessen, auf wenigen Zeilen sein Denken angemessen wiederzugeben. Es kann hier nur beispielhaft gezeigt werden, inwieweit seine Philosophie stichwort- und impulsgebend ist für rechtes bis rechtsextremes Denken. Das soll demonstriert werden an Auszügen (a) aus seinem Hauptwerk „Sein und Zeit“ (1927) und (b) seiner Rektoratsrede (1933).

a) Heideggers „Sein und Zeit“ war ein Buch, das „einschlug wie ein Blitz“ (von Krockow 1990 a, 165). Bis heute wird es zu den „Jahrhundertbüchern“ gezählt (Mittestraß, 2000). Dabei ist es „ungeheuer schwer, in die Sprache Heideggers hineinzukommen“, gleichwohl hat sie für viele eine „suggestive Anziehungskraft“ (ebd., 109).

   Es ist Heidegers Hauptwerk, in dem er „existentielle“ Themen aufgreift wie Angst, Sorge und Tod, die in der akademischen Philosophie bis dahin eher ungewöhnlich waren. Die Wirkung ist unbestritten, u. a. auf den französischen Existentialismus, aber auch auf weltberühmte Denker wie Hans Jonas, Herbert Marcuse und Hannah Arendt, die allesamt weit von rechten Ideologien entfernt sind. Trotz der überragenden Bedeutung von „Sein und Zeit“ ist es ein Werk, das ihn zum „Vordenker“ der Neuen Rechten macht (Lehnert/Weißmann 2017, 82–84).

   In dem hier ausgewählten § 26 geht es Heidegger um das „Sein“, das „Dasein“, das „In-der-Welt-sein“, das „Selbstsein“, die „Anderen“ und schließlich um das „Man“.

---

3 www.klostermann.de/epages/63574303.sf/de_DE/?ObjectPath=/Shops/63574303/Categories/Buecher/Philosophie/%22Martin%20Heidegger%22/Editionsplan (aufgerufen am 18.4.2017)

Das „Dasein" des Subjekts ist immer ein Begegnen mit den „Anderen": „Die Welt des *Daseins ist Mitwelt.* Das In-Sein ist *Mitsein* mit Anderen. Das innerweltliche Ansichsein dieser ist *Mitsein*" (Heidegger 1977, 159). Diese „Seinsverfassung des Daseins als Mitsein" begründet die „Fürsorge" (ebd., 162). Die Fürsorge hat „zwei extreme Möglichkeiten": Wenn sie für den Anderen „einspringt", „kann der Andere zum Abhängigen und Beherrschten werden". Wenn Fürsorge stattdessen „vorausspringt", „verhilft (sie) dem Anderen dazu, *in* seiner Sorge sich durchsichtig und *für* sie *frei* zu werden" (ebd., 163). Die „Fürsorge (ist) geleitet durch *Rücksicht* und *Nachsicht*" (ebd., 164). Für Heidegger gehört „zum Sein des Daseins, um das es ihm in seinem Sein selbst geht, das Mitsein mit Anderen. Als Mitsein ‚ist' daher das Dasein wesenhaft umwillen Anderer" (ebd., 164).

Das sind sperrige Gedanken, die über viele weitere Seiten variiert und differenziert werden. Sie offenbaren den Kern des existenziellen Denkens Heideggers und zeigen, wie aus dem „Mitsein" ein „Mitdasein" und schließlich ein „Mit- und Zueinandersein" wird (ebd.,167).

Sehr häufig rezipiert und diskutiert wurde und wird das Kapitel § 27, das überschrieben ist mit „Das alltägliche Selbstsein und das Man" (ebd., 168). Hier setzt sich Heidegger wieder mit dem Verhältnis des Selbst zu den Anderen auseinander. Nun „beunruhigt" dieses, es ist geprägt „von der Sorge um […] Abstand" (ebd.). Es gibt die „Herrschaft der Anderen", aber „man selbst gehört zu diesen Anderen" (ebd.). Das „Man" ist zwar neutral, doch es entfaltet in seiner „Unauffälligkeit und Nichtfeststellbarkeit" […] seine eigentliche Diktatur" (ebd., 169). Heidegger beschreibt, wie „wir" das genießen und tun, was „man" genießen und tun soll. Aus dem „Mitsein" wird über das „Miteinandersein" schließlich „Durchschnitt" (ebd.). Damit wird das konstituiert, was als „Öffentlichkeit" bekannt ist (ebd., 170). Mit ihr werden „alle Unterschiede des Niveaus und der Echtheit" […] verdunkelt" (ebd.). Durch das Man kann „man" sich dem eigenen Urteil, der Entscheidung und Verantwortung entziehen: „Das Man ‚war' es immer und doch kann gesagt werden, ‚keiner' ist es gewesen" (ebd.). Auf den Punkt gebracht (was bei Heidegger nicht immer so einfach festzustellen ist): „Jeder ist der Andere und keiner er selbst" (ebd.).

Das sind keineswegs per se „rechte" Gedanken. Mit anderen Worten können diese Ideen auch in allgemeiner modernitätskritischer Absicht übernommen werden. Aber im Unterschied zu einer wirklichen gesellschaftskritischen Betrachtung gibt es keine partikularen Interessen und Akteure, keine Ideologien, die aus den Verhältnissen herauskommen, keine mehr oder weniger Mächtige. Dagegen gibt es bei Heidegger so etwas wie eine Schicksalshaftigkeit und eine homogene Verwobenheit aller mit allen.

b) Völlig eindeutig ist hingegen Heideggers Rektoratsrede in Freiburg vom 27. Mai 1933. In ihr entwirft Heidegger seine Vision von einer grundlegenden geistigen Reform des deutschen Hochschulwesens. Diese Erneuerung der geistigen Welt, entstanden aus der „Kampfgemeinschaft der Lehrer und Schüler" (Heidegger 1934, 5), schaffe „unserem Volke seine Welt der innersten und äußersten Gefahr, d. h. seine wahrhaft geistige Welt" (ebd., 3). Kurz nach der Machtergreifung Hitlers sah Heidegger in der nationalsozialistischen Bewegung die „Macht des Anfangs" (ebd., 1), die es dem Volk ermöglicht, sich seines „geistig-geschichtlichen Daseins" (ebd.) zu stellen bzw. zu seiner geschichtlich-abendländischen Bestimmung zu finden. Hier Auszüge aus der Rede:

„Aus der Entschlossenheit der deutschen Studentenschaft, dem deutschen Schicksal in seiner äußersten Not standzuhalten, kommt ein Wille zum Wesen der Universität. [...] Die vielbesungene ‚akademische Freiheit' wird aus der Universität verstoßen, denn diese Freiheit war unecht, weil nur verneinend. Sie bedeutet vorwiegend Unbekümmertheit, Beliebigkeit der Absichten und Neigungen, Ungebundenheit im Tun und Lassen. Der Begriff der Freiheit des deutschen Studenten wird jetzt zu seiner Wahrheit zurückgebracht. Aus ihr entfalten sich künftig Bindung und Dienst der deutschen Studentenschaft.
Die erste Bindung ist die an die Volksgemeinschaft. Sie verpflichtet zum mittragenden und mithandelnden Teilhaben am Mühen, Trachten und Können aller Stände und Glieder des Volkes. Diese Bindung wird fortan festgemacht und in das studentische Dasein eingewurzelt durch den *Arbeitsdienst.*
Die zweite Bindung ist die an die Ehre und das Geschick der Nation inmitten der anderen Völker. Sie verlangt die in Wissen und Können gesicherte und durch Zucht gestraffte Bereitschaft zum Einsatz bis ins Letzte. Diese Bindung umgreift und durchdringt künftig das ganze studentische Dasein als *Wehrdienst.*
Die dritte Bindung der Studentenschaft ist die an den geistigen Auftrag des deutschen Volkes. Dies Volk wirkt an seinem Schicksal, indem es seine Geschichte in die Offenbarkeit der Übermacht aller weltbildenden Mächte des menschlichen Daseins hineinstellt und sich seine geistige Welt immer neu erkämpft. So ausgesetzt in die äußerste Fragwürdigkeit des menschlichen Daseins, will das Volk ein geistiges Volk sein. Es fordert von sich und für sich in seinen Führern und Hütern die härteste Klarheit des höchsten, weitesten und reichsten Wissens. Eine studentische Jugend, die früh sich in diese Mannheit hineinwagt und ihr Wollen über das künftige Geschick der Nation ausspannt, zwingt sich von Grund auf zum Dienst an diesem Wissen. Ihr wird der *Wissensdienst* nicht mehr sein dürfen die dumpfe und schnelle Abrichtung zu einem ‚vornehmen' Beruf. Weil der Staatsmann und Lehrer, der Arzt und der Richter, der Pfarrer und Baumeister das völkisch-staatliche Dasein führen und in seinen Grundbezügen zu den weltbildenden Mächten des menschlichen Seins bewachen und scharfhalten, deshalb sind diese Berufe und die Erziehung zu ihnen dem Wissensdienst überantwortet. Das Wissen steht nicht im Dienste der Berufe, sondern umgekehrt: die Berufe erwirken und verwalten jenes höchste und wesentliche Wissen des Volkes um sein ganzes Dasein. Aber dieses Wissen ist uns nicht die beruhigende Kenntnisnahme von

> Wesen und Werten an sich, sondern die schärfste Gefährdung des Daseins inmitten der Übermacht des Seienden. Die Fragwürdigkeit des Seins überhaupt zwingt dem Volk Arbeit und Kampf ab und zwingt es in seinen Staat, dem die Berufe zugehören. Die drei Bindungen – durch das Volk an das Geschick des Staates im geistigen Auftrag – sind dem deutschen Wesen *gleichursprünglich*. Die drei von da entspringenden Dienste – Arbeitsdienst, Wehrdienst, Wissensdienst – sind gleich notwendig und gleichen Ranges" (Heidegger 1934, 3 u. 4).

Aus philosophischer Sicht ist die Rede ein Skandal, offenbart sie doch augenscheinlich, wie einer der bedeutendsten Philosophen des 20. Jahrhunderts sein Denken in den Dienst der NS-Diktatur stellte.

Rezeption durch die Neue Rechte (ausgewählte Beispiele)

Die Beschäftigung mit Heidegger in den Medien und auf den Foren der Neuen Rechten ist umfassend und intensiv. Schon allein das ist ein Beleg, welche Bedeutung er dort hat. Im Band 3 des Staatspolitischen Handbuchs, das vom Antaios Verlag herausgegeben wird und sich den „Vordenkern" widmet, wird auch er präsentiert (Lehnert/Weißmann 2017, 82–84). Die Rektoratsrede wird dabei mit keinem Wort erwähnt. Dagegen gibt es eine abschließende Erklärung: „Moralisierende, externe Schuldzuweisungen, wie sie das *problematon* ‚Heidegger und der Nationalsozialismus' nachhaltig bestimmen und in regelmäßigen Abständen wiederholt werden, müssen hinter Heideggers Denken und seinem Anspruch weit zurückbleiben" (ebd., 84).

Auf hohem intellektuellen Niveau und sehr kenntnisreich setzen sich Martin Sellner und Walter Spatz, beide exponierte Vertreter der Identitären Bewegung, in einem als „Gespräch" titulierten kleinen Buch mit Heidegger, dem „letzten deutschen Großmeister" (Sellner/Spatz 2015, 1), auseinander. Dabei artikulieren sie sich im Jargon ihres „Meister(s)" (ebd.).

Es erinnert sehr an Heideggers Kritik am „Man", wenn die beiden Autoren im Westen den „geschichtslosen Massenmensch", den „fade[n] Einheitsmensch" meinen zu verorten (ebd., 11 u. 12). Heideggers Modernitätskritik aufgreifend, beklagen sie, dass „die Moderne uns entzieht, uns als Volk zu fühlen" (ebd., 20). Sich wieder auf Heidegger beziehend, leiten sie „drei Modi des Volksbegriffs" ab: „Körper, Seele und Geist […] – das schließt den Ausschluß der Ausländer mit ein: ‚Heimat, Freiheit, Tradition! Multikulti Endstation!'" (ebd., 21).

In der verschwurbelten Imitation von Heideggers Sprache findet man in dem „Gespräch" der beiden „Identitären" den folgenden Satz: „Wir gehören dem Sein und erleben eine eigentliche Daseinsform als Einzelne im Rahmen unseres Volkes, denn über dieses und aus diesem ereignet es sich" (ebd., 56). Einige Seiten später wird deutlich, was damit gemeint ist: „Wo das deutsche Volk stehen müßte, steht der sogenannte Weltbürger. Wo Entschlossenheit zur Selbstbehauptung, Bereitschaft zu Not und Sprung stehen müßte, stehen Bequemlichkeit und lebenslange Adoleszenz“ (ebd., 59). Sie, die Identitären, berufen sich auf „Heideggers Überlegungen“ und sehen sich „tatsächlich als die […], die sich zum Da-Sein entschieden haben“ (ebd., 56).

Die Rektoratsrede wird in dem Dialog nur gestreift, doch auch dadurch bewertet, dass sie „aufbrechende[..], kühne[…] Zitate“ enthalte (ebd., 62), „notwendige Irrwege des Denkens [waren], die es [Heideggers Denken, Anm. d. Verf.] auf dem Weg zur Reife vollziehen mußte“ (ebd. 68).

In der „Jungen Freiheit“, dem Wochenblatt der Neuen Rechten, setzt sich anlässlich des 125. Geburtstags des „frühe(n) Globalisierungskritikers Martin Heidegger“ ein Autor namens Wolfgang Müller in aggressiver Weise mit dem Herausgeber der Schwarzen Hefte, Peter Trawny, auseinander. Etikettiert wird er als „profilneurotisch“ und „Gernegroß“: Müller meint: „Es spiegelt den traurigen Verfall tief verankerten Bewußtseins nicht allein im Feuilleton, sondern auch im akademischen Discount-Milieu wider, wenn der Blödsinn von der ‚antisemitisch kontaminierten‘ Seinsphilosophie Heideggers inzwischen als diskutabel gilt“ (Müller 2014).

„Blödsinn“? Nicht nur bei Trawny findet man Belege, wie antisemitisch Heidegger dachte (Trawny 2014), auch Karl Jaspers bezeugt das. In den „Notizen zu Martin Heidegger“ schreibt er: „Er [Heidegger, Anm. d. Verf.] konnte in den letzten Gesprächen, die ich 1933 mit ihm hatte, von der Gefahr des internationalen Judentums reden“ (Jaspers, 1989, 261).

4.4 Ernst Jünger

(Von Jens Korfkamp)

Der Schriftsteller und Essayist Ernst Jünger (1895–1998) ist einer der profiliertesten Vertreter im Umfeld der Konservativen Revolution. In der Weimarer Republik bekämpfte er den Liberalismus und seine Derivate Parlamentarismus und Demokratie entschieden. Auf die neurechten Intellektuellen übt der „konservative Anarchist“ (Schwarz 1962) gerade wegen seiner ablehnenden Haltung gegenüber dem nationalsozialistischen Regime und der daraus resultierenden politischen Anschlussfähigkeit seiner Denkwelt eine große Faszination aus.

Zur Person

Am 29. März 1895 wird Ernst Jünger als ältestes von sieben Kindern des wohlhabenden Apothekers Ernst Georg Jünger und dessen Ehefrau Karolina (geborene Lampl) in Heidelberg geboren. Im Jahr 1911 wird er gemeinsam mit seinem jüngeren Bruder Friedrich Georg Jünger (1898–1977) Mitglied der Wandervogelbewegung. Aus Überdruss und Langeweile am bürgerlich gesicherten Dasein meldet sich Jünger als Gymnasiast 1913 freiwillig zur französischen Fremdenlegion (Spiegel-Gespräch 1982, 160). Auf Intervention seines Vaters wird er aufgrund seines Alters aber schon nach sechs Wochen entlassen. Kurz nach dem Ausbruch des Ersten Weltkriegs meldet er sich als Kriegsfreiwilliger. Nach dem Notabitur absolviert er die militärische Ausbildung und schlägt die Offizierslaufbahn ein. Während des Kriegs wird Jünger mit dem Eisernen Kreuz 1. Klasse sowie mit dem begehrten Orden Pour le Mérite ausgezeichnet. Seine Frontaufzeichnungen „In Stahlgewittern" bringt er 1920 im Selbstverlag heraus. Nach seinem Ausscheiden aus der Reichswehr studiert Jünger ab 1923 Zoologie und Philosophie in Leipzig und Neapel, schließt das Studium aber nicht ab. 1925 heiratet er Gretha von Jeinsen. Aus der Ehe gehen zwei Söhne hervor.

Ab 1926 lebt er als freier Schriftsteller in Berlin und beteiligt sich an verschiedenen national-revolutionären Zirkeln. Obwohl Jünger ein erklärter Gegner der Weimarer Republik ist und sich in Richtung eines nationalen Sozialismus orientiert, lehnt er 1927 ein von der Nationalsozialistischen Deutschen Arbeiterpartei (NSDAP) angebotenes Reichstagsmandat ab. Auch die weiteren Versuche von Joseph Goebbels, Jünger für die NSDAP zu gewinnen, schlagen fehl (Wistrich 1987, 193). 1932 erscheint Jüngers Buch „Der Arbeiter. Herrschaft und Gestalt". Für den Literaturwissenschaftler Klaus Vondung ist das eine „apokalyptische Vision eines kollektiv geordneten Machtstaates" (Vondung 1988, 383). Ein Jahr später lehnt er die Wahl in die politisch loyale Akademie der Künste ab. Im Anschluss an eine Hausdurchsuchung durch die Geheime Staatspolizei (Gestapo) zieht sich Jünger nach Goslar zurück. Es folgen weitere Wechsel des Wohnortes nach Überlingen am Bodensee (1936) und nach Kirchhorst bei Hannover (1939).

Im Jahr 1939 erscheint das zum Widerstandsbuch stilisierte „Auf den Marmorklippen" (Schöning 2014, 138 ff.). Den Zweiten Weltkrieg erlebt Jünger als Offizier mit kurzen Unterbrechungen (drei Monate Kaukasus) in Frankreich. Ab 1941 wurde er zum Stab des deutschen Militärbefehlshabers in Paris versetzt, wo er unter anderem für die Briefzensur zuständig war. Im Oktober 1944 stieß man ihn wegen Wehrunwürdigkeit aus der Wehrmacht aus. Im Monat darauf fällt sein Sohn Ernstel in einer Strafkompanie an der italienischen Front. Nach dem Krieg weigerte sich Jünger, den obligaten Fragebogen der Alliierten auszufüllen und erhielt bis 1949 ein Publikationsverbot. 1949 wird er auf Armin Mohler aufmerksam, der bis zum Bruch 1953 als Privatsekretär für ihn arbeitet.[4] Ab 1949 veröffentlichte Jünger zahlreiche (utopische) Romane, Erzählungen, Essays sowie seine Tagebuchaufzeichnungen. Insbesondere die Kriegstagebücher „Strahlun-

4 Zu den komplexen Gründen für den Bruch zwischen Jünger und Mohler und der Rolle, die dabei Carl Schmitt spielt, vgl. den Briefwechsel zwischen Mohler und Schmitt (Mohler 1995). Auch die Freundschaft von Ernst Jünger und Carl Schmitt war nicht frei von Krisen und Verstimmungen.

gen" (1949) zeugen von Verachtung und Abscheu gegenüber dem Ungeist des NS-Regimes (Wistrich 1987, 194). 1950 Umzug nach Wilflingen (Oberschwaben). Zehn Jahre später stirbt seine Ehefrau und er heiratet 1962 die Germanistin Liselotte Lohrer.

Bis zu seinem Tod im Alter von fast 103 Jahren, am 17. Februar 1998 in Riedlingen, erhält der wegen seiner (politischen) Ansichten umstrittene, aber für seinen Stil und seine ästhetische Qualität anerkannte Autor zahlreiche nationale und internationale Ehrungen und Preise, so zum Beispiel den Literaturpreis der Stadt Bremen (1955), das Große Bundesverdienstkreuz (1959), die Friedensmedaille der Stadt Verdun (1978), den Goethe-Preis der Stadt Frankfurt/Main (1982) und den Großen Preis der Jury der Kunstbiennale in Venedig (1993). In der Nachkriegszeit betritt Jünger noch zweimal bei symbolträchtigen Veranstaltungen die politische Bühne: 1984 nimmt er an der Seite von Helmut Kohl und François Mitterand in Verdun an der Ehrung der Opfer des Ersten Weltkriegs teil. Vier Jahre später reist er mit Helmut Kohl zur 25-Jahr-Feier des deutsch-französischen (Freundschafts-)Vertrages nach Paris.

Werk und Programmatik

Das Leben von Ernst Jünger umspannt fast das gesamte 20. Jahrhundert; sein Werk spiegelt auch dessen Katastrophen wider (Schöning 2014). Aus seinem heterogenen literarischen Werk und seinen politischen Schriften werden stellvertretend für das Frühwerk und das Weltbild des politischen Autors Ernst Jünger folgende Veröffentlichungen betrachtet: (a) „In Stahlgewittern" (1920) und (b) „Der Arbeiter. Herrschaft und Gestalt" (1932).

a) Die Ideen der Konservativen Revolution wurden wesentlich von der Frontgeneration des Ersten Weltkrieges vertreten und speisten sich aus dem Kriegserlebnis. Viele, auf die der Kriegsausbruch wie eine Befreiung aus einer von den Vätern dominierten Welt gewirkt hat, als Flucht aus dem bürgerlichen Dasein, das für idealistische Bestrebungen kaum Raum bot, kehrten desillusioniert oder traumatisiert aus dem Krieg zurück (Münkler 1987, 306). Die literarischen Repräsentationen fielen unterschiedlich aus. Es gab Autoren wie Erich Maria Remarque („Im Westen nichts Neues", 1929), die mit den konventionellen nationalromantischen Klischees über Soldatenleben und Heldentod aufräumten und die modernen Materialschlachten an der Westfront in ihrer menschenverachtenden Grausamkeit und militärischen Sinnlosigkeit darstellten. Zum Widerpart des „desillusionierenden Realismus" wurden diejenigen Autoren, die zwar ebenso wie die pazifistischen Autoren, die Realität des Krieges darstellten, daraus jedoch gegenteilige Schlüsse zogen. Sie verherrlichten und feierten den Krieg – unter Berufung auf den Satz von Heraklit, „Krieg ist von allem der Vater" – als existentielles Lebensprinzip, als

Naturgesetz und als Heilmittel der Nation. Dieser „heroische Realismus", der in der heldenhaften Bereitschaft zu sehen ist, sich den scheinbar geschichtsmächtigen Entwicklungen zu unterwerfen, verlangte die Schöpfung eines neuen Menschen: den Typus des stahlharten Frontkämpfers.

Eine besondere Rolle nehmen in diesem Zusammenhang die Kriegsschriften Ernst Jüngers ein. Insbesondere sein Frühwerk „In Stahlgewittern" (Jünger 1920) ist eine hochgradig stilisierte und ästhetisch überhöhte Kriegsdarstellung. Seine heroische Deutung des Ersten Weltkrieges war „eine ideologische Verzerrung der tatsächlichen Abläufe und mehr noch mentalen Dispositionen und der Motive, welche die große Mehrheit der Frontsoldaten bewegte" (Mommsen 2004, 149). Darüber hinaus versucht Jünger, in seinen Kriegsbüchern seine Erfahrungen im Krieg politisch in eine Verächtlichmachung der zivilen Welt und ihrer Werte zu überführen. Die Erfahrung des Krieges, das Fronterlebnis stellt er als soziokulturelle Entgrenzung und nationale Integration dar. Die Klassenschranken des bürgerlichen Lebens wurden hier durchbrochen und aufgelöst, eine neue homogene Einheit bildete sich heraus (Münkler 1987, 307). Diese egalitär-verschworene Gemeinschaft ist für Jünger der echte, wahre und unerbittliche Feind des Bürgers: „Der Krieg ist unser Vater, er hat uns gezeugt im glühenden Schoß der Kampfgräben als ein neues Geschlecht, und wir erkennen mit Stolz unsere Herkunft an. Daher sollen unsere Wertungen auch heroische, auch Wertungen von Kriegern und nicht solche von Krämern sein, die die Welt mit ihrer Elle messen" (Jünger 1925, 151).

b) In seiner Schrift „Der Arbeiter. Herrschaft und Gestalt" (Jünger 1932) veröffentlicht Jünger auf dem Höhepunkt seiner nationalbolschewistischen Phase eine heroisierende Umdeutung der Industriezivilisation. Ausgehend vom Zerstörungswerk, das der Erste Weltkrieg in Gang gesetzt hat, überträgt er, seinem Diktum vom „heroischen Realismus" (ebd., 34) folgend, das Ethos des Krieges und die kriegerische Homogenitätserfahrung auf den industriellen Arbeitsprozess. Im Verlangen nach einer „nationalen Diktatur", einem „starken Staat" entwirft er jenseits von ideologischen und parteipolitischen Kategorien die Idee eines nationalen Sozialismus. Dieser sollte sowohl den Gegensatz von Nationalismus und Sozialismus als auch die liberale Demokratie und den Kapitalismus, der als ein Produkt westlichen, undeutschen Handelsgeistes verachtet wurde, überwinden (Vondung 1988, 382 f.). Jünger sehnt sich den Untergang des Alten als „Vorbereitung eines neuen und kühneren Lebens" als „feurige Quelle eines neuen Lebensgefühles" (Jünger 1932, 40 u. 152) herbei. In seiner Vision eines „totalen Arbeitsstaats" (ebd., 235 ff.) ersetzt der Arbeitsplan den Gesellschaftsvertrag. Als Kontrast zum Bürger des Gesellschaftsvertrags bilden in diesem neuen Staat die Arbeiter als idealisierte Arbeitersoldaten eine verherrlichte Elite. Unterstützt durch die entfesselte technische Zivilisation, die zum beherrschenden Gestaltungsmittel der modernen

Welt geworden ist, dringt die Arbeitswelt so in alle Lebensbereiche ein. Das führt zu einer Entindividualisierung. Der Arbeitsplan sieht nicht nur eine umfassende staatliche Lenkung der Wirtschaft, des Wohnungs- und Städtebaus, des Energie- und Verkehrswesens vor, sondern erstreckt sich in seinen Vorgaben auch auf die Bevölkerungsplanung und statuiert eine totale Arbeitsdienstpflicht (Breuer 1995, 67). Dieser Angriff auf den Individualismus mit seinen Werten, seiner Moral und seinem liberalen Freiheitsbegriff bringt für Jünger durch seine Typisierung der Lebensverhältnisse die Gestalt des neuen Menschen hervor (Jünger 1932, 151). Den neuen Menschen als „Gestalt" zu sehen, ist laut Vondung plausibel, da dieser keine Tugenden wie Gerechtigkeit und Liebe besitzt (Vondung 1988, 389). Für den neuen Menschen kommt es nicht mehr darauf an, „ob etwas gut oder böse, schön oder häßlich, falsch oder richtig ist" (Jünger 1932, 39). Allein die funktionale Erscheinung sowie die Fungibilität der Gestalt sind für Jünger wesentlich. Durch diese Reduzierung des Erscheinungsbilds erhöht er die Gestalt des „Arbeiters" zu einem ästhetischen Phänomen und propagiert den kultischen Rang der Arbeit. Die instrumentellen Tugenden des „Arbeiters", bedingungslos eine Funktion zu erfüllen, sich einzugliedern und notfalls sich für die Gemeinschaft zu opfern, waren recht deckungsgleich mit den Tugenden des nationalsozialistischen neuen Menschen. Doch trotz dieser Kongruenz sah Jünger im Dritten Reich seine Zukunftsvision nicht erfüllt (Vondung 1988, 389 f.). Auf der Gegenseite nahm aber auch die nationalsozialistische Presse Ernst Jüngers Sozialismus der Rechten äußerst missliebig auf (Spiegel-Gespräch 1982, 157).

Rezeption durch die Neue Rechte (ausgewählte Beispiele)

Ernst Jünger gehört zu den umstrittensten Autoren Deutschlands. Obwohl er seine elitäre Distanz zum NS-Regime konsequent wahrte und sich durchaus entschieden vom rassenbiologischen Antisemitismus distanzierte, trug er wesentlich dazu bei, ein geistiges Klima zu schaffen, welches das Umsichgreifen des Nationalsozialismus ermöglichte, was dann zum Untergang der Weimarer Republik führte.

Für Münkler war Ernst Jünger zu sehr Nonkonformist, um sich einer totalitären Massenbewegung zu fügen. Darum ist er aber „kein Demokrat geworden oder gar ein Liberaler, aber er hat – im Gegensatz zu vielen anderen – im Angesicht der Tyrannis eben jenen Mut behalten, den er zuvor in seinen Kriegstagebüchern verherrlicht hatte" (Münkler 1987, 318). Diese nonkonformistische Haltung der elitären Distanz bietet einen Erklärungsansatz für die Anziehungskraft, die Jünger nach 1949 auf das konservative Spektrum wie auch auf die Neuen Rechten ausübt. In der Bundesrepublik Deutschland konnte er sich eines außerordentlichen Zuspruchs offizieller Repräsentanten und zahlreicher Ehrungen erfreuen (siehe Ausführungen zur Person). Der Zuspruch war trotz Jüngers

Selbststilisierung als einsamer Wolf so stark, dass er zum „Kult- und Kulturstar eines bloß noch maßvollen Konservatismus“ wurde (Lenk u.a. 1997, 125). Eine Entwicklung, die, so Gustav Sichelschmidt in seinem Artikel „Der Praeceptor Germaniae läßt warten“ in der Wochenzeitschrift „Junge Freiheit“ (Sichelschmidt 1994), Zweifel daran weckte, ob Jünger noch als Symbolfigur „für eine nationale Selbsterneuerung in Betracht käme“ oder sich „schon viel von seinem Nimbus abgeschliffen“ habe (in: Lenk u.a. 1997, 124).

Diese skeptische Einzelstimme in einem Sprachrohr der Neuen Rechten darf aber nicht dazu verleiten, den Stellenwert von Ernst Jünger als Leitfigur für die neue Generation rechter Intellektueller zu unterschätzen. Einige ihrer wortmächtigsten Repräsentanten beziehen sich häufig und mit großer Verehrung auf Ernst Jünger. So schreibt Alain de Benoist von der großen Faszination, welche die Bücher von Jünger auf die Nouvelle Droite (die französische Rechte) ausübten. Er bekennt: „Meine Bewunderung für Jünger – für den Menschen selber wie für sein Werk – ist immer noch so stark wie eh und je. [...] Mit der Zeit und wohl auch mit zunehmendem Alter bin ich zunehmend empfänglich geworden für den „zweiten“ – für den Anarchen mehr als den Rebellen, für den ‚unzeitgemäßen‘ Denker, der, weil er sehr hoch gestiegen war, auch sehr weit sehen konnte“ (Benoist 2008, 33 f.). Eine herausgehobene Rolle bei der Entdeckung und Vermittlung von Jünger spielt sein ehemaliger Privatsekretär Armin Mohler. Dessen Handbuch „Die Konservative Revolution“ (Mohler 1950) erlebte Benoist als „Offenbarung“ (Benoist 2008, 31).

Aber auch deutsche Apologeten dieser Weltanschauung wie Erik Lehnert stellen ihre besondere, teilweise durch biografische Erinnerungen verklärte Beziehung zu Ernst Jünger heraus: „[...], in den Zeiten meiner größten Begeisterung für Ernst Jünger, bemaß sich der Wert eines Lexikons danach, ob es Jünger behandelte und wenn ja, wie es über ihn urteilte“ (Lehnert 2008, 36). Für ihn begann mit der Lektüre Jüngers „der erste und entscheidende Schritt in die Welt des Geistes“ (ebd., 39).

Was für einen außerordentlichen Grad an Popularisierung der „Starkult“ um Ernst Jünger als Vorzeigedenker des Antiliberalismus in der rechten Szene mittlerweile erreicht hat, offenbart sich auf der Website der Identitären Bewegung. Dort werden zeitgemäß designte T-Shirts mit Ernst-Jünger-Aufdruck vertrieben (Peltsch/Niemczyk 2016, 4).

4.5 Konrad Lorenz

(Von Jens Korfkamp)

Der Mediziner und Zoologe Konrad Zacharias Lorenz (1903–1989) war Mitbegründer und Hauptvertreter der klassischen vergleichenden Verhaltensforschung

(Ethologie). Seit den 1960er Jahren stieg seine Popularität durch diverse kulturpessimistische Publikationen, die seinen Ruf als konservativer Gesellschaftskritiker festigten.

Zur Person

Am 7. November 1903 wird Konrad Lorenz als jüngerer von zwei Söhnen eines wohlhabenden Arztes in Altenberg bei Wien geboren. Im Jahr 1921 legt er auf dem Wiener Schottengymnasium die Matura (österreichisch für Abitur) mit Auszeichnung ab und nimmt anschließend auf Wunsch seines Vaters das Studium der Medizin in New York auf. Nach einem Jahr kehrt er nach Wien zurück und schließt sein Studium 1928 an der dortigen Universität mit dem Doktorat der Medizin ab. Direkt im Anschluss studiert Lorenz ebenfalls in Wien Zoologie und Psychologie. Im Jahr 1933 wird er im Fach Zoologie zum Dr. phil. promoviert und habilitiert sich 1936. Während seines zweiten Studiums war er als Assistenzprofessor am Wiener Anatomischen Institut tätig. Mit der Machtübernahme der Nationalsozialisten und dem „Anschluss" Österreichs beginnt seine akademische Karriere. Am 28. Juni 1938 stellt er einen handschriftlichen Antrag auf NSDAP-Mitgliedschaft: „Ich war als Deutschdenkender und Naturwissenschaftler selbstverständlich immer Nationalsozialist" (Lorenz, zitiert nach Thimm 2001, 209). 1940 setzt ihn der Wissenschaftsminister auf den Lehrstuhl für Psychologie an der Universität Königsberg, dann übernimmt er den renommierten Kant-Lehrstuhl. Ein Jahr später wird er zum Kriegsdienst als Heerespsychiater einberufen. 1944 gerät er in sowjetische Kriegsgefangenschaft, aus der er 1948 nach Österreich zurückkehrt.

Trotz seiner nationalsozialistischen Gesinnung und seines rassenpolitischen Engagements (Kalikow 1980) wird Lorenz 1950 zum stellvertretenden Direktor des Max-Planck-Instituts für Verhaltenspsychologie in Buldern in Westfalen berufen. Er baut das Institut auf, das 1955 nach Seewiesen in Bayern verlegt wird. Von 1961 bis 1973 ist er dessen Direktor. 1953 erfolgt die Ernennung zum Honorarprofessor an der Universität Münster; 1957 die Ernennung zum Honorarprofessor für Zoologie an der Universität München.

Durch seine populärwissenschaftlichen Bücher, seine rege Vortragstätigkeit und seine zahlreichen wissenschaftlichen Abhandlungen über das Verhalten der Tiere wird er zu einem der bekanntesten Forscher („Vater der Graugänse") seiner Zeit (Taschwer/Föger 2003, 195). Sein Schlüsselwerk über Aggression bei Mensch und Tier („Das sogenannte Böse") erscheint 1963.

Im Jahr 1973 erhält Konrad Lorenz für seine Arbeiten zur vergleichenden Verhaltensforschung gemeinsam mit dem Österreicher Karl von Frisch und dem Niederländer Nikolaas Tinbergen den Nobelpreis für Medizin. Im selben Jahr veröffentlicht er sein von ihm als Hauptwerk bezeichnetes Buch „Die Rückseite des Spiegels. Versuch einer Naturgeschichte menschlichen Erkennens". In den

1970er Jahren wird er insbesondere in Österreich durch sein Engagement gegen Atom- und Wasserkraftwerke zur Galionsfigur der jungen Ökologiebewegung. Er stirbt am 27. Februar 1989 auf dem väterlichen Anwesen in Altenberg bei Wien.

Werk und Programmatik

Die Bandbreite der Schriften von Konrad Lorenz reicht von naturwissenschaftlichen Studien bis hin zu populärwissenschaftlichen Büchern für naturwissenschaftliche Laien und Kinder. In die Gedankenwelt der Neuen Rechten haben aber insbesondere seine kulturpessimistischen Schriften Eingang gefunden. Deshalb werden im Folgenden zwei Bücher vorgestellt: (a) „Das sogenannte Böse. Zur Naturgeschichte der Aggression (1963)“ und (b) „Die acht Todsünden der zivilisierten Menschheit“ (1973).

a) In seinem Buch „Das sogenannte Böse“ behandelt Lorenz die auf den Artgenossen gerichtete Aggression von Tier und Mensch. Dabei bedient er sich der induktiven Methode, das heißt, er erschließt sich Gesetzmäßigkeiten durch die Beobachtung und Generalisierung von Einzelfällen, die er im Tierreich gemacht hat. Lorenz gab der Erforschung tierischer Verhaltensweisen den Namen „Ethologie“. Eine seltsame Terminologie, denn Ethologie bedeutet wörtlich „Wissenschaft vom Verhalten“. Korrekt hätte er die Erforschung tierischer Verhaltensweisen mit „Tier-Ethologie“ bezeichnen müssen. Der Tatsache, dass er diese Qualifizierung unterlässt, liegt seine Idee zugrunde, dass menschliches Verhalten unter die tierischen Verhaltensformen zu subsumieren sei (Korfkamp 2006, 116). In seinem triebtheoretischen Aggressionsmodell geht Lorenz davon aus, dass der Mensch von spontan-endogen gespeisten Aggressions- und Territorialtrieben (Instinkten) beherrscht und determiniert sei, die es zu kanalisieren gelte. Dabei überträgt er das Verhalten der Tiere auf das der Menschen und versteht den Aggressionstrieb als einen wesentlichen funktionalen Faktor menschlicher Handlungen.
Das aggressive Verhalten gegenüber dem Rivalen hat zum Beispiel für das männliche Geschlecht im „Kampf ums Dasein“ (Darwin 1895/1995) einen evolutionären Nutzen, seine eigenen Gene so besser weitergeben zu können (Lorenz 1971, 33 f.). Für die Gattung an sich hat dieses Verhalten darüber hinaus den Überlebensvorteil, dass es zu einer natürlichen Auslese der Stärkeren kommt (ebd., 42 f., 57 ff.). In seiner ethologischen Theorie vor und nach 1945 sind die recht kühnen Tier-Mensch-Analogisierungen genauso problematisch und zu kritisieren wie die Unzulänglichkeit der naturwissenschaftlichen Induktionsbasis (Kalikow 1980, 189 f.). In der heutigen Aggressionsforschung kommt Lorenz Theorie nur noch eine wissenschaftshistorische Bedeutung zu.

b) Die Schrift „Die acht Todsünden der zivilisierten Menschheit" ist ein Bestseller und erlebte bisher 34 Auflagen. Der Textband basiert auf einer sechsteiligen Vortragsreihe, die im November und Dezember 1970 vom Bayerischen Rundfunk und später auch von anderen Radiosendern ausgestrahlt wurde. In dieser emphatischen Schrift, die Lorenz selbst als „Predigt" (Lorenz 1973, 7) bezeichnete, untersuchte er insgesamt acht gesellschaftliche Phänomene. Diese „Vorgänge der Dehumanisierung, die nicht nur unsere heutige Zivilisation und Kultur, sondern die Menschheit als Ganzes mit dem Untergang bedrohen" (ebd., 2), sind: die Überbevölkerung der Erde, die Verwüstung natürlichen Lebensraums, der Wettlauf des Menschen mit sich selbst im Zugzwang der technologischen Entwicklung, der Wärmetod des Gefühls, der genetische Verfall, das Abreißen der Tradition, die zunehmende Indoktrinierbarkeit und die Aufrüstung mit Kernwaffen.

Zwar argumentiert Lorenz vordergründig wissenschaftlich mit Begriffen aus der Biologie, aber in erster Linie versteht er das Buch als einen konservativen Beitrag zur Zivilisations- und Fortschrittskritik. Er warnt eindringlich vor Missverständnissen und Fehlverhalten aus einer „pseudodemokratischen Doktrin", wonach unser „soziales und moralisches Verhalten ausschließlich durch die Umwelt ‚konditioniert' werde" (ebd., 2). Seine Intention ist es, aufzuzeigen, wie und in welchem Ausmaß das Verhalten der Menschen durch stammesgeschichtliche Entwicklungen beeinflusst und bestimmt wird.

In seinen Ausführungen schreckt er auch nicht vor simplifizierenden Verallgemeinerungen zurück. So trägt für ihn die Überbevölkerung, das „Zusammengepferchtsein vieler Menschen" mittelbar zu sämtlichen Übelständen und Verfallserscheinungen der zivilisierten Menschheit bei (ebd., 21 f.).

Insgesamt ist das Buch voll von spekulativen, bewertenden und reduktionistischen Projektionen von Tier auf Mensch, von Biosystem auf Gesellschaftssystem. Diese sozialbiologistische Analogisierungspraxis ist nicht nur methodisch unzulässig, sondern auch der „Doppelnatur" des Menschen als biologisches und gesellschaftliches Wesen nicht angemessen (Korfkamp 2006, 122 f.). Mit einer Kombination von Wissenschaft, Politik und Moral bringt der Verhaltensforscher Lorenz sich so publikumswirksam und mit viel Pathos in Stellung.

Rezeption durch die Neue Rechte (ausgewählte Beispiele)

Prominente und meinungsbildende Vertreter der Neuen Rechten haben die beiden genannten kulturpessimistischen Schriften von Lorenz in ihren Kanon der Schlüsselwerke aufgenommen (Lehnert/Weißmann 2010, 17, 207). Zudem wird er als Vordenker reklamiert, der „immer wieder auf die ‚konservative Natur' des Menschen" hinwies und der „aufgrund seiner wissenschaftlichen Leistungen" einen großen Respekt genießt (Vonderach 2017, 128 f.).

Für Götz Kubitscheck hat Lorenz „als Naturwissenschaftler harte Fakten zur Hand, mit denen er seine Beobachtungen und Ableitungen stützt" (Kubitscheck 2009, 25). Trotz vorsichtiger Kritik an einigen durch die Nationalsozialisten belasteten Begriffen, die Lorenz verwendet, „bleiben die *Todsünden* bis heute ein starkes Stück konservativer Kulturkritik" (ebd., 26). In Anlehnung an die Zivilisationskritik von Lorenz beklagt Kubitscheck das „Erlahmen der Abwehrbereitschaft". Diese – und nicht die unregulierte Aggression – ist der „Ernstfall an sich". Als bestes Beispiel für das Erlahmen der Abwehrbereitschaft nennt er die heutige Form der Toleranz, die für ihn die „9. Todsünde der zivilisierten Menschheit" ist (ebd., 26). Diese „weiche, pathologische Form der Toleranz" ist, so Kubitscheck, ein „wichtiger Indikator für einen an das Ende seiner Kraft gelangten Lebensentwurf, hier also: den europäischen" (ebd.). Darüber hinaus widerspricht seiner Meinung nach diese Form dem Grundgedanken, dass Toleranz eine Haltung der Stärke ist, die nie aus einer Position der Schwäche heraus eingenommen werden kann. Wer den Mut zur Gegenwehr nicht aufbringt, „kann seine Haltung nicht als Toleranz beschreiben, sondern muß von Feigheit, Rückzug und Niederlage sprechen: Er gibt Terrain auf – geistiges, geographisches, institutionelles Terrain" (ebd., 26 f.). Den Deutschen fehle die Kraft und Haltung, das eigene Volk, das in seiner Substanz durch (muslimische) Migranten bedroht sei, vor den „Orgien der Gleichheit" und den „verheerenden Auswirkungen der reinen Toleranz" der modernen, liberalen Massengesellschaft zu bewahren. Die „Flucht in die 9. Todsünde, die Toleranz, scheint zu süß zu sein", um das Gebot der Stunde, „das Lehren und das Erlernen der Intoleranz" durchzusetzen (ebd., 27). So fordert Kubitscheck eine Rehabilitation der Intoleranz ein und setzt diese in eine Tradition mit dem Aggressionsmodell von Lorenz und dessen kulturpessimistischen Analysen von gesellschaftlichen Prozessen. Die Referenz auf den anscheinend objektiven Blick eines Naturwissenschaftlers und Nobelpreisträgers soll seine Argumentation wie ein deterministisches Naturgesetz erscheinen lassen.

4.6 Arthur Moeller van den Bruck

(Von Jens Korfkamp)

Mit Blick auf die Autoren der Konservativen Revolution in der Weimarer Republik konstatierten Lenk, Meuter und Otten schon vor 20 Jahren: „Sie und Ihre Themen sind wieder en vogue […]. Sie dienen als Kronzeugen einer neuen Generation jungkonservativer Intellektueller, welche seit einigen Jahren versuchen, Positionen rechts von der etablierten Politik der großen Volksparteien wieder salonfähig zu machen" (Lenk/Meuter/Otten 1997, 11).

Im Folgenden wird mit Arthur Moeller van den Bruck (1876–1925) eine der führenden Persönlichkeiten der Konservativen Revolution vorgestellt. Sein Denken gilt bis in die heutige Zeit als ein wichtiger theoretischer Referenzpunkt für neurechte Intellektuelle.

Zur Person

Am 23. April 1876 wird Arthur Moeller van den Bruck (eigentlich Moeller) als Sohn des Königlich-Preußischen Baurats Ottomar Moeller und der Bauratstochter Elisabeth van den Bruck in Solingen geboren. Im Jahr 1894 verließ er ohne Abschluss das humanistische Gymnasium in Düsseldorf, wo die Familie mittlerweile lebte, und ging nach Leipzig. Dort hörte er an der Universität Vorlesungen, darunter Wilhelm Wundts Vortragsreihe über Psychologie (Stern 1986, 226). Von Leipzig zog es Moeller nach Berlin, wo er 1897 seine Düsseldorfer Jugendliebe Hedda Maase heiratete. Eine Erbschaft sicherte beiden zunächst das Auskommen und ermöglichte es Moeller, den Lebensstil des Bohemiens im Umfeld des Friedrichshagener Dichterkreises zu führen. In Berlin versuchte er, sich als freier Literaturkritiker zu etablieren und arbeitete mit seiner Frau an Literaturübersetzungen. Bereits 1902 verließ er ohne seine Frau aus Furcht vor der Einberufung zum Militärdienst Berlin in Richtung Paris. Nach Scheidung dieser Ehe heiratete er dort die Baltin Lucie Kaerrick. In dieser Zeit publizierte er als Autodidakt seine achtbändige Kulturgeschichte „Die Deutschen, unsere Menschengeschichte" (1904–1910) und betreute als Mitherausgeber eine Gesamtausgabe der Werke des russischen Schriftstellers Fjodor Dostojewski (1821–1881) in deutscher Übersetzung.

Vier Jahre lang lebte Moeller in Paris und in dieser politisch regsamen Stadt wurde sein Interesse für Politik geweckt (Stern 1986, 231). Nach einer ausgedehnten Italienreise kehrte er im Jahre 1907 nach Deutschland zurück. Zu Beginn des Ersten Weltkriegs meldete er sich freiwillig zum Militär und kam als Landsturmmann an die Ostfront. Anscheinend war er aber den Frontbedingungen physisch wie psychisch nicht gewachsen. Nach wenigen Monaten wurde er vom Militärdienst befreit und 1916 in die Presse- und Propagandaabteilung der Obersten Heeresleitung (OHL) versetzt, wo er literarisch tätig sein konnte. Die erste Arbeit, die er während des Krieges veröffentlichte, war „Der Preußische Stil" (1916), der sich für ihn in Sachlichkeit, unerschütterlicher Pflichttreue, unbedingtem Gehorsam und harter Selbstzucht Ausdruck verschafft. Dieses Buch markiert seine Hinwendung zum Nationalismus (Stern 1986, 254 f.). Drei Jahre später veröffentlicht er die Schrift „Das Recht der jungen Völker" (1919), in der er die Interessen von Deutschen und Russen als junge Völker gegen die von Neid und Hass getriebenen alten Völker, vor allem Engländer und Franzosen, vertritt.

Dabei ist die Jugend eines Volkes für Moeller kein biologisches Datum, sondern ein Entschluss, der „von seinem Mute zu sich selbst" (Moeller 1919, 24) abhängt. Im selben Jahr wird in Berlin der Juni-Klub gegründet, als dessen zentrale Gestalt und Mitbegründer Moeller maßgeblichen Einfluss auf die Jungkonservativen im Kampf gegen den Versailler Vertrag und die Weimarer Republik nimmt. 1922 kommt es zu einer Begegnung mit Adolf Hitler, den Moeller wegen seiner „proletarischen Primitivität" (zit. nach Stern 1986, 285) ablehnt. Im Folgejahr legt er mit „Das dritte Reich" eine programmatische Schrift des Jungkonservatismus vor. Der suggestive Titel, der ausschlaggebend für den Erfolg des Buches gewesen sein dürfte, dient dem Nationalsozialismus fortan als politisches Schlagwort. In der Nervenklinik in Berlin-Lichterfelde nimmt sich Arthur Moeller offenbar wegen starker Depressionen am 30. Mai 1925 das Leben.

Werk und Programmatik

Die Spannweite der publizistischen Tätigkeit von Moeller ist recht breit gefächert. Ausgehend von der Literatur wandte er sich zunehmend der Kunst- und Architekturgeschichte zu. In seinen Texten schwang stets die Überzeugung von der Überlegenheit der deutschen Kultur mit. So forderte er eine ästhetische, technische und gesellschaftliche Moderne als angemessene Form des weltweiten deutschen Führungsanspruchs zu entwickeln, eine „deutsche Nationalkunst" (Weiß 2012, 26). Ferner hat er eine Reihe von historisch-soziologischen Abhandlungen und politischen Texten verfasst. Für Münkler ist Moeller ähnlich wie Oswald Spengler ein „Metahistoriker". Beide suchen sie „nach dem Vorbild Nietzsches den *Stil* der historischen Epochen herauszufinden und zu bestimmen, ohne sich im eigentlichen Sinne auf geschichtsphilosophische Argumentationen einzulassen" (Münkler 1987, 311). Die wesentlichen Züge des antidemokratischen Denkens Moellers, der die in altkonservativen Kreisen vorherrschende rückwärtsgewandte Idealisierung des wilhelminischen Kaiserreichs als Selbsttäuschung ablehnt, werden an folgenden Punkten skizziert: a) die Verachtung des Liberalismus sowie b) die Kritik an der parlamentarischen Demokratie und den politischen Parteien:

a) Das einflussreichste Manifest gegen den Liberalismus ist Moellers Buch „Das dritte Reich" (1923). So heißt es in seinem Buch: „Am Liberalismus gehen die Völker zugrunde". Bewusst identifiziert er in dieser Schrift den wirtschaftlichen Liberalismus mit seiner politischen Form. Der liberale Politiker erscheint als übler Geschäftemacher, der ohne humanitäre Skrupel und Prinzipien ausschließlich seine persönlichen oder gruppenspezifischen Interessen verfolgt. Er ist „Opportunist aus System" (Sontheimer 1992, 143). Im liberalen Menschen erkenne die deutsche Jugend den Feind. „Der Liberalismus hat Kulturen untergraben. Er hat Religionen vernichtet. Er hat Vaterländer zerstört. Er war die Selbstauflösung der Menschheit" (Moeller 1923, 119). Die radikale Ablehnung des Liberalismus als Inbegriff eines antinatürlichen, antivölkischen und antinationalen Prinzips war bestimmend für alle wichtigen antidemokratischen Gruppierungen in dieser Zeit. Insbesondere die vom

Liberalismus geförderte Freiheit des Einzelnen wurde als zerstörerischer abstrakter Individualismus verurteilt. Für Moeller ist der Liberalismus „zersetzend", der Sozialismus dagegen ist „ordnend, gliedernd, zusammenfassend" (zit. nach Münkler 1987, 313). Als Moeller seine antiliberalen Thesen verkündete, war in Deutschland ein liberales staatliches System gerade entstanden, eine liberale Verfassung verabschiedet worden. Die modernen politischen Institutionen, die für ihn die liberale Demokratie verkörperten, wie die politischen Parteien und der Parlamentarismus, lehnte er strikt ab.

b) Moellers Buch vom Dritten Reich (ursprünglich wollte er das Buch „Die dritte Partei" nennen) enthält keine explizite Kritik der in der Weimarer Republik bestehenden Parteien. Er entwickelt eher eine Weltanschauung, zu deren Gehalt die totale Ablehnung des demokratischen Parteienwesens gehört. Für ihn kann nur eine dritte Partei, die die Partialität der Parteien der Rechten wie der Linken übersteigt, sich an die nationalen, auf die Einheit des Staates und der Nation bedachten Deutschen wenden. Moeller, erbittert über das „kleinliche Parteiengezänke", war die „Unsicherheit des Weimarer Parlamentarismus unerträglich geworden" (Stern 1986, 277). Das deutsche Volk wollte er von der Bevormundung durch die Parteien befreien. Diese summarische Verurteilung des Parteienwesens ist charakteristisch für die antidemokratische Publizistik der Rechten. Für Moeller ist Demokratie die „Anteilnahme des Volkes an seinem Schicksal" (Moeller 1923, 154) und hat nichts mehr mit einer Staatsform zu tun, sondern stellt sich dar als ein „Gebilde, in dem Staat und Volk zu einer Einheit verschmolzen sind" (Sontheimer 1992, 168). So wertet er die germanische Vergangenheit und die Ständeordnung des Mittelalters als Demokratie. Erst als die Parteien die Aufgabe der Stände übernahmen, sei die Spaltung der Nation in Parteien mit Hilfe des Parlamentarismus zum System erhoben worden. Eine parlamentarische Demokratie, respektive die Verbindung der Begriffe demokratisch und parlamentarisch, ist für ihn widersinnig. „Vielleicht können wir sagen, daß wir uns in Deutschland zur Demokratie werden bekennen können – wenn es keine ‚Demokraten' mehr gibt. Hat die deutschen Demokraten noch niemals der Schrecken bei dem Gedanken erfaßt, daß eine liberale Demokratie vielleicht diejenige schicksalsbestimmte Form ist, in der das deutsche Volk zugrunde gehen wird?" (Moeller 1923, 173). In krasser Antithetik bringt er hier einen neuen Demokratiebegriff gegen die bestehende liberale Form der Demokratie in Stellung, der von vielen antidemokratischen Denkern geteilt wird.

Rezeption durch die Neue Rechte (ausgewählte Beispiele)

Im Nachkriegsdeutschland wurden Moeller und seine politischen Texte auch aufgrund ihres pathetischen Stils und der offensichtlichen terminologischen Beliebigkeit als „typische Kuriositäten aus der Zwischenkriegszeit" (Weiß 2012,

29) schnell vergessen. Erst mit der Etablierung der Nouvelle Droite, einer von Frankreich ausgehenden Bewegung zur Erneuerung rechten Denkens in Europa, wurden seine Schriften wieder entdeckt. So betätigt sich der französische Publizist und Philosoph Alain de Benoist, der als maßgeblicher Vordenker der „Neuen Rechten" gilt, als Multiplikator der Schriften Moellers. In Zeitschriften wie „Criticón" oder der neurechten Wochenzeitschrift „Junge Freiheit", die versuchen, als Brücke zwischen demokratischen Konservatismus und extremistischer Rechte zu fungieren, wird an Moellers Jungkonservatismus affirmativ angeknüpft. Insbesondere die „publizistischen Versuche der ‚Jungen Freiheit' ein metahistorisches nationales ‚Wesen' der Deutschen über die Form der Gesellschaft zu stellen, stehen in der Tradition einer Nationalisierung der Demokratie zum Zwecke ihrer Überwindung, wie Moeller es gegenüber dem Weimarer Staat verfochten hatte" (ebd., 369 f.). Darüber hinaus initiierte die Redaktion der Jungen Freiheit eine Spendenkampagne für die Pflege von Moellers Grabstätte auf dem Friedhof in Berlin-Lichterfelde (Fenske 2007).

War es bei Moeller noch die Weimarer Demokratie, die die nationale und radikale Opposition verfolgte und versuchte „jede Stimme zu unterdrücken, die sich gegen diese ihre Politik erhob" (zit. nach Giesa 2015, 23), so heißt es heute in den Reihen der Rechtspopulisten von AfD bis Pegida und Co., dass man ein Opfer der „Altparteien", der „Politikerkaste", der „Lügenpresse", der „Gutmenschen" oder insgesamt des „Systems" sei. Aber auch die wachsende Ablehnung gegen die neoliberale Form der Globalisierung in der intellektuellen Rechten befördert die Renaissance jungkonservativer Ideen. In seinem Online-Beitrag „Arthur Moeller van den Bruck an uns!" auf der Homepage der Identitären Generation fordert Martin Sellner, einer der führenden Akteure der rechtsextremen Identitären Bewegung Österreich, dazu auf: „Im Geiste Moeller van den Brucks müssen wir dagegen auf einer klaren und reinen Erkenntnis der Gegner und der Gifte beharren, diese aber zu pragmatischen und politischen Taten werden lassen. In seinem Geiste müssen wir heute das schaffen, woran die KR [Konservative Revolution, Anm. d. Verf.] damals scheiterte". Für Sellner ist Moeller einer der maßgeblichen Köpfe der Konservativen Revolution und „viel mehr als nur ein ‚Stichwortgeber' für den Nationalsozialismus" (Sellner 2014).

Moeller wird als moderner Antimoderner gesehen, der die Perspektive einer konservativen Revolution beschrieben hat, eine Schlüsselfigur für den Brückenschlag ins demokratisch-konservative Spektrum. Um die aktuellen Debatte über die Grenzvermessung zwischen konservativ und neurechts zu verstehen, ist ein Blick auf die „Konservative Revolution" der Weimarer Republik unabdingbar.

4.7 Friedrich Nietzsche

(Von Jens Korfkamp)

Der Altphilologe und Philosoph Friedrich Nietzsche (1844–1900) ist einer der herausragenden Vertreter des nicht systematischen und antimetaphysischen Philosophierens und gilt als Wortführer des Nihilismus. Er übte großen Einfluss auf Literatur, Philosophie und Psychologie aus. Von den Nationalsozialisten wurde seine Philosophie fatal ausgedeutet, in propagandistischer Weise politisiert und ideologisch vereinnahmt.

Zur Person

Am 15. Oktober 1844 wurde Friedrich Nietzsche als Sohn eines lutherischen Pfarrers in Röcken (bei Lützen in Sachsen) geboren, als er fünf Jahre alt ist, stirbt sein Vater. Nach dem Besuch des Eliteinternats Schulpforta, nahe Naumburg, ging er zunächst 1864 als Student der Theologie und klassischen Philologie nach Bonn. Ein Jahr später wechselte er nach Leipzig und studierte dort bis 1867 Philologie. Bereits 1869 erhielt er ohne abgeschlossene Promotion auf Empfehlung seines Lehrers eine Professur für Altphilologie in Basel. In der Zeit in Basel pflegte er einen intensiven Kontakt mit dem deutschen Komponisten Richard Wagner und dessen Frau Cosima. 1872 kam die dem Antisemiten Wagner gewidmete Schrift „Die Geburt der Tragödie aus dem Geiste der Musik“ heraus (Bittner 2010, 538).

Seit 1871 verschlechterte sich Nietzsches Gesundheitszustand. Deshalb legte er 1879 seine Professur nieder und lebte zehn Jahre als freier Philosoph in Pensionen an wechselnden Orten in Italien und der Schweiz. In dieser von Unrast bestimmten aber sehr produktiven Schaffensphase erscheinen u.a. „Morgenröthe“ (1881), in der der Kampf gegen die Moral eröffnet wird, „Also sprach Zarathustra“ (1883–1885), „Jenseits von Gut und Böse“ (1886) und „Genealogie der Moral“ (1887). Neben seinen Krankheiten, die sein Leben ständig belasteten, erschütterten ihn auch Krisen in menschlichen Beziehungen sehr. Am 3. Januar 1889 brach Nietzsche in Turin zusammen. Nach Klinik-Aufenthalten in Basel und Jena verbrachte Nietzsche seine letzten elf Lebensjahre in zunehmender geistiger Umnachtung unter der Obhut zuerst seiner Mutter in Naumburg, dann seiner Schwester Elisabeth Förster-Nietzsche in Weimar.

Seine Schwester begann schon in dieser Zeit mit der Errichtung eines Nietzsche-Archivs. Am 25. August 1900 starb Nietzsche in Weimar. Aus Nachlasstexten stellte Elisabeth eine zuerst 1906 herausgegebene Schrift „Der Wille zur Macht“ zusammen, dessen Autor ihr Bruder sei. Editorisch haltlos, war diese stark verfälschte Ausgabe überaus erfolgreich und bestimmte das Bild Friedrich Nietzsches bis in die 1970er Jahre (Bittner 2010, 539). In der Forschung wurden ihr viele weitere Fälschungen nachgewiesen (Decker 2016).

Die Themen von Nietzsches Schreiben reichen von der Ästhetik über die Geschichtsphilosophie und Kulturkritik bis hin zur Erkenntnistheorie und Metaphysik. Aber kein Gegenstand hat ihn so beschäftigt wie die Moral (Bittner 2010, 540). Dementsprechend ist sein politisches Denken in seiner Moralphilosophie zu suchen (Marti 2012, 468). Aus seinem Gesamtwerk werden folgende zwei Schriften vorgestellt: (a) „Also sprach Zarathustra“ (1883–1885) und (b) „Genealogie der Moral“ (1887).

a) „Also sprach Zarathustra“ (1883–1885) ist das Hauptwerk Nietzsches und eines der großen Bücher in der Geschichte der Philosophie. Es verbindet auf symbiotische Weise Dichtung und Philosophie. Im Stil eines religiösen Offenbarungsbuches geschrieben, fasst Nietzsche hier seine Kritik an der christlich geprägten europäischen Zivilisation und Philosophie zusammen. Dieser setzt er seine eigene Sicht der Geschichte entgegen und prophezeit in der Vorrede die Heraufkunft eines neuen Menschentyps (Nietzsche 2000, 11 ff.).
   Als perspektivische Instanz bzw. als Sprachrohr fungiert die Figur des altpersischen Religionsstifters Zarathustra. Wie Jesus von Nazareth geht er mit seiner Lehre zu den Menschen und wird zum Sprecher einer „Umwertung aller Werte“ (Nietzsche 2008, 179). Anstelle einer Jenseitsreligion verkündet er eine ausschließlich dem Diesseits zugewandte Lehre. Diese Umwertung ist eine radikale Kritik an christlichen Moralvorstellungen, die aus Nietzsches Sicht den Menschen erniedrigt und ihm eine Demuts- und Mitleidshaltung verordnet. Sie wendet sich aber auch gegen die traditionelle Metaphysik. Denn für Nietzsche stellt das Diesseits die einzige wahre Wirklichkeit dar. Der Leib, die sinnliche Erfahrung ist wichtiger als die geistige Erkenntnis. Die Lehre vom „Willen zur Macht“ (ebd., 114) und der Gedanke von der ewigen Wiederkehr des Gleichen (ebd., 216 ff.) ist Kern seiner neuen Diesseitsreligion. Die vom „Willen zur Macht“ beherrschte Welt kennt keinen Fortschritt, wie ihn seit dem 17. Jahrhundert das aufklärerische Fortschrittsdenken postuliert. Mit seinem Gedanken von der ewigen Wiederkunft greift Nietzsche auf die antike Kosmologie zurück. Alles bewegt sich in einem ewigen Kreislauf: Geschichte verändert sich zwar ständig, kommt aber wieder da heraus, wo sie begonnen hat (Zimmer 2009, 181). Die Umwertung aller Werte wird nach Nietzsche einen neuen Menschentyp hervorbringen. Bei der Transformation durchläuft der alte Mensch verschiedene Stadien. Im Stadium des „Kamels“ unterwirft er sich noch den alten Moralvorstellungen. Im darauffolgenden Stadium des „Löwen“ lehnt er sich gegen die Moral auf, um dann im letzten Stadium des „Kindes“ in einer völligen Diesseitszugewandtheit eine moralfreie Haltung zu erreichen (Nietzsche 2000, 27 ff.). Mit dem Stadium des Kindes erscheint der neue Mensch, der „Übermensch“, den Nietzsche als „Sinn der Erde“ bezeichnet (ebd., 14). Er dient keinem Ideal,

huldigt keinem Gott, schöpft ausschließlich aus sich selbst Sinn. In ihm ist all das kultiviert, was bisher durch innere und äußere Knechtschaft unterdrückt worden war: Stärke, Rücksichtslosigkeit, Vitalität und Kreativität (Zimmer 2009, 182). Das teilweise biologistische und kraftmeiernde Vokabular, das Nietzsche verwendet, hat die ideologische Vereinnahmung des Übermenschen durch die Nationalsozialisten begünstigt.

b) „Zur Genealogie der Moral" (1887) gehört zu den Spätwerken Nietzsches. Wie schon in „Also sprach Zarathustra" verfolgt er das Programm einer Umwertung aller bisherigen Werte weiter und rechnet sowohl mit der Mitleidsethik seines frühen Lehrers Arthur Schopenhauer als auch mit der Ethik des Christentums radikal ab. Er erstellt eine Herkunftslehre der Moral, indem er zunächst erklärt, wie sich die moralischen Werte im Laufe der Jahrhunderte durchgesetzt haben. Dabei geht er über die biologischen Wurzeln menschlichen Handelns hinaus. Nietzsche will historisch zeigen, dass moralphilosophische Begriffe aus politischen Begriffen entstanden sind. Moralische Werturteile sind für ihn somit ursprünglich Bezeichnungen für Positionen in der sozialen Hierarchie. In der „Genealogie" fordert er, den Wert moralischer Werte unter dem Aspekt ihres Nutzens für die menschliche Entwicklung infrage zu stellen (Marti 2012, 468). Seine grundsätzliche Kritik moralischer Wertungen verbindet er mit einem Plädoyer für eine ganz andere, ursprünglichere und der Natur des Menschen angemessenere Moral. Dafür analysiert er in der ersten Abhandlung die Oppositionspaare „Gut und Böse" sowie „Gut und Schlecht". Nietzsche weist Auffassungen zurück, die „gut" notwendigerweise mit „altruistisch" oder „nützlich" gleichsetzen (Nietzsche 1980, 267 ff.). Vielmehr kennzeichne es die Handlungsweisen der Guten, nämlich des „römischen, arabischen, germanischen, japanesischen Adels, der homerischen Helden und skandinavischen Wikinger", dass sie einer aristokratischen, kriegerischen und lebensbejahenden „Herrenmoral" folgen (ebd., 275). Ihr Sein und Tun dient nicht zur Definition einer für alle verpflichtenden Norm, sondern der Auszeichnung und Abgrenzung, also der Standesdistinktion. Demgegenüber ist das, was wir unter „Moral" verstehen, eine von jüdischen und später christlichen Priestern gesteuerte Reaktion gegen diese Werteordnung, ein Ressentiment der Schwachen gegen die Herrschaft der Starken. So entstand eine „Sklavenmoral", die eine Moral der Angst und des Misstrauens ist und das Starke und Lebensbejahende unterdrückt und verleumdet (Marti 2012, 468 f.). Die „Falschmünzerei" und „Selbstverlogenheit" der Sklavenmoral verurteilte Nietzsche (1980, 280). In der Instanz des Gewissens wurde der Hass gegen das Starke verinnerlicht. Das Schwache in Form der Demut, des Mitleids, was den natürlichen Trieben und Instinkten des Menschen entsprach, wurde nun verboten. Diese Moral ist wie die gesamte christliche Moral ein Symptom der Dekadenz. Sie schützt das degenerierende Leben und hindert den Menschen ein großes, volles Leben zu führen (Bittner 2010, 552). In der dritten Abhandlung der „Genealogie" unterzieht Nietzsche das christliche Ideal der Askese einer ausführlichen Kritik. Für Nietzsche drückt sich darin das Bedürfnis nach Sinn, nach einer Richtung für den menschlichen Willen, der in Wahrheit ein „Wille zur Macht" ist, auf eine pervertierte Art aus: Er richtet sich nun auf das Nichts, auf die Lebensverneinung aus. Nietzsches Moral- und Zivilisationskritik hat im 20. Jahrhundert Freuds Psychoanalyse und die Kritik am Rationalismus beeinflusst. Sie gab aber auch der Herrenmenschenideologie der Nationalsozialisten eine ideologische Vorlage (Zimmer 2009, 184).

Rezeption durch die Neue Rechte (ausgewählte Beispiele)

In der Fachliteratur bleibt es umstritten, ob Nietzsche als politischer Denker gelten kann. Seine Einstellung zur Demokratie ist ambivalent. Zwar formulierte er in „Menschliches, Allzumenschliches" (1878) eine wohlwollende Beurteilung der Demokratie, die er explizit nicht widerrufen hat. Andererseits hat er das demokratische Zeitalter in moralischen Dingen der Verlogenheit angeklagt, weil es die Lüge von der Gleichheit der Menschen zum Wahlspruch genommen hat (Marti 2012, 466 f.).

Auch wenn der Denker Nietzsche für das politische Tagesgeschäft eher schwer verwertbar ist, haben sich viele Generationen von radikalkonservativen Intellektuellen von ihm „inspirieren" lassen. Schon in der Weimarer Republik haben sich die Autoren der Konservativen Revolution in ihren Publikationen auf Nietzsche bezogen. Ob und in welcher Form die Neue Rechte der Gegenwart, die sich als Erbin und Fortsetzerin der Konservativen Revolution versteht, ihn als Gewährsmann vereinnahmt, wird an ausgewählten Beispielen erörtert.

In einem Interview mit der Wochenzeitung „Die Zeit" lässt der Sloterdijk-Schüler und AfD-Philosoph Marc Jongen verlauten, dass für ihn Nietzsche ein „frühes prägendes Lektüreerlebnis" war. Für Jongens Zugang zur praktischen Politik ist insbesondere die „psycho-politische Dimension" von Nietzsche die bestimmende. Ferner zieht er von Nietzsches Ausführungen zum Ressentiment in „Zur Genealogie der Moral" eine „direkte Linie zum Gutmenschentum" […], „dem sich die AfD entgegenstellt" (Jongen 2016, 42). Auch Götz Kubitscheck, Mitbegründer der neurechten Denkfabrik Institut für Staatspolitik, zieht Nietzsche an prominenter Stelle heran, um zum Vorbürgerkrieg aufzurufen: „Gegenwehr oder Verschwinden: Das sind die beiden Möglichkeiten, die wir haben. […] Der Kampf um die Vorherrschaft im eigenen Raum ist ein Kampf, keine Diskussion. Wenn eine Seite die Kraft für die Auseinandersetzung nicht aufbringt, verschwindet sie einfach. Oder mit anderen Worten: Wenn wir Deutschen zu zivilisiert für die Notwendigkeiten des Vorbürgerkriegs bleiben, ist die Auseinandersetzung bereits entschieden: ‚Nur Barbaren können sich verteidigen' sagt

Nietzsche" (Kubitscheck 2007, 17). Nietzsche wird hier für ein zivilisationskritisches, primitivistisches Konzept in Beschlag genommen. Über diese willkürliche und zufällige Plünderung von Nietzsches Gedanken hinaus, stellt sich in diesem Fall auch ein philologisches Problem. Das Zitat ist eine Fälschung. Die Wörter „Barbaren" und „verteidigen" kommen bei Nietzsche nie zusammen vor. Das vermeintliche Nietzsche-Zitat hat Kubitscheck aber nicht selbst erfunden, sondern hat es aus Hans Magnus Enzensbergers Buch „Aussichten auf den Bürgerkrieg" (1993) entnommen.[5]

Die Beispiele von Jongen und Kubitscheck verdeutlichen, wie fragmentiert und tendenziös aktualisiert Nietzsche als Schlagwortgeber von neurechten Intellektuellen rezipiert wird. Offenbar überwiegt hier die Anwendung ohne profunde Kenntnis von Nietzsche.

Eine weitere Form der oberflächlichen Vereinnahmung stellt die Vermarktung von Nietzsche als eine Pop-Ikone des neurechten Widerstands dar. So präsentiert die aus dem Umfeld der Identitären Bewegung in Österreich entstandene Modemarke „Phalanx Europa" in ihrem Onlineshop ihre antidemokratischen Denker der Vergangenheit auf Postern, auf T-Shirts und Aufklebern. In der illustren Runde ist auch das Konterfei von Nietzsche auf einem Herrenshirt („NietzChe") und auf einem Poster zu finden.[6] Dass gerade Nietzsche, der sich als Freigeist und „guten Europäer" (Ottmann 1999, 125) bekannt hat, dank seines sprachgewaltigen Widerspruchsgeists auf die Neue Rechte des 21. Jahrhunderts eine Faszination ausübt, ist grotesk.

4.8 Carl Schmitt

Schon die lange Lebenszeit Carl Schmitts (1888–1985) weist auf ein umfangreiches Schaffen hin. In der Tat: „Schmitt hat während eines Zeitraums von fast siebzig Jahren, pointiert und polemisch, in viele laufende Debatten eingegriffen" (Müller 2007, 22). Er war einerseits ein brillanter, andererseits ein zweifelhafter Intellektueller, dessen Leben sich in vier unterschiedlichen deutschen Staatsformen abspielte. Genauso verschieden war die weltanschauliche, politische und wissenschaftliche Ausrichtung seiner Anhänger: „Man könnte ohne große Übertreibung sagen, dass kein Denker des zwanzigsten Jahrhunderts eine ideologisch so vielfältige Leserschaft gefunden hat – zu Lebezeiten und postum" (ebd., 15).

5 Den Hinweis verdanke ich dem Vortrag von Sebastian Kaufmann „Nietzsche und die Neue Rechte" (Forschungsstelle „Nietzsche-Kommentar"); (www.youtube.com/watch?v=-b_9wpXgpqdI, aufgerufen am 13.5.2017).

6 https://phalanx-europa.com/de (aufgerufen am 11.5.2017)

In Plettenberg im Sauerland geboren, „entstammte er einem dezidiert katholischen Milieu" (ebd., 30). Schmitt studierte Jura von 1907 bis 1910 – d.h. in der Mindeststudienzeit von sechs Semestern – in München, Berlin und Straßburg, wo er über das Thema „Schuld und Schuldarten" promovierte und sich mit dem Thema „Der Wert des Staates" habilitierte. Die Referendarzeit von 1910 bis 1915 verbrachte er in Mönchengladbach und Düsseldorf.

Im Ersten Weltkrieg arbeitete Schmitt im Bayerischen Kriegsministerium, wo er mit der Pressezensur beauftragt war. Als im April 1919 in München die Räterepublik ausgerufen wurde, drangen kommunistische Revolutionäre in Schmitts Büro ein und erschossen einen Offizier am Nebentisch. Dieses Ereignis wird als ein Grund dafür bewertet, „dass der junge Jurist, der bislang als eher unpolitisch gegolten hatte, eine grundlegende, existentielle Entscheidung zugunsten des Staates traf – im Sinne eines starken Staats, der sich gegen die revolutionären Massen behaupten konnte" (ebd., 31). Schmitt wandte sich gegen den in dieser Zeit verbreiteten rechtsphilosophischen und politisch-philosophischen Gedanken des „Normativismus". Er postulierte, dass keine Norm herrschen dürfe, stattdessen setzte er die persönliche politische Entscheidung dagegen.

Im Jahr 1921 erhielt Schmitt einen Ruf auf einen Lehrstuhl in Greifswald. Diese nicht sehr bedeutende Universität verließ er nach einem Jahr, um sich in Bonn niederzulassen. Dort promovierte er zahlreiche Doktoranden, die keineswegs alle so wie er rechtsintellektuell oder antisemitisch waren (Mehring 2009, 178 u. 180).

1923 besetzten französische Truppen das Ruhrgebiet. Darüber war Schmitt – wie viele andere auch – entrüstet. Aus diesem Ereignis wird die permanente Präsenz seines Themas, die „Notwendigkeit, den wahren Feind zu erkennen" und Folgerungen für das politische Handeln zu ziehen, geschlossen (Müller 2007, 31). Im selben Jahr entwickelte Schmitt seine systematische Kritik am Parlamentarismus, dessen Legitimität er in den Zeiten von Industrie und Massenpolitik bestritt. Dem Parlamentarismus als repräsentatives Prinzip des Liberalismus setzte er seine Vorstellung von Demokratie entgegen: „Zur Demokratie gehört als notwendig erstens Homogenität und zweitens – nötigenfalls – die Ausscheidung oder Vernichtung des Heterogenen" (Schmitt, zit. nach Müller 2007, 39).

1928 nahm Schmitt eine Stelle an der Handelshochschule Berlin an. Im selben Jahr veröffentlichte er seine „Verfassungslehre"; auch in ihr setzte er wieder die Demokratie dem Liberalismus entgegen. Schmitt wurde zu einem gefragten Redner bei Veranstaltungen der Großindustrie, vor allem weil er die Vorstellung vertrat, dass in Krisenzeiten nicht die Gerichte oder das Parlament, sondern der Reichspräsident der „Hüter der Verfassung" sein sollte. Schmitt betonte immer wieder die Rolle und Bedeutung eines starken Führers, denn im pluralistischen Staat würde der Staat das Monopol des Politischen verlieren.

Obwohl Schmitt mit Juden befreundet war und auch zu einigen enge Arbeitsbeziehungen hatte, prägte sich bei ihm in der Weimarer Zeit ein „antisemitischer Affekt" aus (Mehring 2009, 76, auch 222), der dann in seinen publizierten Schriften ab 1933 hervortritt (ebd., 82). Zudem „differenzierte [er] die Unterscheidung von Liberalismus und Demokratie analytisch immer weiter aus" (ebd., 198).

Die Machtübernahme der Nationalsozialisten hat er – daran besteht „kein Zweifel [...] – vehement befürwortet" (Mehring 2001, 8), auch wenn er sich anfangs besorgt zeigte, als Hitler zum Reichskanzler ernannt wurde (ebd., 58). Hier sind die Meinungen widersprüchlich – so gegensätzlich wie in der gesamten Einschätzung Schmitts, derselbe Autor ist wenige Jahre später anderer Meinung: „Es ist heute weitgehend gesichert, dass Schmitt eine Machtübergabe oder ‚Machtergreifung' Hitlers ablehnte oder verhindern wollte" (Mehring 2009, 301).

Im März 1933 wurde ihm angeboten, preußischer Staatsrat zu werden – eine Offerte, die er annahm, „wobei er sich der besonderen Patronage Hermann Görings sicher sein konnte" (Müller 3007, 49). Im selben Jahr wurde er ordentlicher Professor an der Friedrich-Wilhelms-Universität Berlin. Er trat der NSDAP bei. Die Bücherverbrennung durch die Nationalsozialisten im Mai 1933 begrüßt er: „Verbrennung der Schandbücher" notiert er in seinem Tagebuch (Schmitt, zit. nach Mehring 2009, 323).

Im August 1933 erhielt er einen Brief von Martin Heidegger, der auf Schmitts „entscheidende Mitarbeit" hoffte. Denn: „Die Sammlung der geistigen Kräfte, die das Kommende heraufführen sollen, wird immer dringender" (Martin Heidegger, zit. nach Noack 1993, 180).

Schmitt war Rassist und Antisemit. Das zeigt sich beispielsweise, „indem er sich für die Entfernung von Büchern jüdischer Autoren aus juristischen Bibliotheken und für die Kennzeichnung aller Publikationen jüdischer Verfasser aussprach" (Müller 2007, 51). Er propagierte: „Wir müssen den deutschen Geist von allen jüdischen Fälschungen befreien" (Schmitt, zit. nach Noack 1993, 204). In einer Ausgabe der Deutschen Juristen-Zeitung (DJZ) des Jahres 1936 heißt es von ihm: „Ein jüdischer Autor hat für uns keine Autorität, auch keine ‚rein wissenschaftliche Autorität'. Diese Feststellung ist der Ausgangspunkt für die Behandlung der Zitatfrage. Ein jüdischer Autor ist für uns, wenn er überhaupt zitiert wird, ein jüdischer Autor. Die Beifügung des Wortes und der Bezeichnung ‚jüdisch' ist keine Äußerlichkeit, sondern etwas Wesentliches" (Schmitt, zit. nach Mehring 2001, 69).

Auch „bei der Gleichschaltung der Rechtswissenschaft und Justiz spielte er eine überragende Rolle" (Mehring 2001, 60.) Schmitt prägte den berüchtigten Satz: „Der Führer schützt das Recht" (Schmitt, zit. nach Schildt 1998, 197).

Trotzdem geriet Schmitt in die Fallen parteiinterner Intrigen. Die SS-Zeitschrift „Schwarzer Korps" spielte 1936 auf seinen katholischen Hintergrund und frühere jüdische Bekanntschaften an. Daraus wurde eine Reihe von Vorwürfen erhoben (Noack 1993, 205). Schmitt wurde zum Rückzug von fast allen Ämtern gezwungen, gleichwohl blieb er Professor an der Berliner Universität. Dort hielt er am 1. Februar 1945 seine letzte Vorlesung. Von den Amerikanern wurde er im Herbst 1945 festgenommen und inhaftiert. Im März 1947 wurde er als „möglicher Angeklagter" im Zusammenhang mit dem Nürnberger Kriegsverbrecherprozess verhört. Schmitt verteidigte sich, indem er sich als bloßen Wissenschaftler bezeichnete und sich einen „intellektuellen Abenteurer" nannte (Schmitt, zit. nach Mehring 2001, 87).

Am 21. Mai 1947 kehrte er in seinen Geburtsort Plettenberg zurück, und lebte dort, wie er es beschrieb, „in [...] lautlose[r] Finsternis" (Schmitt, in: Mohler 1995, 148). Zwar hatte er 1945 seinen Lehrstuhl verloren, aber er entfaltete eine umfangreiche publizistische Arbeit und Vortragstätigkeit. In den öffentlichen Debatten der 1950er Jahre zeigte er eine „irritierende Präsenz" (Mehring 2001, 118). Die große Zahl seiner Schüler – von denen zahlreiche bedeutende Rechts- und Staatswissenschaftler geworden sind, z. B. Ernst Forsthoff, Roman Schur, Ernst-Wolfgang Böckenförde u. a. – rechtfertigt es, von einer „Schmitt-Schule" zu sprechen (ebd.).

Bundespräsident Theodor Heuss bezeichnete ihn in einer öffentlichen Rede am 28. Oktober 1960 „als eine ‚jener peinlichen Figuren' [...], die dem Unrecht, je nach Tagesbedarf der Macht, juristische Formeln liefern" (Schmitt zit. Heuss, zit. nach Mohler 1995, 293).

Werk und Programmatik

Das Gesamtwerk von Carl Schmitt umfasst mehr als 50 Bücher und fast 300 wesentliche Artikel. Seine Hauptwerke sind in über 20 Sprachen übersetzt. Von seinem Buch „Der Begriff des Politischen" gibt es allein im Koreanischen und im Japanischen sechs verschiedene Übersetzungen. Carl Schmitts Schriften und Korrespondenzen hat Alain de Benoist, Vordenker der französischen „Neuen Rechten", auf 142 Seiten bibliografisch erfasst (Benoist 2003). Er hat darüber hinaus die gesamte internationale Primär- und Sekundärliteratur von und zu Carl Schmitt zusammengetragen – auf 528 Seiten (Benoist 2009). Ständig kommen neue Veröffentlichungen über ihn. Allein im Jahr 2016 sind 18 Bücher und 54 Zeitschriftenaufsätze erschienen.[7]

Vor dem Hintergrund dieser riesigen Arbeit Schmitts und der gigantischen Rezeption seiner Schriften kann nur ein äußerst begrenzter, auf die Argumentationslinie dieses Buches zugeschnittener Einblick gegeben werden, und zwar durch Schmitts Schriften (a) „Politische Theologie" (1922) und (b) „Der Begriff des Politischen" (1932, Neuausgabe 1963).

7 www.carl-schmitt.de/neueste_veroeffentlichungen.php (aufgerufen am 27.5.2017)

a) Das schmale, nur wenige Seiten starke Buch „Politische Theologie“ ist im Jahr 1922 erschienen und hat mittlerweile die zehnte Auflage (2015) erreicht. Darin hat Schmitt die immer wieder in Umlauf gebrachte These aufgestellt: „Souverän ist, wer über den Ausnahmezustand entscheidet“ (Schmitt 2015, 13). In der Konsequenz heißt das, dass im „Ausnahmezustand“ der Staat seine Autorität unter Aufgabe rechtsstaatlicher Normen herstellen kann: „[…] die Autorität beweist, daß sie, um Recht zu schaffen, nicht Recht zu haben braucht“ (ebd., 22).

   Hauptgegner ist auch hier der Liberalismus, dessen rechtsphilosophischen Vertretern Schmitt vorhält, dass bei ihnen der „Staat […] ausschließlich auf die Rechtsproduktion beschränkt [wird]“ (ebd., 31). Dagegen bezieht sich Schmitt, nicht unmittelbar direkt, aber ausgiebig zitierend, auf den katholischen Staatsphilosophen Donoso Cortés (1809–1853), einen dezidierten Gegner der Aufklärung und des Liberalismus. Sich an ihn anlehnend, holt Schmitt zur scharfen Kritik am Liberalismus aus: „Sein Wesen ist Verhandeln, abwartende Halbheit, mit der Hoffnung, die definitive Auseinandersetzung, die blutige Entscheidungsschlacht, könnte in eine parlamentarische Debatte verwandelt werden und ließe sich durch eine ewige Diskussion ewig suspendieren. Diktatur ist der Gegensatz zu Diskussion“ (ebd., 67).

   Auch wenn Schmitt seine zentrale Idee eher indirekt und mit Verweisen auf andere Autoren entwickelt, ist diese Schrift im Klartext eindeutig. Denn mit ihr liefert er „eine Begründung der Diktatur“ (von Krockow 1990 b, 61). In „Der Spiegel“ hat Thomas Darnstädt auf die Konsequenz des vielzitierten Schmitt-Satzes hingewiesen: „Da [nach Schmitt, Anm. d. Verf.] der Staat es ist, der im Zweifel unter Berufung auf den Ernstfall die Verfassung durchbricht, ist der Staat der Souverän“ (Darnstädt 2008, 161). Aber im Grundgesetz der Bundesrepublik Deutschland steht etwas Anderes, nämlich: „Alle Staatsgewalt geht vom Volke aus“ (ebd. und Art. 20, 2 GG). Damit beantwortet sich auch die Frage, ob der Staat die Verfassung brechen darf: nach Schmitt ja, aber nach dem Grundgesetz nein.

b) Das Buch „Der Begriff des Politischen“ ist aus einer Vorlesung und einem Vortrag entstanden. Es liegt in mehreren Fassungen vor, hier wird sich auf den Text bezogen, der der ersten Auflage 1932 zugrunde lag und ab 1963 als Neuauflage erschienen ist. Im Jahr 1933 gab es eine Auflage, die „nationalsozialistisch profiliert“ war (Mehring 2009, 207). Auch in der Wahl des Verlags war Schmitt dann auf der ihm günstig erscheinenden Linie. Denn 1933 „zieht er seinen ‚Begriff des Politischen‘ von Duncker & Humblot ab und wechselt zur nationalistisch exponierten Hanseatischen Verlagsanstalt über“ (ebd., 308, s.a. 316 u. 322).

   Schmitts Kerngedanke ist eine „Begriffsbestimmung des Politischen“: „spezifisch“ für politische Handlungen und Motive „ist die Unterscheidung von *Freund* und *Feind*“ (Schmitt 2002, 26). Daraus folgt die zentrale Aufgabe des

Staates, nämlich „Ruhe, Sicherheit und Ordnung“ herzustellen (ebd., 46). Dem Staat wird so auch zugestanden, den „innern Feind“ zu bestimmen (ebd.). Darin „liegt das Wesen seiner politischen Existenz“ (ebd., 50).
Da Schmitt die „Gleichung Staatlich = Politisch“ als „unrichtig und irreführend“ verwirft (ebd., 24), bezieht er seine Begriffsbestimmung des Politischen auch auf „das Volk“. „Es steht einem politisch existierenden Volk keineswegs frei, [...] dieser schicksalhaften Unterscheidung zu entgehen“ (ebd., 52). Wenn sich ein Volk „freiwillig entwaffnet“, „die Unterscheidung von Freund und Feind beseitig[t], dann „wird sich eben ein anderes Volk finden, das ihm diese Mühe [der Unterscheidung, Anm. d. Verf.] abnimmt, indem es seinen ‚Schutz gegen äußere Feinde‘ und damit die politische Herrschaft unternimmt [...]“ (ebd., 5 3). Zum „Begriff des Feindes gehört die im Bereich des Realen liegende Eventualität eines Kampfes“ (ebd., 33). Die „äußerste Realisierung der Feindschaft“ ist der Krieg (ebd.).
Ein gegenteiliges Verständnis von Politik hat der Liberalismus. Dieser zielt darauf ab, „Staat und Politik teils einer individualistischen und daher privatrechtlichen Moral, teils ökonomischen Kategorien zu unterwerfen und ihres spezifischen Sinnes zu berauben“ (ebd., 71).
Somit wurde Schmitts Buch „eine Art Prüfstein, an dem sich Liberale und Antiliberale schieden“. Es hat von allen seinen Schriften „die größte Resonanz gefunden“ (Noack, 1993, 114).
Jürgen Habermas, wesentlicher Vertreter eines deliberativen (d.h. überlegenden, erwägenden, beratschlagenden) Politikverständnisses, hat in einer Auseinandersetzung mit Schmitt die Konsequenzen von dessen Vorstellung von Politik aufgezeigt: Wenn politische Wertkonflikte als rational unlösbar angesehen würden, „von gegnerischen Identitäten beherrscht“, und es keinen Ausweg zur Überwindung eines Dissens gebe, dann „bleibt unerfindlich“, wie eine solche Auseinandersetzung „anders als durch Oktroy [...] [sollte] beigelegt werden können“ (Habermas 1996, 325). Am Ende also entscheidet ein Diktat.
Für den Politikwissenschaftler Wolfgang Gessenharter steht fest: „Carl Schmitts Denken steht [...] dem gesamten Grundrechtskatalog des Grundgesetzes diametral entgegen“ (Gessenharter 2004, 38).

Diese Schriften Schmitts sind – so wie andere auch – in manchen Kanon der „Geschichte des politischen Denkens“ eingegangen (z.B. Brocker 2007, 495–509). So isoliert betrachtet, offenbart sich aber nur die halbe Wahrheit von Schmitts gesamtem Werk. Er war auch ein bedingungsloser Mitläufer des Nationalsozialismus, mehr noch: dessen juristischer Wegbereiter. Das wird beispielsweise unübersehbar deutlich in einer kleinen Schrift aus dem Jahr 1933, die den Titel hat „Staat, Bewegung, Volk“. In ihr propagiert er, dass „die Stärke des nationalsozialistischen Staates [...] darin [liegt], daß er von oben bis unten und in jedem Atom seiner Existenz von dem Gedanken des Führertums beherrscht und durchdrungen ist“ (Schmitt 1933, 33). Voraussetzung dafür ist „eine unbedingte Artgleichheit zwischen Führer und Gefolgschaft“ (ebd., 42). Damit ist explizit die gleiche „Volks- und Rassenzugehörigkeit“ (ebd., 45) gemeint. Denn: „Ein Artfremder mag sich noch so kritisch gebärden und noch so scharfsinnig bemühen, mag Bücher lesen und Bücher schreiben, er denkt und versteht anders, weil er anders geartet ist, und bleibt in jedem entscheidenden Gedankengang in den existenziellen Bedingungen seiner Art“ (ebd.).

Rezeption durch die Neue Rechte (ausgewählte Beispiele)

Carl Schmitt hat eine enorme Wirkung auf eine unüberschaubare Zahl von Schülern, Adepten und Anhängern. Sowohl bei Rechten als auch bei Linken („Linksschmittisten“, Benoist 2011, 16) haben seine antiliberalen Thesen Zustimmung gefunden. Auf die „Neue Rechte“ in Deutschland und darüber hinaus in Europa hat Schmitt einen großen „intellektuelle[n] Einfluss“ (Gessenharter 2004, 36). In den Publikationen und auf den Foren der Neuen Rechten hat Schmitt einen regelrechten Kultstatus. Im „Staatspolitischen Handbuch“, herausgegeben vom rechtskonservativen Antaois Verlag, wird er als einer der „Vordenker“ gewürdigt (Lehnert/Weißmann 2017, 201–204). Dort wird versucht, Schmitt gegenüber einer „Diffamierungs-Industrie“, die „die ewig gleichen Vorwürfe repetiert“ (ebd., 202), und gegen das „Getöse […] der Verfemung“ zu rehabilitieren (ebd., 203). Das geschieht u. a. mit dem – positiv gemeinten – Hinweis, dass „in den fünfziger und siebziger Jahren […] sein geistiger Einfluß in Franco-Spanien außerordentlich [war]“ (ebd.). Die Zeitschrift „Sezession“, die sich selbst als „die bedeutendste rechtsintellektuelle Zeitschrift in Deutschland“ versteht[8], widmete Schmitt im Juni 2011 ein Sonderheft. Hier wird er als „der bedeutendste deutsche Staatsrechtler des 20. Jahrhunderts“ (Kubitschek 2011, 2) gefeiert. Die Kritik an Schmitts nationalsozialistischen Aktivitäten wird als „dümmliche Eindimensionaliät“ (ebd., 3) bezeichnet. Seinen „dreijährigen ‚Irrtum‘“ habe er „mit lebenslanger Ächtung [bezahlt]“ (ebd., 5).

Wer – so heißt es weiter in dem Heft – „die polit-moralinsäuerhaltigen Nebelschwaden unserer Tage durchstoßen will, [der kann] nach wie vor kaum etwas Effektiveres tun“, als sich mit Schmitts Werk zu befassen (von Waldstein 2011, 8). Von dem französischen Philosophen Alain de Benoist schließlich wird Schmitt in den Rang des „letzten großen Klassikers“ erhoben, „an der Seite eines Machiavelli, eines Hobbes, eines Locke oder eines Rousseau“ (Benoist 2011,17).

Auch liberale Publizisten konstatieren – allerdings mit Sorge – eine Aktualisierung der Staatstheorie Schmitts. Thomas Darnstädt sieht einen Zusam-

8 https://sezession.de/konzept (aufgerufen am 24.5.2017)

menhang zwischen der „unheimliche[n] Wiederkehr Schmitts und dem weltweiten Terrorismus: Jetzt ist wieder ein „Feind“ da. Aber: „Es ist nicht Angst, was Schmitts Wiederkehr auslöst, es ist Berechnung. Carl Schmitts Jünger haben auf ihre Chance nur gewartet: die alten Ideen durchzusetzen, die liberale und soziale Demokratie, die ihr Meister stets bekämpft hatte, endlich zu beseitigen“ (Darnstädt 2008, 161). Und Heribert Prantl stellte im Sommer 2017 mit Blick auf die antidemokratischen Entwicklungen in der Türkei, in Polen, Ungarn und den USA fest: Schmitts „antiliberales und autoritäres Denken ist wieder erstanden. Schmitts Sortierung der Bürger in Freund und Feind ist Grundlage des extremistischen Populismus. Sie versucht, die Ausgrenzung angeblicher Feinde bis hin zu ihrer Vernichtung zu legitimieren“ (Prantl 2017).

4.9 Oswald Spengler

„Oswald Spengler, einer der umstrittensten Denker der Weimarer Republik, brachte in seinem Hauptwerk „Der Untergang des Abendlandes“, das das moderne Geschichtsbild mitgeprägt hat, die von seiner Generation empfundene Angst um die Grundfesten der Kultur zum Ausdruck und stellte sie gleichzeitig in einen philosophisch-kulturhistorischen Kontext“ (Harenberg 2002, 1015).

Zur Person

Oswald Spengler wurde am 29.5.1880 in Blankenburg im Harz als zweites von fünf Kindern des Postsekretärs Bernhard Spengler – „einem peinlichen Beamten“ (Spengler, zit. nach Naeher 1984, 21) – und dessen Ehefrau Pauline – „ein Mensch [...] unfähig zur Liebe“ (Spengler, zit. nach Lisson 2005, 12) – geboren.

Nach dem Abitur studierte er Mathematik und Naturwissenschaften in Halle, München und Berlin, vom Militärdienst war er befreit. 1904 Promotion an der Universität Halle mit dem Thema „Der metaphysische Grundgedanke der Heraklitischen Philosophie“. Im selben Jahr bestand er die Prüfung für das höhere Lehramt in den Fächern Zoologie, Botanik, Physik, Chemie und Mathematik. Von 1908–1911 war Spengler Gymnasiallehrer in Hamburg. Er ließ sich vom Schuldienst beurlauben und siedelte nach München über, wo er dank einer Erbschaft überwiegend als freier Schriftsteller und Privatgelehrter arbeitete.

In seinen Schriften entwickelte er antidemokratische, antiparlamentarische, konservative und kulturpessimistische Gedanken. Er schloss sich der „nationalen Rechten“ an und erhielt Zustimmung von führenden Konservativen. Anfänglich zeigte er Sympathie für den Nationalsozialismus, doch Angebote von führenden Nationalsozialisten zur Mitarbeit, z. B. von Gregor Strasser und Joseph Goebbels, lehnte er ab. Ebenfalls schlug er Professuren (1919 nach Göttingen und 1933 nach Leipzig) aus. Die „nationale Umwälzung“ des Jahres 1933 habe er, wie er schreibt, herbeigesehnt. Denn: „Ich habe die schmutzige Revolution von 1918 vom ersten Tag an gehaßt, als den Verrat des minderwertigen Teils unseres Volkes an dem starken, unverbrauchten, der 1914 aufgestanden war, weil er eine Zukunft haben konnte und haben wollte“ (Spengler, zit. nach Naeher 1984, 128). Doch seine Distanz zu den Nationalsozialisten, ja seine Verachtung Hitlers, den er, für einen „Dummkopf“ und „Schafskopf“ hielt und dennoch wählte, war groß (Lübbe 1984,14 f.). Am 25. Juli 1933 hatte er eine persönliche Unterredung mit Hitler. Er distanzierte sich öffentlich von ihm und den Nationalsozialisten, feierte aber den italienischen Faschistenchef Benito Mussolini. Dieser wiederum war ein erklärter Anhänger Spenglers (Baer 2010).

Ab dem 27. September 1933 durfte Spengler auf eine Anweisung des Reichspropagandaministers Joseph Goebbels im Rundfunk nicht mehr erwähnt werden, eine Auseinandersetzung mit seinen Schriften hatte zu unterbleiben. Die Nationalsozialisten warfen ihm „antivölkische“ Einstellung vor. Aber Druck und Verkauf seiner Werke wurden nie untersagt, sie waren während der gesamten NS-Zeit erhältlich. Am 8.5.1936 starb Spengler in München.

Er sah sich als einsamen Betrachter des Zeit- und Weltgeschehens: „Ich habe mein ganzes Leben lang hindurch vorgezogen, aus einem Winkel heraus Zuschauer zu sein, statt selbst auf der Bühne zu stehen. Abneigung gegen jede Art von Öffentlichkeit. Privatleben im strengsten Sinne“ (Spengler, zit. nach Naeher, 25). Beeindruckt war Spengler lediglich vor allem von Johann Wolfgang von Goethe und Friedrich Nietzsche. Bei ihnen macht er in seinem Werk „Der Untergang des Abendlandes“ zahlreiche geistige Anleihen: „Zum Schluss drängt es mich, noch einmal die Namen zu nennen, denen ich so gut wie alles verdanke: Goethe und Nietzsche. Von Goethe habe ich die Methode, von Nietzsche die Fragestellungen“ (Spengler, Untergang, Vorwort, IX).

Dieses Buch wird nun, im Kontext der hier vorgenommenen Betrachtungen, vorgestellt.

Werk und Programmatik

> „Zwischen Kriegsende und Ende 1919 herrschten in Deutschland Chaos und Krise. Die Zentralmacht war zusammengebrochen, aus Russland wurde revolutionäres Gedankengut eingeschleppt und Soldaten und Matrosen gründeten bewaffnete Komitees, die sie ‚Sowjets‘ nannten. Ganze Städte wurden mit der Waffe ‚regiert‘, nicht anders als in den Sowjetrepubliken. Schließlich sahen sich die Sozialdemokraten gezwungen, ihren alten Feind, die Armee, ins Spiel zu bringen, um wieder Ruhe und Ordnung herzustellen. Es gelang nur mit brutalen Mitteln. Tausende mussten dabei ihr Leben lassen. Vor genau diesem Hintergrund fühlte sich Spengler als Prophet eines nationalistischen Erwachen Deutschlands, das obendrein nur noch durch eine Kommandowirtschaft gerettet werden könne“ (Watson 2003, 256).

Im Zusammenhang mit dieser Situation ist der Buchtitel „Der Untergang des Abendlandes“ bezeichnet. Dessen erster Teil erschien 1918, der zweite 1922. Es ist ein Mammutwerk mit ca. 1260 Seiten, und dennoch erreichte die Auflage gleich nach Erscheinen „Fabelzahlen, von denen Autoren geschichtsphilosophischer Werke heute nur träumen können“ (Gerald Diesner, in: Conte 2004, 5).

Spengler sieht Natur und Geschichte analog. Auch in dieser gibt es – wie in den Lebensphasen des Menschen – einen natürlichen Prozess des Kommens und Gehens. Dementsprechend gibt es aufblühende und untergehende Kulturen. Er unterscheidet zwischen Kultur und Zivilisation: „[...] jede Kultur hat ihre *eigne* Zivilisation [...] Die Zivilisation ist das unausweichliche *Schicksal* einer Kultur. Hier ist der Gipfel erreicht, von dem aus die letzten und schwersten Fragen der historischen Morphologie lösbar werden. Zivilisation sind die *äußersten* und *künstlichsten* Zustände, deren eine höhere Art von Menschen fähig ist. Sie sind ein Abschluß; sie folgen dem Werden als das Gewordene, dem Leben als der Tod, der Entwicklung als die Starrheit, dem Lande und der seelischen Kindheit, wie sie Dorik und Gotik zeigen, als das geistige Greisentum und die steinerne, versteinernde Weltstadt. Sie sind ein *Ende*, unwiderruflich, aber sie sind mit innerster Notwendigkeit immer wieder erreicht worden“ (Spengler 1988, 43).

Das „Abendland“ befindet sich in der Phase, in der die Zivilisation die Kultur ablöst und es damit beendet. Belege für den Untergang sind u. a. die „Weltstadtmenschen“ oder das „Bedürfnis nach Kausalität“ der Intelligenz und stattdessen „die beständige Abnahme des Schicksalsgefühls“ (ebd., 677). „Intelligenz ist der Ersatz unbewußter Lebenserfahrung durch eine meisterhafte Übung im Denken, etwas Fleischloses, Mageres“ (ebd., 677 f.). Der „religiöse Mythos“ (ebd., 678) wird durch die wissenschaftliche Theorie ersetzt. Es fehlt der „kosmische Takt“ (ebd., 677).

Der Untergang des Abendlandes steht bevor, der Grund „[...] *die Wirtschaftswelt der Maschinenindustrie*. Sie zwingt den Unternehmer wie den Fabrikarbeiter zum Gehorsam. *Beide* sind Sklaven, nicht Herren der Maschine, die ihre teuflische geheime Macht erst jetzt entfaltet“ (ebd., 1190 f.).

Die Geschichte nimmt ihren Verlauf, das Wollen, die Ziele und die Interessen der Menschen spielen da keine Rolle. „*Die Weltgeschichte ist das Weltgericht*: sie hat immer dem stärkeren, volleren und seiner selbst gewisseren Leben Recht gegeben“ (ebd., 1194). Die Menschen „haben nicht die Freiheit, dies oder jenes zu erreichen, aber die, das Notwendige zu tun oder nichts. Und eine Aufgabe, welche die Notwendigkeit der Geschichte gestellt hat, *wird* gelöst, *mit* dem einzelnen oder gegen ihn“ (ebd., 1195).

Dieses nur sehr kurze Surrogat eines enorm materialreichen und voluminösen Buches darf das eigene Lesen nicht ersetzen: Spengler war ein äußerst gebildeter Mensch. Aber die Kritik und die ideologische Richtung liegen auf der Hand. So hat „Der Untergang des Abendlandes“ sehr schnell auch Widerspruch hervorgerufen. Beispielsweise unterzog im Jahr 1922 der Gießener Philosophie-

Professor August Messer Spenglers Darstellung einer facettenreichen kritischen Analyse. Ein Einwand war, dass Spenglers Grundgedanken von der Vielheit der Kulturseelen und der schöpferischen Kraft der Kulturen „eine metaphysische Annahme, nicht eine zweifelsfrei feststehende historische Tatsache [ist]" (Messer 1922, 44), also „um eine über den Bereich der Erfahrung hinausreichende Hypothese" (ebd., 45). Weiter „hat Spengler bei seiner einseitigen naturalistischen Einstellung überhaupt keinen Blick" (ebd., 64) für Fragen nach dem „Sinnvollen" und nach dem, was „wahr und falsch" ist (ebd.). Und schließlich: „Sein Fatalismus raubt uns [...] Verantwortungsgefühl, Gewissen und Ehrfurcht vor uns selbst; sein Begriff ‚Schicksal' wird Deckmantel für Willensschwäche. Im letzten Grund aber wurzelt die Geringschätzung, die Spengler für Sittlichkeit und Glück der Menschen bekundet, in der ästhetisch-beschaulichen Einstellung, aus der heraus er den Weltprozeß als ein riesenhaftes Schauspiel mit fest bestimmtem Ablauf genießt" (ebd., 203).

Diese frühe Kritik enthält Metaphern, die auf die politische Ideologie Spenglers hinzielen: seinen Fatalismus und Antiliberalismus.

Spätere Rezensenten werden noch deutlicher. So urteilt der ungarische Philosoph Georg Lukács, Spenglers „historische Bedeutung" liege „in der Vorbereitungsgeschichte des Faschismus" (Lukács 1966, 162).

Auch Karl Löwith, der deutsche Philosoph, der als verfolgter Jude 1934 aus Deutschland emigrieren musste, urteilte gleichermaßen: „Spengler hat durch seine Schriften die Ideologie des Nationalsozialismus befördert wie kein anderer" (Löwith 1989, 25).

Rezeption durch die Neue Rechte (ausgewählte Beispiele)

Spenglers „Der Untergang des Abendlandes" ist als eines der „Schlüsselwerke" in den Katalog der Schriften aufgenommen worden, die „das geistige Rüstzeug bieten, mit dem der Konservative im alltäglichen Kampf der Weltanschauungen bestehen kann" (Lehnert/Weißmann 2010, 7). Entgegen dem „Spott von Seiten der marxistischen Linken [...] hat das Werk bis heute nichts an seiner suggestiven Kraft und geschichtsphilosophischen Anschaulichkeit verloren" (ebd., 225).

In der Zeitschrift „Sezession" stellte Martin Lichtmesz fest, dass es „seine guten Gründe [hat], warum Spengler zu der kleinen Handvoll der Autoren der KR [Konservativen Revolution, Anm. d. Verf.] gehört, die heute noch gelesen und gedruckt werden. Wo immer über das Schicksal des ‚Westens', den ‚Kampf der Kulturen' oder gar das ‚Ende der Geschichte' diskutiert wird, steht seine überragende Gestalt im Hintergrund, mal mehr, mal weniger deutlich sichtbar" (Lichtmesz 2012, 1).

Lichtmesz bezieht sich damit auf die beiden Bücher, die in den 1990er-Jahren weltweit für Aufsehen und intensive, aber sehr kontrovers geführte Debatten sorgten: Francis Fukuyamas „Das Ende der Geschichte" (1992) und Samuel P. Huntingtons „Kampf der Kulturen" (1996). In der Tat passen die Thesen der beiden Bücher in konservative Denkmuster, z.B. in dort gebräuchliche Metaphern vom „Kampf" und „Verfall".

In der Tat liest man in Samuel P. Huntingtons wirkungsmächtigem „Kampf der Kulturen" einen Satz wie diesen: „Die menschliche Geschichte ist die Geschichte von Kulturen. Es ist unmöglich, die Entwicklung der Menschheit in anderen Begriffen zu denken" (Huntington 1996, 49). Es folgt ein ausdrücklicher Verweis auf Spengler (ebd.).

Für Botho Strauß – auch er ein „Vordenker" der Neuen Rechten (Lehnert/Weißmann 2017, 231–233) – ist Spenglers Buch „das Prägewerk für etliche kulturanalytische Universalbetrachtungen bis in unsere Tage" (Strauß 2007, 20).

Im Jahr 2004 befasste sich an der Mailänder Universität ein Symposium mit Spengler und seinem Werk. Der Mailänder Professor Stefano Zecchi „ist der Ansicht, man müsse sich auch einmal fragen, ob die heutige Tendenz zu einem Miteinander unterschiedlicher Kulturen im selben Land nicht eine Selbsttäuschung sei. Der Dialog zwischen den Kulturen leiste der Auflösung der Nation in eine formlose kosmopolitische Massengesellschaft Vorschub. In der unaufhaltsamen Globalisierung sieht Zecchi den Niedergang unserer Zivilisation. In Spenglers Worten: ‚Der Weg senkt sich'" (Baer 2010).

Dem entsprechend hebt Lichtmesz hervor, dass für Spengler „das Leben ein niemals endender Kampf und der Mensch ein Raubtier mit einem gefährlichen und gefährdenden Bewußtsein und dem Willen zur Macht sei" (Lichtmesz 2012, 2). „Besonderen Eindruck" hinterließ bei Lichtmesz „Spenglers Ehrfurcht vor dem Geheimnis, dem Außerrationalen, dem Unerklärlichen" (ebd., 2012, 1).

Damit wird mit Spengler die von Konservativen immer wieder ins Feld geführte „Gegenaufklärung" gewürdigt.

Ganz anders ist der Blick auf Spengler bei denjenigen, die daran festhalten, dass Geschichte von Menschen und nicht von Schicksalsmächten gemacht und gestaltet wird. So hat Theodor W. Adorno die Frage gestellt: „Wird Spengler recht behalten?" Sein Resümee ist, dass Spengler „mit einstimmt in die Verleumdung der Aufklärung" (Adorno 1997, 147). Ganz in ihrem Sinne setzt Adorno dagegen: „Ob die Menschheit untergeht, wird nicht von kosmischen Seelentümern entschieden. Bei den Subjekten steht es, ob sie weiterhin Objekte bleiben oder ihrer selbst mächtig werden. Spenglers Philosophie aber befördert ihr bloßes Objektsein" (ebd., 148).

Spenglers Vorstellung von einer „Unausweichlichkeit des Geschichtsverlaufs" führt dazu, wie Adorno in einem anderen Beitrag anmerkt, dass „die Menschen Idee und Wirklichkeit der eigenen Freiheit vergessen" (Adorno 1997, 56). Auch mit dieser „Erniedrigung des Menschen" (ebd., 67) hat Spengler ein Argumentationsmuster der extremen Rechten übernommen bzw. vorbereitet.

4.10 Armin Mohler und die Konservative Revolution

(Von Jens Korfkamp)

In diese „Ahnenreihe" der vorgestellten Vordenker passt Armin Mohler nur bedingt. Nicht weil er die jüngste dieser Personen ist, sondern weil er deren Denken und Aktivitäten unter dem Begriff „Konservative Revolution" zusammenfasste. Dadurch und durch viele politische, journalistische und Aktivitäten hat Mohler als eine Art Netzwerker eine zentrale Bedeutung bei den Neuen Rechten der Bundesrepublik, und zwar bis zum heutigen Tag.

Der in der Schweiz geborene Journalist und Schriftsteller Armin Mohler (1920–2003) war ein zentraler Denker der äußersten Rechten und eine Schlüsselfigur bei ihrer Reorganisation in der Bundesrepublik Deutschland. Mit seiner Dissertation über die „Konservative Revolution in Deutschland 1918–1932", die er 1949 an der Universität Basel bei Herman Schmalenbach und Karl Jaspers einreichte, etablierte er die „Konservative Revolution" als Forschungsgegenstand.

Mit der Konstruktion des paradoxen Sammelbegriffs einer „Konservativen Revolution" versuchte Mohler den Theoriekanon der deutschen Rechten wiederzubeleben und zu deren Selbstentlastung beizutragen. Das wollte er vor allem durch das Wiederanknüpfen an eine seiner Meinung nach spezifisch deutsche Geistestradition ermöglichen. In seinem Handbuch stellt er hunderte Autoren zusammen, die nicht daran dachten, die konstitutionelle Monarchie des Deutschen Kaiserreichs wiederherzustellen, sondern die in den 1920er Jahren in der Weimarer Republik versucht hatten, die rechte Debatte zu beschleunigen, mit einer größeren Dynamik zu versehen, sie wahrhaftig revolutionär zu machen. Dazu gehören einige der hier vorgestellten Intellektuellen, wie der Schriftsteller Ernst Jünger, der Geschichtsphilosoph Oswald Spengler, der Staatsrechtler Carl Schmitt oder der Publizist Arthur Moeller van den Bruck.

Unter dem Sammelbegriff „Konservative Revolution" fasste Mohler im Wesentlichen fünf politische Strömungen und Bewegungen zusammen: die „Nationalrevolutionäre", die „Völkischen", die „Jungkonservativen", die „Bündischen" und die „Landvolkbewegung" (Mohler/Weißmann 2005, 99–178). So setzten sich zum Beispiel die „Nationalbolschewiken" um Ernst Niekisch und die „Nationalrevolutionäre" um die Brüder Ernst und Friedrich Georg Jünger in Opposition gegen den Westen und für eine Anlehnung des Deutschen Reiches an die Sowjetunion ein. Die „Völkischen" um Rudolf Heß oder Alfred Rosenberg verfolgten auf rassenideologischer Grundlage die Gründung eines mitteleuropäischen oder pangermanischen Staatenbundes. Ihr Kampf galt aber auch dem Bolschewismus. In der jungkonservativen Bewegung unter der geistigen Führung von Arthur Moeller van den Bruck und Heinrich von Gleichen war der „revolutionäre Wille" weit weniger ausgeprägt als in der Gruppe der Völkischen oder der Nationalrevolutionären. Ihre Idealvorstellungen verweisen auf eine überstaatliche, im Heiligen Römischen Reich deutscher Nation am ehesten verwirklichte Staatsform. Den Nationalstaat Bismarckscher Prägung lehnen sie als zu eng gefasste Lösung ab. Die Bündische Jugend, die sich als elitärer Lebensbund definierte, und die Landvolkbewegung, eine politische Kraft, die gegen Ende der 1920er Jahre meist passiven Widerstand zur Durchsetzung materieller und ideeller „agrarischer Interessen" leistete, unterscheiden sich nach Mohler von den anderen Strömungen dadurch, dass sie mehr handlungsorientiert sind. Die Ansätze zu eigenen Theorien speisen sich bei ihnen meist aus dem Gedankenfundus der drei anderen Gruppen (ebd., 158 ff.).

Trotz vieler Unterschiede lässt sich bei ihnen ein gemeinsamer Kern erkennen. Das verbindende Moment ist das strikt Antidemokratische, Antirepublikanische, Antiliberale. Dabei versuchte Mohler, den massenwirksamen, nach 1945 diskreditierten Nationalsozialismus durch den Nachweis wesentlicher Unterschiede von der elitären Konservativen Revolution zu trennen. Für den Zweitgutachter und Philosophen Karl Jaspers war Mohlers Arbeit „eine groß angelegte Entnazifizierung dieser Autoren" (Weiß 2017, 46).

In einem Schreiben an Carl Schmitt, mit dem er einen äußerst intensiven Briefverkehr unterhielt, gibt Mohler die Kritik der Gutachter wieder: „Die Vorwürfe gegen die Dissertation waren: 1. Sie sei eine ungerechtfertigte Entlastung, 2. sei ich in der Sprache zu sehr dem Beschriebenen verfallen und nehme auch sonst keinen philosophischen Standpunkt ‚darüber' ein" (Mohler 1995, 62).

Ungeachtet dieser eindeutigen Kritik bezieht sich die „Neue Rechte" von heute explizit auf die Denker der Konservativen Revolution. So referierte Götz Kubitscheck auf der 12. Sommerakademie des Instituts für Staatspolitik im Jahr 2011 über die „Strahlkraft der Konservativen Revolution". Diese liegt für ihn insbesondere darin begründet, dass „sie in ihren Hauptvertretern radikal und kompromißlos war, so ganz und gar bereit für etwas Neues, einen Dritten Weg, einen Umsturz, eine Reconquista, einen revolutionären, deutschen Gang in die Moderne" (Kubitscheck 2011, 10). Durch die Herstellung einer Traditionslinie versucht die Neue Rechte auch, sich gegen den Nationalsozialismus und seine Traditionswahrer, gegen Antisemiten und Geschichtsrevisionisten abzugrenzen (Eckert 2010, 26 f.).

Mit der Person Armin Mohler ist aber auch eine Linie personeller Kontinuität verbunden. Mohler war von 1949 bis zum Bruch im Jahr 1953 Privatsekretär von Ernst Jünger, ein Protagonist der Konservativen Revolution. Armin Mohler wiederum ist der persönliche Lehrer von Karlheinz Weißmann, einem sehr zentralen Autor der Jungen Freiheit, und von Götz Kubitschek, der das Institut für Staatspolitik betreibt, welches er mit Karlheinz Weißmann begründet hat. Letztgenannter hat im Jahr 2005 eine völlig überarbeitete und erweiterte Auflage von Mohlers „Die Konservative Revolution in Deutschland " vorgelegt. Die Publikation erfolgte nach seinen Angaben noch in Abstimmung mit dem ursprünglichen Verfasser (Mohler/Weißmann 2005, XXV). Für die Neue Rechte gilt das Buch mit seiner Legende einer „Konservativen Revolution" bis heute als eine der wirkmächtigsten Begriffsrettungen von rechts nach 1945. Es kann durchaus als Gründungsmythos einer Neuen Rechten, die sich sowohl vom Nationalsozialismus wie auch von der bewahrenden Grundhaltung des Konservatismus alter Provenienz abgrenzen wollte, gelesen werden.

5 Esoterik, Okkultismus und die Neue Rechte – Evola, Dugin und Co.

Die Beziehungen bzw. Neigungen ultrarechter Kreise und Personen zur Esoterik, Astrologie oder zum Okkultismus sind bekannt. Das trifft z. B. bereits für prominente Nationalsozialisten zu, so für Rudolf Hess, den Stellvertreter des „Führers“ und Heinrich Himmler, „Reichsführer SS“. Sie bedienten sich entweder der Unterstützung von Astrologen oder Hellsehern oder zeigten intensives Interesse am Okkultismus. Himmler suchte für seinen „schwarzen Orden“, die SS, einen Stammsitz. Er fand ihn in der Wewelsburg bei Paderborn. „Hier in Ostwestfalen-Lippe, unweit der als germanische Kultstätte geltenden Externsteine und des Hermanns-Denkmals, das an den Sieg von Chersuker-Fürst Arminius über Varus römische Legionen erinnert, glaubte der germanisch-mythologisch interessierte Himmler, den perfekten Ort für seine [...] ‚Reichsführerschule‘.“[1]

Es gibt eine enge Affinität zwischen Mythologie, Mystik, Okkultismus, Spiritismus, Esoterik und rechter Ideologie.

Das trifft auch für die Neue Rechte zu. Einige ihrer Denker greifen in ihrem Kampf gegen die Moderne, gegen Liberalismus und Aufklärung auf vorchristliche oder nichtchristliche Mythen zurück. So propagiert z. B. das 1980 gegründete Thule-Seminar, das im Namen auf die 1918 gegründete völkisch-antisemitische Thule-Gesellschaft Bezug nimmt, einen neuheidnischen Götterkult und verkündet eine „europäische Wiedergeburt“ (Heller 2002, 205). Die Mitglieder des Thule-Seminars verstehen sich als politisch-kulturelle Avantgarde zur Modernisierung des Rechtsextremismus und Herstellung einer kulturellen Hegemonie. Sie und auch andere Organisationen und Vertreter der Neuen Rechten, die einen gemäßigten Götterkult pflegen, verfolgen das Projekt einer geistig-politischen Totalumwälzung. Ihr Ziel ist es, eine innerweltliche Transzendenz, eine verschüttete „Wahrheit des Seins“ neu ins Werk zu setzen. Darunter verstehen sie die Abwertung des bloß Seienden, auch der Mensch wird als unwesentlich gesehen gegenüber dem „wahren“ oder „eigentlichen“ Sein. Diese Grundhaltung ist im Kern esoterisch und impliziert eine antirationalistische, antihumanistische und demokratiefeindliche Tendenz. Denn die „Götter“ sprechen nur zu den wenigen auserwählten geistigen Führern, die noch einen Zugang zum Sein haben (Vašek 2016, 52). Diese wissende Elite hält den Kontakt zu den Göttern und fungiert als Wegbereiter für das „spirituelle Umsturzprogramm“ (ebd., 51).

1 www.spiegel.de/einestages/ss-ordensburg-wewelsburg-a-948715.html (aufgerufen am 21.6.2017)

Bekannte Leitfiguren dieses Denkens sind der italienische Kulturphilosoph Julius Evola und der russische Nationalist und politische Philosoph Alexander Geljewitsch Dugin.

Julius Evola (1888–1974) „gilt (bis heute) als einer der einflussreichsten, spirituellen Köpfe der europäischen Rechten [...] Evola machte in den zwanziger Jahren Benito Mussolini [...] den Hof, schrieb für regimetreue Zeitschriften und half mit, eine Kaderschule für faschistische Intelligenz aufzubauen. Er rühmte die Waffen-SS als einen übernationalen Deutschritterorden, schwärmte für einen ‚heidnischen Imperialismus' und schrieb ein Nachwort zu der antijüdischen Hetzschrift *Die Protokolle der Weisen von Zion*" (Assheuer 2014, 1). Sein Hauptwerk ist „Revolte gegen die moderne Welt", in dem er die Geschichte der Menschheit als einen Prozess des Zerfalls beschreibt. In diesem „Prozeß der Dekadenz" ist mit der Moderne ein Tiefpunkt erreicht worden (de Benoist, in: Lehnert/Weißmann 2010, 196).

Evola „glaubte an die Macht ‚solarer' Kräfte. Auf dieser Grundlage sieht er einen ewigen Kampf zwischen den Kräften der Sonne und des Mondes um die Vorherrschaft über die Geschichte. Diesen Kampf setzt er mit dem seiner Meinung nach fundamentalen Gegensatz zwischen maskulinem und femininem Prinzip gleich. Alles folgt also aus diesem Gegensatz, der die geschichtliche wie die politische Domäne umfaßt: der Kampf der Eliten gegen die Masse, des Reichs gegen die Nation, des Staates gegen das Volk, das Politische gegen das Wirtschaftliche und Soziale" (ebd., 197).

In Evolas „System sind die ‚männlichen', heroischen und kriegerischen Werte gleichbedeutend mit den ‚solaren', uranischen Werten, die den ‚weiblichen' Werten der chthonischen[2] und unterirdischen Welt entgegenstehen" (den Benoist, zit. nach Lehnert/Weißmann 2017, 51 f.).

Evolas „Revolte" wird im neurechten „Staatspolitischen Handbuch", Band 2, als ein „Schlüsselwerk" beschrieben und im Band 3 wird er als „Vordenker" dargestellt. Autor ist jeweils der französische Publizist und Philosoph Alain de Benoist, der als maßgeblicher Vordenker der Neuen Rechten gilt.

Alexander Dugin (geb. 1962), der sich u. a. auf Nietzsche, Spengler, Heidegger und Schmitt bezieht (Dugin, in: „Jeder Westler ..." 2014), hat sich „den Ruf eines Vordenkers der Neuen Rechten" erworben (Leggewie 2016, 62). Für ihn ist der Westen dekadent. Auf ihn bezogen fasst er zusammen: „Was wir heute sehen, ruft Ekel hervor" (Dugin, in: „Jeder Westler ..." 2014, 122). Sein geopolitisches Ziel ist „Eurasien", „das zivilisatorische Gegenstück zum universalistisch und säkular ausgerichteten Liberalismus" des Westens (Leggewie 2016, 71).

2 In der griechischen Mythologie sind chthonische Götter die die Unterwelt repräsentierenden, todbringenden Götter.

„Dugins Ideologie, der ‚Neo-Eurasimsus', ist eine krude Mixtur aus Mystik, Stalin-Nostalgie, orthodoxer Gläubigkeit, Traditionalismus und imperialistischen Großmachtansprüchen. In Dugins Welt ist die jüngere Menschheitsgeschichte durch zwei uralte geheime Orden, die ‚Atlantiker' und die ‚Eurasier', geprägt, die sich seit Jahrhunderten in einem ‚okkulten punischen Krieg' befänden. Dugin predigt die ‚konservative Revolution' – ein ‚authentischer, realer, radikaler, revolutionärer und konsequenter, ein faschistischer Faschismus'. Dabei ist es nicht immer leicht, Dugins Gedankensprüngen zu folgen. Mal sehnt er sich ein russisches Imperium in den Grenzen des alten Kaiserreichs herbei, mal schwärmt er von einer ‚eurasischen Union' die neben dem postsowjetischen Raum auch die Türkei, Iran, die Mongolei und einen Teil Osteuropas, Bulgarien ‚oder' Serbien mit einschließt. An anderer Stelle schwärmt er wiederum von einem ‚großen eurasischen kontinentalen Reich', das von Lissabon bis Wladiwostock reicht" (NachDenkSeiten 2014).

Dabei betont er die Überlegenheit Russlands, räumt aber ein, dass „wir […] unsere russischen Wurzeln wiederfinden [müssen]" (Dugin in: „Jeder Westler … 2014, 123).

Den Kontakt zu den wesentlichen westlichen Philosophen hat Dugin abgebrochen: „Jeder europäische Philosoph, der zum Establishment gehört, ist Teil des Systems. Mit diesem Teil der Elite gibt es nichts zu bereden. Auch ein Gespräch mit Habermas würde ins Nichts führen. Aber das sind wenige. Ich rede mit Taxifahrern, bayerischen Bauern, rumänischen Studenten, französischen Zimmermädchen" (Dugin, in: Jeder Westler …" 2014, 124). In dieser apodiktischen Äußerung liegt ein Schlüssel zu Dugins Nähe zum vermeintlich Ursprünglichen, Unverdorbenen. Ein solcher Mythos wird auch in esoterischen Szenen und Kreisen gepflegt.

In zahlreichen Kommentierungen wird Dugins enge Beziehung zum Faschismus festgestellt, die Rede ist von einem „Faschismus à la Dugin" (Umland 2007). Das ist eine wüste Mischung von Rassismus und Okkultismus, wie sich z. B. in diesem Zitat zeigt: „Die arische Rasse des Subjekts ist die Rasse der nordischen Krieger Priester" (Dugin, zit. nach Umland 2007, 1432). Er selbst bezeichnet sich in zahlreichen Stellungnahmen als „konservativen Revolutionär" und „Nationalbolschewiken" (ebd., 1433 und 1434).

In der Illustration seiner Bücher wird Dugins „Faible für esoterische und okkulte Symbole" deutlich (Leggwie 2016, 74).

Beim sehr rechts orientierten und eindeutig positionierten Kopp Verlag (siehe Kap. 8.2.) ergibt die Suche nach Evola 32 und nach Dugin 42 Treffer. Gibt man das Stichwort „Esoterik" ein, erhält man 760 und bei „Okkultismus" 296 Treffer.[3]

3 Aufgerufen am 21.6.2017

Wie ist der Zusammenhang zwischen Esoterik, Spiritismus, Okkultismus, Mystik, Mythologie und rechter Ideologie zu erklären? Sie liefern Mächte, die eine, man könnte sagen, ins kosmische verlagerte Autorität darstellen – für autoritäre Einstellungen und Denkweisen ist das ein bewährtes Moment der Projektion, es entlastet einmal vor der schwierigen Arbeit, die Welt mit dem Verstand und der Vernunft zu erklären. Zum anderen entsprechen sie einer Sehnsucht nach Überzeitlichem, Übergroßem und geben eine Rechtfertigung, sich fernzuhalten von der kleinschrittigen Arbeit, die Gesellschaft hier und jetzt zu reformieren und die Lebensverhältnisse zu verbessern. Sie lenken von der Tatsache ab, dass Herrschaft und Macht aus gesellschaftlichen Konflikten resultieren. Da Eliten als mit einer übersinnlichen Aura und damit mit berechtigten Privilegien ausgestattet erklärt werden, sind sie unanfechtbar und müssen sich nicht demokratisch legitimieren und, beispielsweise durch Wahlen, auf einen Prüfstand stellen. Sie sind nicht Gewählte, sondern Auserwählte. Und nur sie sind imstande, die überzeitlichen, kosmischen oder göttlichen Zeichen zu deuten. Im Klartext heißt das: So sichert man die eigene Herrschaft ab. Allerdings ist das keine perfide Strategie, die erdacht wird, sondern in die eigenen Köpfe hineingewanderter fester Glauben.

In seinen berühmten „Studien zum autoritären Charakter“ hat Theodor W. Adorno neun sich ergänzende Variablen genannt, die kennzeichnend sind für faschistische Einstellungen, Meinungen und Attitüden. Eine davon ist „Aberglaube“, das meint: „Glaube an mystische Bestimmungen des eigenen Schicksals“ (Adorno 1973, 45). Adorno führt aus: „Aberglaube bezeichnet eine Tendenz des Individuums, die eigene Verantwortung äußeren, der eigenen Kontrolle entzogenen Kräften zuzuschieben; Aberglaube ist ein Indiz, daß das Ich bereits ‚aufgegeben‘, daß es auf den Gedanken verzichtet hat, sein Schicksal durch Überwindung der äußeren Mächte selbst bestimmen zu können“ (ebd., 56).

6 Die Neue Rechte und die Demokratie – sehen, beurteilen, handeln

Die Neue Rechte in der Bundesrepublik ist nicht so neu, wie es das Attribut „neu" zu belegen scheint. Es gibt eine Traditionslinie, die von der „Konservativen Revolution" in Deutschland ab ca. 1900 bis in die Gegenwart reicht. In den 1970er Jahren wurde diese Herkunft rekonstruiert und firmierte in der Selbstbeschreibung als eine „Herausforderung der Konservativen" (Kaltenbrunner 1974), zu deren „großen Aufgaben [...] die Rückgewinnung der geistigen Substanz [...] unserer Überlieferung [gehört]" (ebd., 15). Protagonisten waren damals u. a. Gerd-Klaus Kaltenbrunner, Hermann Lübbe, Armin Mohler, Caspar von Schrenck-Notzing, Ernst Topitsch, Bernhard Willms u. a. (siehe auch Kap. 1.3). Dabei wurden die Texte der Autoren wieder aktuell, die wir als „Vordenker" präsentiert haben (siehe Kapitel 4).

In den 2000er Jahren hat sich in der Bundesrepublik ein sehr ineinander verwobenes System der „Neuen Rechten" formiert. Ideologische Stichwortgeber wie die bereits vorgestellten haben sich auf ihre Tradition bezogen, aber sich bei den Inhalten ihrer Programmatik, der Art und Weise, wie sie diese propagieren, und auch in ihrem Erscheinungsbild den Gegebenheiten einer modernen Massen- und Kommunikationsgesellschaft angepasst. Beispielhaft sind die virtuose Nutzung des Internets, zeitangepasste Ästhetisierungen oder die Aktionsformen der Identitären (siehe auch Wagner 2017 ff.). Bei aller Gemeinsamkeit gibt es auch einen Unterschied. So hatten die Vertreter der früheren Konservativen Revolution ein sehr elitäres Selbstverständnis, das sich auch in der mehrheitlichen Ablehnung des Nationalsozialismus als Massenbewegung ausdrückte. Die Neue Rechte versucht dagegen, die „Massen" durch spektakuläre Aktionen und professionellen Medieneinsatz zu erreichen.

Charakteristisch für das wirklich „Neue" ist die rechte Adaption des Konzeptes des Marxisten Gramscis von der kulturellen Hegemonie: Im Alltag präsente Begriffe werden übernommen und in den rechten Kontext umgedeutet. „Das Ziel lautet, im Kampf um die kulturelle Hegemonie zentrale Felder des gesellschaftlichen Raums mit den eigenen Wertungen und Begriffen zu besetzen" (Wagner 2017, 228).

Die Neue Rechte steht zwischen dem traditionellen Konservatismus auf der einen und dem militanten Rechtsextremismus auf der anderen Seite – die Übergänge sind fließend. Die Vertreter der Neuen Rechten würden sich wohl selbst – auch aus Gründen einer politischen Camouflage – als Demokraten bezeichnen. Aber sie stehen mit ihren Aussagen und Strategien in einem fundamentalen Widerspruch zu den Grundlagen, Ideen und Erscheinungsformen einer pluralen und repräsentativen Demokratie. Sie setzen dagegen ein homogenes Volks- und plebiszitäres Demokratieverständnis. Ihr exklusiver Anspruch auf die „Reinheit" des Volkes und die dezidierte Pflege einer deutschen Tradition zeigen, dass Menschen und Menschengruppen als „nicht dazu gehörend" ausgegrenzt werden und ausgegrenzt bleiben sollen. Konsequent umgesetzt steht das im eklatanten Widerspruch zur Allgemeinen Erklärung der Menschenrechte, so wie sie am 10. Dezember 1948 von der Generalsversammlung der Vereinten Nationen genehmigt und verkündet wurden.

Es gibt zwei Gegner, an denen sich die Meinungsbildner der Neuen Rechten heftig abarbeiten: der Liberalismus und die „68er". Vehemente Kritik richtet sich an „den Hauptfeind, den die europäischen Länder zersetzenden Liberalismus" (Waldstein 2017, 52). Das ist nicht neu. Schon kurz nach dem Ersten Weltkrieg behauptete Arthur Moeller van den Bruck: „An Liberalismus gehen die Völker zugrunde" (Moeller van den Bruck 2007, 5–33). Und schon damals findet man einen Satz wie diesen, den auch die heutigen Neuen Rechten voll und ganz unterstreichen: „Der Liberalismus [...] schaltet das Volk aus und setzt ein ich an die Stelle. Der Liberalismus ist der Ausdruck einer Gesellschaft, die nicht mehr Gemeinschaft ist" (ebd., 18).

Norbert Frei, einer der renommiertesten deutschen Zeithistoriker, fasst die Ziele der „68er" zusammen. „Es ging um nichts Geringeres als um eine bessere Welt. Es ging um Freiheit der Unterdrückten, um die gesellschaftliche Teilhabe aller, um ein Mehr an Demokratie. Es ging, um es in den eindrücklichen Begriffen der Antiautoritären zu sagen, um Emanzipation, um Partizipation, um Transparenz" (Frei 2008, 216). Davon haben sie viel erreicht, die 68er-Bewegung hat Staat, Gesellschaft und Kultur modernisiert und liberalisiert (siehe z. B. Glaser 1991).

So gesehen erscheinen den Protagonisten der Neuen Rechten die eher „linken" 68er ebenso als Feinde wie die Liberalen. Konsequent sprach der frühere Bundessprecher der AfD Jörg Meuthen „vom links-rot-grün-verseuchten, man könnte auch sagen leicht versifften 68er-Deutschland" [1]. Dabei werden Analogien aus der Seuchen- und Insektenbekämpfung benutzt. So auch bei Michael Stürzenberger: In „Politik, Medien, Kirchen, Gewerkschaften, sozialen Organisationen, Polizeipräsidien, sie [die 68er, Anm. d. Verf.] haben sich überall festgewanzt" (Stürzenberger, in: Compact-Gespräch, 18:47).

Das Programm der Identitären ist im Verständnis eines ihrer Vordenker, Markus Willinger, eine „Kriegserklärung" (Willinger 2013, 103) an die „68er". Feierlich verkündet er: „Hiermit und für alle Zeiten erklären wir euch zum Verderben und Verhängnis Europas und der Welt" (ebd., 102). Für Willinger müssen

---

1 Rede von Jörg Meuthen am 30.4.2016 zum 5. Bundesparteitag der AfD in Stuttgart, www.youtube.com/watch?v=WcU2eLwVNsc, ab 26:05 (aufgerufen am 21.6.2017)

die Achtundzechziger „als Sündenbock für alles herhalten, was ihm an der heutigen Gesellschaft nicht passt“ (Wagner 2017, 202).

Damit sind eine Hauptlinie und ein Fundament der Ideologie der Neuen Rechten benannt: die Verachtung des Liberalismus bzw. libertärer Denkweisen, Ideen und Lebensformen. Gemeint sind damit im Prinzip alle in der Bundesrepublik etablierten Parteien, der größte Bereich der Kultur sowie der größte Teil der Organisationen und Initiativen der sozialen Bewegung. Der Liberalismus ist verhasst, weil er für den Individualismus und Subjektivismus der Moderne und damit für den Verlust an Gemeinschaft(sgefühl) verantwortlich gemacht wird.

Weitere Kriterien des neu-rechten (und alt-rechten) Menschenbildes und Politikverständnisses sind die Letztbegründung und Rückführung gesellschaftlicher Prozesse und Regelungen auf „Biologie“ und „Natur“. Das zeigt sich unter anderem in einem „organischen“ und über der Gesellschaft stehendem Staatsverständnis und in der Begründung desselben. Letztlich lassen sich nahezu alle Denkmuster der Rechten auf diese naturalistischen und biologischen Grundlagen zurückführen, aus ihnen wird ein negatives bzw. pessimistisches Menschenbild sowie eine sozialdarwinistische Grundhaltung abgeleitet. Dabei spielt das Individuum gegenüber dem „Volk“, der „Nation“ oder der „Ethnie“ (auch „Rasse“) eine untergeordnete Rolle.

Im Zentrum der politischen Kritik stehen „Eliten“ wie Parteien, Presse, überhaupt Meinungsbildner/-innen. Sie werden als Agenturen, als ein Kartell gesehen, deren Vertreter den Interessen des „wahren Volkes“ zuwiderhandeln. Solche Aversionen werden oft begründet mit für rechtes Denken charakteristischen Verschwörungsphantasien.

Zusammenfassend kann man das rechte, auch das rechtsextreme Weltbild so darstellen:

- Es gibt Dinge, die sich nicht ändern lassen, da sie vorgegeben sind, z. B. das Wesen des Menschen, die Natur.
- Von übergeordneter Bedeutung und sakrosankt sind Großkategorien wie „Volk“ und „Nation“.
- Deren Legitimation leitet sich aus überindividuellen und übergesellschaftlichen Begründungen, auch aus Mythen und Legenden ab.
- Die Menschen sind nicht gleich, es gibt unterschiedliche Ethnien, die sich nicht vermischen sollen.
- Überhaupt ist die Herrschaft von Menschen über Menschen richtig.
- Das Leben der Einzelnen und der Völker ist ein ewiger Kampf, in dem es gilt, sich zu behaupten.
- Liberale Demokratien versagen völlig, sie beruhen auf den falschen anthropologischen Grundlagen.

- Es geht nicht um Aufklärung und Emanzipation, sondern um Glauben und Einordnung.

Unabhängig von ihrer historischen Kontinuität stellt sich die Frage, warum gegenwärtig Neue Rechte sich so auffallend positionieren. Hinweise geben moderne Phänomene wie Individualisierung und Globalisierung. Mit ihnen einhergehen

- rasante Veränderungen
- Entgrenzung von Räumen und Milieus
- Bedeutungsverlust des Hergebrachten
- Erkenntnis, dass das Ferne das Nahe bestimmt (und nicht mehr umgekehrt) und bedroht
- Flexibilitätsanforderungen
- Pluralisierung von Lebensformen und Herkünften
- nachlassende Bindekräfte
- Ungewissheit der Zukunft bzw. ob diese überhaupt noch zu gestalten ist.

Schon 1985 hat Jürgen Habermas von einer „neuen Unübersichtlichkeit" gesprochen. Damit hat er „die Erschöpfung der utopischen Energien" (Habermas 1985, 144) und die „Sackgasse" gemeint, in die „die Sozialstaatsentwicklung […] geraten [ist]" (ebd., 157).

Das „Angebot" der Rechten in dieser Situation ist dagegen eine „alte Übersichtlichkeit": die Kategorien sind klar, unumstößlich, die Entwicklung determiniert.

Offensichtlich treffen sie damit die Bedürfnislage vieler Menschen. Das zeigt sich einmal im Zulauf der AfD und rechten Parteien im übrigen Europa und zum anderen darin, dass man auf 61.300.000 Hinweise stößt, wenn man bei Google „Neue Rechte" eingibt.[2]

Die intellektuell wirkende Vereinfachung der Verhältnisse ist ein bewusstes Kalkül der Vertreter/-innen der Neuen Rechten. Damit wird auch deutlich, dass es – wie Jürgen Wiebicke es beschreibt – nötig ist, „den Gegner von heute besser kennenzulernen. Er ist viel schlauer als früher, als wir rechtes Denken zuallererst mit Dummheit in Verbindung bringen konnten. Heute müssen wir mental verarbeiten, dass diese Leute nicht mehr mit Glatze und Springerstiefel auftreten, einem nicht mal mehr den Gefallen tun, erkennbar Nazis zu sein. Denn dann wäre das Dagegensein so schön einfach, eine pure Selbstverständlichkeit für jeden aufrechten Menschen. Dann könnte man das bewährte Konzept des ‚Aufstands der Anständigen' einfach weiterverfolgen, das so lange gut funktioniert

---

2 So am 14.7.2017. Wie ernst die Neue Rechte genommen wird, ist beispielsweise auch daran zu erkennen, dass ihnen das populäre „Philosophie Magazin" im Juli 2017 breiten Raum widmete (Felsch 2017).

hat, als man es nur mit einer überschaubaren Zahl von Rechtsextremisten zu tun hatte“ (Wiebicke 2017, 47).

Die Neue Rechte ist in der Tat viel schwerer zu erkennen und einzuordnen als die alten Nazis oder die jungen Neonazis; „[...] das Feld zwischen Rechtskonservatismus und Rechtsradikalismus liegt in einem diffusen Nebel. Harte Rechte wollen aus der Grenze zwischen beiden Polen fließende Übergänge machen. Sie wollen konservativ und revolutionär zugleich sein“ (ebd., 48).

Es ist wichtig, das zu durchschauen. Die „Neuen Rechten“ kommen vielleicht salonfähig wirkend daher. Letztendlich aber sind sie nicht weniger gefährlich für eine Demokratie als die alten Rechten. Die Neuen Rechten versuchen, eine Deutungshoheit zu erlangen durch einfache Erklärungen für komplexe Zusammenhänge, durch schlichte Lösungen für anstrengende Verfahren, durch inszenierte Metapolitik anstelle von realer Politik. Dafür muss man genau hinschauen, und das ist schwieriger als eingängigen Botschaften auf den Leim zu gehen. Denn, wie schon Jean-Paul Sartre in seiner Analyse des Antisemitismus erkannt hat: „Der denkende Mensch zermartert ächzend sein Gehirn, er weiß, daß seine Erwägungen immer nur Möglichkeiten und keine Gewißheiten ergeben werden, daß andere Betrachtungen alles wieder in Frage stellen werden, er weiß nie, wohin er geht, er ist allem ‚geöffnet‘ und die Welt hält ihn für einen Zauderer. Aber manche Menschen werden von der ewigen Starre der Steine angezogen. Sie wollen wie Felsblöcke unerschütterlich und undurchdringlich sein und scheuen jeden Wechsel: denn wohin könnte der Wechsel führen? Es handelt sich um [...] eine Scheu vor der Wahrheit“ (Sartre 1969, 114).

7 Glossar: Vertreter der Neuen Rechten

(Von Laura Schudoma)

Alain de Benoist, geboren 1943 Saint-Symphorien, Frankreich; Journalist und Philosoph; gründete 1968 mit ultrarechten Studenten den „Groupement de recherche et d'études pour la civilisation française" (Abkürzung GRECE); diese ca. 5.000 Mitglieder zählende Organisation bildet den Kern der „Neuen Rechten".
(www.munzinger.de/document/00000015767)

Jürgen Elsässer, geboren 1957 in Pforzheim; Gründer und Chefredakteur des Magazins „Compact"; engagierte sich in den 1980er Jahren zunächst bei den Grünen, dann beim Kommunistischen Bund; bis 1994 Berufsschullehrer, dann Arbeiten für linke Blätter („junge welt", „Jungle World", „konkret", „Freitag", „Neues Deutschland"); während des Krieges auf dem Balkan ergreift er Partei für den serbischen Präsidenten Slobodan Milošević, darauf Hinwendung auch zur Neuen Rechten bspw. durch gemeinsame Auftritte mit Götz Kubitschek.
(www.zeit.de/2016/25/afd-compact-juergen-elsaesser)

Wolfgang Fenske, geboren 1969 in (West-)Berlin, promovierter evangelischer Theologe, Hauptamtlicher Leiter der Bibliothek des Konservatismus der Förderstiftung Konservative Bildung und Forschung in Berlin.
(https://jungefreiheit.de/service/archiv?artikel=archiv11/201148112710.htm)

Björn Höcke, geboren 1972 in Lünen, Gymnasiallehrer und Politiker, Landesvorsitzender der AfD Thüringen, Initiator der „Erfurter Resolution" (Forderung einer stärkeren rechtskonservativen Ausrichtung der Partei und Kooperationen mit Bewegungen wie Pegida).
(www.munzinger.de/document/00000030733)

Marc Jongen, geboren 1968 in Meran in Südtirol, Studium der Philosophie, Geschichte und Volkswirtschaft. Akademischer Mitarbeiter und Dozent an der Hochschule für Gestaltung Karlsruhe; Assistent des Rektors Peter Sloterdijk, bei dem er auch promoviert hat. Jongen ist Landessprecher und Programmkoordinator der AfD Baden-Württemberg sowie Mitglied der Bundesprogrammkommission. Seit Oktober 2017 ist Jongen Bundestagsabgeordneter und Mitglied der AfD-Fraktion im Deutschen Bundestag.
(https://marcjongen.de/politische-kurzvita/ und www.taz.de/!5303601/)

Gerd-Klaus Kaltenbrunner, geboren 1939 in Wien und gestorben 2011 in Lörrach; konservativer Publizist und Vordenker, Herausgeber der „Anti-68er-Schriftenreihe" „Initiative"; Verfasser von „Rekonstruktion des Konservatismus", das als Schlüsseltext für Konservative gilt; 1987 Aufsatz „Bestimmt Hitler die Richtlinien unserer Politik?" in der Zeitschrift „MUT", der programmatischen Einfluss hatte auf die Neue Rechte.
(http://ef-magazin.de/2011/04/16/2961-nachruf-gerd-klaus-kaltenbrunner, www.kath-info.de/kaltenbrunner.html, https://www.diss-duisburg.de/2000/05/bestimmt-hitler-die-richtlinien-unserer-politik/)

Götz Kubitscheck, geboren 1970 in Ravensburg, studierte Germanistik, Geographie und Philosophie; zunächst schrieb er für die „Junge Freiheit"; Mitbegründer des Instituts für Staatspolitik, seit 2002 Geschäftsführer des Verlags Antaios, seit 2003 verantwortlicher Redakteur der Zeitschrift „Sezession".
(https://sezession.de/author/2/goetz-kubitschek, https://correctiv.org/recherchen/neue-rechte/artikel/2016/12/27/medien-junge-freiheit/)

Erik Lehnert, geboren 1975 in Berlin, studierte Philosophie, Geschichte sowie Ur- und Frühgeschichte, promovierter Philosoph. Zunächst Redakteur der Zeitschrift „Sezession", seit 2008 Geschäftsführer des Instituts für Staatspolitik und aktuell Wissenschaftlicher Leiter.
(https://sezession.de/author/5/erik-lehnert)

Michael Paulwitz, geboren 1965 in Eichstätt, Betreiber einer Stuttgarter Agentur, freier Journalist und Redakteur, war Mitglied bei den Republikanern, zeitweise Schriftleiter der „Burschenschaftlichen Blätter", langjähriger Autor für die „Junge Freiheit".
(https://jungefreiheit.de/author/m-paulwitz/, www.faz.net/aktuell/politik/wahl-in-mecklenburg-vorpommern/afd-erhaelt-wahlunterstuetzung-von-verein-in-mecklenburg-vorpommern-14398142-p2.html, www.taz.de/!5078697/)

André Poggenburg, geboren 1975 in Weißenfels, Landesvorsitzender der AfD Sachsen-Anhalt und Mitglied des Bundesvorstandes, bezeichnet sich selbst als „nationalkonservativ"; beteiligt an der Erfurter Resolution (Björn Höcke, Forderung einer stärkeren rechtskonservativen Ausrichtung der Partei und Kooperationen mit Bewegungen wie Pegida).
(www.munzinger.de/document/00000030751, www.thueringer-allgemeine.de/web/zgt/politik/detail/-/specific/Erfurter-Resolution-Drei-AfD-Abgeordnete-stellen-sich-gegen-Hoecke-192788005)

Caspar Freiherr von Schrenck-Notzing, Münchener Historiker und Soziologe, geboren 1927, gestorben 2009, Gründer der Zeitschrift „Criticón", „Lexikon des

Konservatismus" (1996), Gründung der Förderstiftung Konservative Bildung und Forschung (2000).
(www.endstation-rechts.de/news/kategorie/neue-rechte/artikel/caspar-von-schrenck-notzing-gestorben.html, www.munzinger.de/document/0000001168)

Martin Sellner, geboren 1989 in Wien, Student der Philosophie und Rechtswissenschaft; war Mitglied der schlagenden Wiener Burschenschaft Olympia; enger Austausch mit der Neuen Rechten in Deutschland; führender Akteur der Identitären Bewegung Österreichs. Gemeinsam mit Walter Spatz ist Sellner Verfasser des Buches: „Gelassen in den Widerstand. Ein Gespräch über Heidegger" (2012).
(http://martin-sellner.at/about/, https://correctiv.org/recherchen/neue-rechte/artikel/2016/08/28/die-identitaeren-und-die-afd/, www.doew.at/erkennen/rechtsextremismus/neues-von-ganz-rechts/archiv/september-2016/identitaere-burschen, https://antaios.de/gesamtverzeichnis-antaios/reihe-kaplaken/15716/gelassen-in-den-widerstand)

Gustav Sichelschmidt, geboren 1913 in Remscheid, gestorben 1996 in Bad Iburg; studierte Germanistik, Geschichte und Kunstgeschichte; seine Werke wurden vom Verfassungsschutz Schleswig-Holstein als NS-verherrlichend und revisionistisch eingestuft; schrieb für viele rechtsextreme und antisemitische Zeitschriften (u. a. „National-Zeitung", „Deutsche Monatshefte", „Nation"); wird er als „neo-faschistischer Journalist" und „namhafter Rechtsextremist" eingeordnet.
(www.b-i-t-online.de/archiv/2004-04/rezen01.htm, http://dipbt.bundestag.de/dip21/btd/13/052/1305288.asc, www.taz.de/!5127454/, https://www.apabiz.de/archiv/material/Profile/DNZ_alt.htm, https://www.zvab.com/buch-suchen/titel/deutsche-monatshefte-politischer-zeitspiegel-zeitschrift/autor/gert-sudholt-fr%FCher-herbert-b%F6hme/, www.h-net.org/reviews/showrev.php?id=8664)

Rolf Peter Sieferle, geboren 1949 in Stuttgart, gestorben 2016 in Heidelberg; studierte Geschichte, Soziologie und Politikwissenschaft, Habilitation im Fach Neuere Geschichte. 1995 erschien sein Buch „Die Konservative Revolution: Fünf biographische Skizzen", 2015 „Das Migrationsproblem. Über die Unvereinbarkeit von Sozialstaat und Masseneinwanderung". Für Aufsehen sorgte im Juni 2017, als sein im neurechten Verlag Antaois posthum veröffentliche Buch „Finis Germania", auf der Liste der „Sachbücher des Monats" erschien. Diese Liste wurde über 20 Jahre lang von NDR Kultur gemeinsam mit der „Süddeutschen Zeitung" und mit Unterstützung des „Börsenblatts des Deutschen Buchhandels" erstellt. Nachdem durch das Votum eines SPIEGEL-Redakteurs „Finis Germania" auf dieser Liste platziert wurde und das eine erregte Debatte hervorrief, wurde diese Liste eingestellt.
(www.montagsforum.at/speaker/univ-prof-dr-rolf-peter-sieferle-%e2%80%a0/, www.sueddeutsche.de/kultur/finis-germania-wie-ein-rechtsextremes-buch-von-der-bestsellerliste-verschwand-1.3603399)

Walter Spatz, Kulturwissenschaftler, führender Akteur der Identitären Bewegung in Deutschland; gemeinsam mit Martin Sellner Verfasser des Buches: „Gelassen in den Widerstand. Ein Gespräch über Heidegger“ (2012).
(https://antaios.de/gesamtverzeichnis-antaios/reihe-kaplaken/15716/gelassen-in-den-widerstand)

Dieter Stein, geboren 1967 in Ingolstadt, studierte Geschichte und Politik; Publizist und Chefredakteur der Wochenzeitung „Junge Freiheit“, die er 1986 gründete.
(https://jungefreiheit.de/author/d-stein/)

Michael Stürzenberger, geboren 1964, unabgeschlossenes Studium der Politik, Kommunikationswissenschaften und Geschichte, zunächst tätig als Journalist und Pressesprecher der Münchener CSU, Autor bei Politically Incorrect, seit 2011 Vorstandsmitglied bei der Partei „Die Freiheit“, führender Kopf der Münchner Ortsgruppe von „Politically Incorrect“ und regelmäßiger Autor des gleichnamigen Blogs im Internet; bekannt durch seine islamfeindliche Position.
(https://de-de.facebook.com/pg/MichaelSturzenberger/about/?ref=page_internal, www.taz.de/!5055779/)

Tomislav Sunic, geboren 1953 in Zagreb, Doppelte Staatsbürgerschaft Kroatien und USA; ehemaliger Professor, Schriftsteller und Übersetzer; rechtsnationaler Rassentheoretiker, Vertreter der „Nouvelle Droite“, Teil des mehrheitlich neonazistischen „*white nationalist*-Spektrums“ in den USA.
(https://www.doew.at/erkennen/rechtsextremismus/neues-von-ganz-rechts/archiv/februar-2016/tomislav-sunic-zu-gast-bei-identitaeren)

Thor von Waldstein, geboren 1959, Studium der Rechtswissenschaft, Geschichte, Philosophie, Politikwissenschaft und Soziologie, Rechtsanwalt in Mannheim, Veröffentlichungen u. a. zu Carl Schmitt und zur „Metapolitik“. „Verteidiger in zahlreichen Strafverfahren betr. die Unterdrückung der Meinungsäußerungsfreiheit von Andersdenkenden“ (Antaios Verlag).
(https://linksunten.indymedia.org/de/node/19092, https://antaios.de/autoren/thor-v.-waldstein/)

Karheinz Weißmann, geboren 1959, promovierter Historiker und Gymnasiallehrer, bis 2014 Wissenschaftlicher Leiter des Instituts für Staatspolitik (IfS), früher Teil der völkisch-nationalistischen Deutschen Gildenschaft (DG). Er gilt als einflussreicher Hauptvertreter der deutschen Neuen Rechte.
(www.taz.de/!5399096/)

Markus Willinger, geboren 1992 in Österreich, Student der Geschichte und Politikwissenschaft in Stuttgart, Akteur der Identitären Bewegung, Verfasser von „Die Identitäre Generation. Eine Kriegserklärung an die 68er" (2013). (https://arktos.com/people/markus-willinger/)

8 Glossar: Zeitschriften, Magazine, Verlage der Neuen Rechten, Institut für Staatspolitik

8.1 Zeitschriften und Magazine

(Von Laura Schudoma)

Blaue Narzisse

Chefredakteur des Magazins für Jugend, Identität und Kultur ist Felix Menzel, der das Magazin 2004 zunächst als „Schülerzeitung für ganz Chemnitz" gründete. Herausgeber ist der Verein Journalismus und Jugendkultur Chemnitz e.V.

Die Blaue Narzisse „versteht sich als eine dezidiert kulturelle und nonkonforme Zeitschrift" (Selbstverständnis des Magazins). Die Internetausgabe blauenarzisse.de ist eine Weiterentwicklung des Magazins und „beschäftigt sich mit kontroversen Fragen der Politik, Kultur, Geschichtsschreibung und Jugend. Die Redaktion der Blauen Narzisse ruft Schüler und Studenten dazu auf, eigene Artikel und Werke [...] zu veröffentlichen." (Ebd.)
(https://www.blauenarzisse.de/impressum/)

COMPACT

Das Magazin erscheint monatlich im Verlag COMPACT-Magazin GmbH, Chefredakteur ist Jürgen Elsässer, die Erstausgabe erschien 2010. COMPACT findet sich auch online (compact-online.de), es gibt Spezialausgaben (COMPACT-Edition, -Spezial, -Geschichte) und einen Youtube-Kanal (COMPACT-TV).

Elsässer selbst versteht das Magazin als überparteilich und ohne Vorgabe einer politischen Linie, während Beobachter COMPACT als Sprachrohr der AfD und von Pegida bewerten. Der Slogan des sogenannten „Magazin für Souveränität" ist „Mut zur Wahrheit". Die Leser/-innen werden folgendermaßen definiert: „Für alle, die Mut zur Wahrheit haben, ist COMPACT das scharfe Schwert gegen die Propaganda des Imperiums: Eine Waffe namens Wissen, geschmiedet aus dem Erz wirtschaftlicher und geistiger Unabhängigkeit." (Selbstverständnis des Magazins)
(https://www.compact-online.de/rechtliches/impressum/, https://www.compact-online.de/wp-content/uploads/2014/04/Compact-Fibel.pdf, https://www.compact-online.de/thema/wir-ueber-uns/, https://juergenelsaesser.wordpress.com/2013/08/24/ist-compact-eine-afd-zeitung-sollen-jetzt-alle-afd-wahlen/)

Eigentümlich frei

Diese Monatszeitzeitschrift (10/Jahr) erscheint im Verlag Lichtschlag Medien und Werbung KG. Erstmals erschien sie 1998, Chefredakteur ist André F. Lichtschlag. Im Selbstverständnis der Zeitschrift steht „ef" für eigentümlich und freisinnig, für Eigentum und Freiheit, als Gegenbewegung zu Sozialismus und Politik: „das Magazin steht auf der Seite der libertären Gegenwehr" (Selbstverständnis des Magazins).

„ef ist das Magazin für Libertäre, Eigentumsbefürworter, Unkorrekte, GEZ-Geschädigte, Christen, Kapitalisten, Ästheten, Anarchisten, Piusbrüder, Punkrocker, Liberale, IHK-Verweigerer, Waffenfreunde, Freiheitliche, Marktwirtschaftler, Männer, Frauen, Konservative, Liberale, Klimaskeptiker, Medienopfer, Monarchisten, Raucher, Lebensunternehmer, Tea-Party-Bewegte, Genussmenschen, Nettosteuerzahler und andere zuweilen auch ganz Stinknormale." (Ebd.)

Die Online-Ausgabe des Magazins findet sich unter „ef-magazin.de".
(https://ef-magazin.de/webwarum-ef/, https://de.wikipedia.org/wiki/Eigent%C3%BCmlich_frei)

Junge Freiheit

Die Junge Freiheit ist eine überregionale deutsche Wochenzeitung im Verlag Junge Freiheit Verlag GmbH & Co. (Druckauflage im August 2017: 24.727) und versteht sich als unabhängiges konservatives Medium: „Als eine der wenigen überregionalen Zeitungen, die nicht zu einem Verlagskonzern gehören, ist die Junge Freiheit wirklich unabhängig und frei von wirtschaftlichen Interessen Dritter und politischer Einflußnahme. So bewahrt sie sich die Freiheit, auch brisante, vornehmlich aus Rücksicht auf die Political Correctness (PC) verschwiegene Themen zu behandeln." (Imagebroschüre der Jungen Freiheit)

Chefredakteur ist Dieter Stein, der die Junge Freiheit 1986 zunächst als Schüler- und Studentenzeitung gründete. Online sind Beiträge unter jungefreiheit.de und im Youtube-Kanal JF-TV zu finden.
(http://assets.jungefreiheit.de/2013/08/Imagebroschuere_JF_04_2010_web.pdf)

PI-NEWS / Politically Incorrect

Die Website/der Blog im Netz beschreibt seine Nachrichten als „News gegen den Mainstream · Proamerikanisch · Proisraelisch · Gegen die Islamisierung Europas · Für Grundgesetz und Menschenrechte" (Selbstbeschreibung des Blogs).

Große Themen sind die AfD, die Linke, Einwanderung, Islam, Aktivismus (Pegida, Identitäre) und Kriminalität. Gegründet wurde der Blog 2004 von Stefan Herre. Die Leser/-innen werden dazu aufgefordert, selbst Beiträge zu verfassen oder auf etwas im Netz hinzuweisen, das „vom Meinungs-Mainstream abweicht", mit der Möglichkeit, dies anonym zu tun (www.pi-news.net/pi-wants-you/).

(www.pi-news.net; https://www.blaetter.de/archiv/jahrgaenge/2010/november/politically-incorrect-die-allianz-der-islamhasser)

Sezession

Die Sezession versteht sich selbst als „die bedeutendste rechtsintellektuelle Zeitschrift in Deutschland“, metapolitisches Zeitschriftenprojekt und als vordenkendes und wegbereitendes Medium der AfD. „Die Sezession ist eine politisch-kulturelle Zeitschrift, wir halten sie für widerborstig, intellektuell und mutig. Wer wachen Auges und Geistes in Deutschland lebt, wird sich seiner linksliberalen Knabenblütenträume schämen und nach rechts blicken, mithin auf uns, mithin in unser Heft.“ (Selbstverständnis der Zeitschrift)

Herausgeber ist das Institut für Staatspolitik mit Götz Kubitschek. Die Erstausgabe erschien 2003, es gibt sechs Ausgaben im Jahr; das Magazin begleitet der Webblog sezession.de mit Autor/-innen wie Martin Sellner, Ellen Kostza und Erik Lehnert.
(https://sezession.de/konzept, https://antaios.de/zeitschrift-sezession/)

8.2 Verlage

(Von Laura Schudoma)

Antaios Verlag

Der Verlag Antaios e. K. hat wie das Institut für Staatspolitik seinen Sitz auf dem Rittergut Schnellroda in Steigra; Inhaber ist Götz Kubitschek, der den Verlag 2000 gründete. Im Verlag Antaios erscheint die Zeitschrift Sezession, er betreibt auf Youtube den „Kanal Schnellroda“ und vertreibt neben ideologisch gefärbter Belletristik und einschlägigen Sachbüchern das vor allem für das rechte Selbstverständnis bedeutende Staatspolitische Handbuch sowie die Reihe Kaplaken: „eine geistige Zulage für Selbstdenker: wegweisende Texte in handlichem Format“.
(https://antaios.de/)

Ares Verlag

Der Ares-Verlag ist ein Tochterunternehmen des Leopold Stocker Verlags, um dem „anspruchsvolle[n] Sachbuch und politisch-historische[n] Titel[n] auf wissenschaftlichem Niveau“ ein Forum zu bieten. Die Verlagsleitung hat Wolfgang Dvorak-Stocker.

Nach eigener Beschreibung sind „die Themen [...] spannend und oft auch kontrovers“. Das Programm geht gegen den „medialen Mahlstrom“. Autoren sind

u.a. Alain de Benoist, Karlheinz Weißmann, Armin Mohler oder Caspar von Schrenck-Notzing.
www.ares-verlag.com/

Karolinger Verlag

Der Karolinger Verlag sitzt in Wien, seine Gründer sind Peter Weiß und Jean-Jacques Langendorf. Nach eigener Beschreibung ist das Programm „schwer eingrenzbar, es ist durch das weitgespannte Interesse der Verleger bestimmt. [...] Geschichte, Politik und Metapolitik sind [...] Schwerpunkte des Verlagsprogramms".
(www.karolinger.at)

Kopp Verlag

Der Kopp Verlag vertreibt „Bücher, die Ihnen die Augen öffnen", sitzt in Rottenburg a. N.; Geschäftsführer ist Jochen Kopp. „Das Ziel des Kopp Verlags ist es, auf unterdrückte Informationen, Entdeckungen und Erfindungen hinzuweisen. Die Ausweitung von Tabuthemen, Political Correctness und Zensur in unserer Gesellschaft und den Medien soll untersucht und mit enthüllenden Büchern und Artikeln auf die Unterdrückung bedeutender Fakten und Tatsachen hingewiesen werden".
(https://www.kopp-verlag.de/)

Manuscriptum

Die Manuscriptum Verlagsbuchhandlung Thomas Hoof KG (Waltrop) entstand als Begleit-Verlag des Einzelhandelsunternehmens Manufactum. 2008 verkaufte der Inhaber Thomas Hoof dieses, blieb aber Verleger von Manuscriptum. Folgende Themen sind inhaltgebend für den Verlag: „Deutsche Geschichte, Gender Mainstreaming, Ideologiekritik, Konservatismus, Kulturkritik, Lebenspraxis, Politische Korrektheit, Postdemokratie, Preußen, Wirtschaft."

Die im Verlag erscheinende Edition Sonderwege „verlegt Autoren, die erstens eine Meinung (und zwar eine deutlich abweichende) haben, und sie zweitens auch noch formulieren können".

Bei Manuscriptum erscheint die „Vierteljahrsschrift für Konsensstörung TUMULT" mithilfe derer „Herausgeber und Verlag Beihilfe zu einer unabhängigen politischen Orientierung leisten [wollen]. Diese fällt heute weitaus schwerer als in Zeiten der Diktatur und offenen Zensur, denn die Gleichschaltung von heute trägt das Etikett der ‚Selbstbestimmung'".
(www.manuscriptum.de/)

Regin-Verlag

Das Programm des Regin-Verlags mit dem Leitung von Dietmar Sokoll widmet sich, dem Verlag Antaios nach, der auch dessen Bücher vertreibt – „grob gesagt – dem traditionalen Gedankenkreis um Julius Evola, der Konservativen Revolution im weitesten Sinne sowie Figuren und Leitbildern einer Antimoderne" (Beschreibung Verlag Antaios).

Im Regin-Verlag erscheint das Periodikum „Junges Forum", das „1964 als Themenheftreihe für identitäre Fragen und nonkonformes Denken gegründet" wurde. (https://antaios.de/buecher-anderer-verlage/regin-verlag/, www.regin-verlag.de/index.phtml)

8.3 Institut für Staatspolitik (IfS)

Das Institut für Staatspolitik mit dem Sitz auf den Rittergut Schnellroda wurde von Karlheinz Weißmann, Götz Kubitschek und fünf weiteren Mitgliedern gegründet. „Im Frühjahr 2000 traf sich ein halbes Dutzend Personen der neurechten Szene, um die Möglichkeiten institutionalisierter Bildungs- und Forschungsarbeit auszuloten. Auslöser für unsere Gründungsinitiative war ein Interview, das die *Junge Freiheit* im November 1999 mit Karlheinz Weißmann führte, in dem er die Notwendigkeit eines ‚Reemtsma-Instituts von rechts' betonte" (Selbstbeschreibung des Instituts für Staatspolitik).

„Das Institut für Staatspolitik hatte bereits im zweiten Jahr seines Bestehens sein Kernthema, die staatspolitische Ordnung, in fünf Bereiche unterteilt." Staat und Gesellschaft, Politik und Identität, Zuwanderung und Integration, Erziehung und Bildung, Krieg und Krise (ebd.). Behandelt werden diese Themen in Vorträgen, Salons, Sommer- und Winterakademien, Kongressen und Publikationen (ebd.).

Geschäftsführer ist Erik Lehnert. „Er sorgt sich, ‚daß überhaupt noch dran erinnert wird, daß es eine deutsche Seele gibt. Dafür muß es einen Ort geben.' Nach diesem Motto führte das IfS Akademien und Tagungen durch und etablierte sich als Debattenzentrum der neurechten Szene" (Weiß 2017, 72). (https://staatspolitik.de/)

Literatur

Adorno, Theodor W.: Studien zum autoritären Charakter, Frankfurt am Main 1973

Adorno, Theodor W.: Erziehung zur Mündigkeit (1963), 6. Aufl., Frankfurt am Main 1979

Adorno, Theodor W.: Spengler nach dem Untergang, in: Theodor W. Adorno Gesammelte Schriften, hrsg. von Rolf Tiedemann, Bd. 10.1, Frankfurt am Main 1997, S. 47–71

Adorno, Theodor W.: Wird Spengler recht behalten?, in: ebd., Bd. 20.1, S. 140–148

Allmendinger, Jutta: Geschlecht als wichtige Kategorie der Sozialstrukturanalyse, in: Aus Politik und Zeitgeschichte 37–38/2011, S. 3–7

Alter, Peter: Nationalismus. Ein Essay über Europa, Stuttgart 2016

Amann, Melanie: Angst für Deutschland: Die Wahrheit über die AfD: wo sie herkommt, wer sie führt, wohin sie steuert, München 2017

Arndt, Susan: Rassismus. Die 101 wichtigsten Fragen, 2. durchgesehene Auflage, München 2015

Assheuer, Thomas: Das Evola-Virus, in: Die Zeit 51/2014 (www.zeit.de/2014/51/julius-evola-faschismus-kulturkritik, aufgerufen am 21.6.2017)

Auf der Suche nach dem Konservatismus. Zu einer Tagung der Evangelischen Akademie Hofgeismar, in: Frankfurter Allgemeine Zeitung vom 23.2.1978, S. 22

Backes, Uwe/Jesse, Eckhard: Politischer Extremismus in der Bundesrepublik Deutschland, Berlin/Frankfurt am Main 1993

Baer, Hermann: Oswald Spengler – Der Untergang, in: Süddeutsche Zeitung vom 7.10., in: https://sezession.de/32717/oswald-spengler-philosoph-des-lebens-fundstucke-12.html (aufgerufen am 25.5.2017)

Balser, Markus/Ritzer, Uwe: Lobbykratie. Wie die Wirtschaft sich Einfluss, Mehrheiten, gesetzte kauft, München 2016

Bauch, Jost: Der neue Patriotismus, 2005, in: https://jungefreiheit.de/service/archiv?artikel=-archiv05/200502010755.htm (aufgerufen am 29.05.2017)

Bedürftig, Friedmann: Lexikon III. Reich, Hamburg 1994

Bender, Justus: Was will die AfD? Eine Partei verändert Deutschland, München 2017

Benoist, Alain de: Carl Schmitt: Bibliografie seiner Schriften und Korrespondenzen, Berlin 2003

Benoist, Alain de: Ernst Jünger und die *Nouvelle Droite*, in: Sezession 22/2008 S. 30–34

Benoist, Alain de: Carl Schmitt. Internationale Bibliographie der Primär- und Sekundärliteratur, Graz 2009

Benoist, Alain de: Die Aktualität Carl Schmitts., in: Sezession 42/2011, S. 14–17

Berghoff, Peter: Der Tod des politischen Kollektivs: politische Religion und das Sterben und Töten für Volk, Nation und Rasse, Berlin 1997

Bittner, Rüdiger: Friedrich Nietzsche – Das Problem der Moral, in: Ansgar Beckermann/Dominik Perler (Hrsg.): Klassiker der Philosophie heute, 2. durchges. u. erweiterte Auflage, Stuttgart 2010, S. 538–557

Bloch, Ernst: Das Prinzip Hoffnung, Bd. 3, 4. Aufl., Frankfurt am Main. 1993

Boerser-Schnebel, Christian/Hufer, Klaus-Peter/Schnebel, Karin/Wenzel, Florian: Politik wagen. Ein Argumentationstraining, Schwalbach/Ts. 2016

Breuer, Stefan: Anatomie der Konservativen Revolution, 2., durchges. u. korr. Auflage, Darmstadt 1995

Breuer, Stefan: Die radikale Rechte in Deutschland 1871–1945, Stuttgart 2010

Brocker, Manfred (Hrsg.): Geschichte des politischen Denkens. Ein Handbuch, Frankfurt am Main 2007

Brumlik, Micha: Das alte Denken der neuen Rechten. Mit Heidegger und Evola gegen die offene Gesellschaft, in: Blätter für deutsche und internationale Politik 3/2016, S. 81–92

Bruns, Julina/Glösel, Kathrin/Strobl, Natascha: Die Identitären. Handbuch zur Jugendbewegung der Neuen Rechten in Europa, Münster 2014

Bundesamt für Verfassungsschutz beobachtet „Identitäre Bewegung Deutschland", in: https://www.verfassungsschutz.de/de/aktuelles/zur-sache/zs-2016-001-maassen-dpa-2016-08 (aufgerufen am 12.6.2017)

Bundesinstitut für Bevölkerungsforschung (Hrsg.): Familienleitbilder. Vorstellungen. Meinungen. Erwartungen, Wiesbaden 2013

Bundesministerium des Innern (Hrsg.): Verfassungsschutzbericht 2016, Berlin 2017

Bundeszentrale für politische Bildung: Glossar: Ethnopluralismus, 3.2.2014, in: www.bpb.de/politik/extremismus/rechtsextremismus/173908/glossar?p=17 (aufgerufen am 15.6.2017)

Butterwegge, Christoph: Entschuldigung oder Erklärungen für Rechtsextremismus, Rassismus und Gewalt? – Bemerkungen zur Diskussion über die Entstehungsursachen eines unbegriffenen Problems, in: Christoph Butterwegge/Georg Lohmann (Hrsg.): Jugend, Rechtsextremismus und Gewalt. Analysen und Argumente, 2. Aufl., Opladen 2001, S. 13–36

Compact-Gespräch: Merkels letzter Kampf, Gespräch zwischen Jürgen Elsässer, Martin Müller-Mertens, Michael Stürzenberger, veröffentlicht am 23.12.2016, in: https://www.youtube.com/watch?v=lXuZUmyy4r4 (aufgerufen am 20.2.2017)

Conte, Domenico: Oswald Spengler. Eine Einführung, Leipzig 2002

Crouch, Colin: Postdemokratie, Frankfurt am Main 2008

Dahrendorf, Ralf: Der moderne soziale Konflikt, Stuttgart 1992

Darnstädt, Thomas: Der Mann der Stunde. Die unheimliche Wiederkehr Carl Schmitts, in:

Darwin, Charles: Die Entstehung der Arten durch natürliche Zuchtauswahl, Stuttgart 1995 (Original 1859)

Der Spiegel 39/2008, S. 160–161

Decker, Kerstin: Die Schwester. Das Leben der Elisabeth Förster-Nietzsche, Berlin 2016

Decker, Oliver/Kiess, Johannes, Brähler, Elmar (Hrsg.): Die enthemmte Mitte. Autoritäre und rechtsextreme Einstellungen in Deutschland, Gießen 2016

Die Zeit. Das Lexikon in 20 Bänden, Hamburg 2005

Diewald, Martin/Riemann, Rainer: Wie können wir die Ursachen sozialer Ungleichheit verstehen?, in: Birgit Spinath (Hrsg.): Empirische Bildungsforschung, Berlin und Heidelberg 2014, S. 67–78

Dittmer, Melanie: Identitäres Manifest, in: https://identitaere-aktion.org/blog/identitaeres-manifest/ (aufgerufen am 31.8.2017)

Dönhoff, Marion Grafin: Leitkultur gibt es nicht, Die Zeit vom 9.11.2000, in: www.zeit.de/2000/46/200046_leitkultur.xml/komplettansicht (aufgerufen am 2.4.2017)

Ebeling, Hans: Martin Heidegger: Philosoph und Ideologe, Reinbek bei Hamburg 1991

Eckert, Roland: Kulturelle Homogenität und aggressive Intoleranz, in: Aus Politik und Zeitgeschichte 44/2010, S. 26–33

Eppler, Erhard: Kavalleriepferde beim Hornsignal. Die Krise der Politik im Spiegel der Sprache, Frankfurt am Main 1992

Erikson, Erik H.: Identität und Lebenszyklus, 2. Aufl., Frankfurt am Main 1974

Farías, Victor: Heidegger und der Nationalsozialismus, Frankfurt am Main 1989

Felsch, Philipp: Rechts vom System, in: Philosophie Magazin 5/2017, S. 28–35

Fenske, Wolfgang: Dinge schaffen, die zu erhalten sich lohnt. Arthur Moeller van den Bruck: Spendenaktion zum Erhalt der Grabstätte angelaufen, in: Junge Freiheit 13/2007, S. 6

Fetscher, Iring/Richter, Horst E. (Hrsg.): Worte machen keine Politik. Beiträge zu einem Kampf um politische Begriffe, Reinbek bei Hamburg 1976

Feustel, Robert u. a.; Wörterbuch des besorgten Bürgers, Mainz 2016

Flümann, Gereaon (Hrsg.): Umkämpfte Begriffe. Deutungen zwischen Demokratie und Extremismus, Bonn 2017
Francis, Emerich K.: Ethnos und Demos. Soziologische Beiträge zur Volkstheorie, Berlin 1965
Frei, Norbert: 1968. Jugendrevolte und globaler Protest, 2. Aufl., München 2008
Freyer, Hans: Revolution von rechts, Jena 1931
Freyer, Hans: Theorie des gegenwärtigen Zeitalters (zuerst 1955), Stuttgart 1967
Fromm, Erich: Psychoanalyse und Ethik. Baustein zu einer humanistischen Charakterologie, München 1985
Fukuyama, Francis: Das Ende der Geschichte. Wo stehen wir?, München 1992
Gehlen, Arnold: Urmensch und Spätkultur. Philosophische Ergebnisse und Aussagen, 5. Auflage, Wiesbaden 1986.
Gehlen, Arnold: Der Mensch. Seine Natur und seine Stellung in der Welt, 12. Auflage, Wiesbaden 1978, 14. Auflage, Wiebelsheim 2004.
Gehlen, Arnold: Moral und Hypermoral. Eine pluralistische Ethik, 6. erweiterte Auflage, Frankfurt am Main 2004.
Geier, Manfred: Martin Heidegger, Reinbek bei Hamburg 2005
Geis, Matthias: Adolf reloaded. Björn Höcke versucht, Hitler in ein positiveres Licht zu rücken. Das ist kein Aussetzer, sondern Kalkül, in: Die Zeit, 9.3.2017, S. 1
Geißler, Rainer: Multikulturalismus in Kanada – Modell für Deutschland? In: Aus Politik und Zeitgeschichte B26/2003, S. 19–25
Geißelmann, Bente u. a. (Hrsg.): Handwörterbuch rechtsextremer Kampfbegriffe, Schwalbach/Ts. 2016
Gessenharter, Wolfgang: Konservatismus und Rechtsextremismus – Nähen und Distanzen, in: Gewerkschaftliche Monatshefte 9/1989, S. 561–570
Gessenharter, Wolfgang: Im Spannungsfeld. Intellektuelle Neue Rechte und demokratische Verfassung, in: Wolfgang Gessenharter, Wolfgang/Thomas Pfeiffer, (Hrsg.): Die Neue Rechte – eine Gefahr für die Demokratie?, Wiesbaden 2004, S. 31–49
Giesa, Christoph: Die neuen Rechten – Keine Nazis und trotzdem brandgefährlich, in: Aus Politik und Zeitgeschichte, Nr. 40/2015, S. 22–26
Glaser, Hermann: Kleine Kulturgeschichte der Bundesrepublik Deutschland 1945–1989, Bonn 1991
Glaser, Stefan/Pfeiffer, Thomas (Hrsg.): Erlebniswelt Rechtsextremismus. Menschenverachtung mit Unterhaltungswert. Hintergründe – Methoden – Praxis der Prävention, 4. Überarbeitete und ergänzte Aufl., Schwalbach/Ts. 2017
Gramsci, Antonio: Philosophie der Praxis. Eine Auswahl, Frankfurt am Main 1967
Grebing, Helga: Linksradikalismus gleich Rechtsradikalismus. Eine falsche Gleichung, Stuttgart 1971
Grebing, Helga: Was heißt hier aufgeklärter Konservatismus?, in: Iring Fetscher/ Horst E. Richter, Horst E. (Hrsg.): Worte machen keine Politik. Beiträge zu einem Kampf und politische Begriffe, Reinbek bei Hamburg 1976, S. 104–117
Greiffenhagen, Martin: Das Dilemma des Konservatismus in Deutschland, Frankfurt am Main 1986
Greiffenhagen, Martin: Politische Legitimation in Deutschland, Bonn 1998
Grunenberg; Antonia: Hannah Arendt und Martin Heidegger. Geschichte einer Liebe, München 2008
Guérot, Ulrike: Warum Europa eine Republik werden muss! Eine politische Utopie, 3. Aufl., Bonn 2017
Habermas, Jürgen: Philosophisch-politische Profile, Frankfurt am Main 1971
Habermas, Jürgen: Strukturwandel der Öffentlichkeit, 3. Aufl., Frankfurt am Main 1993 (unveränderter Nachdruck der zuerst 1962 erschienenen Ausgabe)

Habermas, Jürgen: Die Neue Unübersichtlichkeit, Frankfurt am Main 1985
Habermas, Jürgen: Geschichtsbewußtsein und posttraditionale Identität. Die Westorientierung der Bundesrepublik, in: Ders., Eine Art Schadensabwicklung, Frankfurt am Main 1987, S. 161–179
Habermas, Jürgen: Verfassungspatriotismus – im Allgemeinen und im Besonderen, in: ders., Die nachholende Revolution. Kleine politische Schriften VII, Frankfurt am Main 1990, S. 147–174
Habermas, Jürgen: Faktizität und Geltung, Frankfurt am Main 1992
Habermas, Jürgen: Die Einbeziehung des Anderen. Studien zur politischen Theorie, Frankfurt am Main 1996
Habermas, Jürgen: Keine Muslima muss Herrn de Maizière die Hand geben, in: Rheinische Post, 3.5.2017, S. A2
Häusler, Alexander. Themen der Rechten, in: Fabian Virchow ‚Rechtsextremismus': Begriffe – Forschungsfelder – Kontroversen, in: Fabian Virchow/Martin Langebach/Alexander Häusler (Hrsg.): Handbuch Rechtsextremismus, Wiesbaden 2016, S. 135–180
Harenberg. Das Buch der 1000 Bücher. Autoren, Geschichte, Inhalt und Wirkung, herausgegeben von Joachim Kaiser, Dortmund 2002
Hegel, Georg Wilhelm Friedrich: Recht – Staat – Geschichte. Eine Auswahl aus seinen Werken. Herausgegeben und erläutert von Friedrich Bülow, Stuttgart 1970
Heidegger, Martin: Sein und Zeit, in: Martin Heidegger: Gesamtausgabe, I. Abteilung, Band 2, Frankfurt am Main 1977
Heidegger, Martin, in: Munzinger Online/Personen – Internationales Biographisches Archiv, in: www.munzinger.de/document/00000000767 (aufgerufen am 23.3.2017)
Heidegger, Martin: Die Selbstbehauptung der deutschen Universität, 2. Aufl„ Breisgau 1934, in: https://archive.org/details/MartinHeideggerDieSelbstbehauptungDerDeutschenUniversitaet (aufgerufen am 13.4.2017)
Heller, Friedrich Paul: Mythologie und Okkultismus bei den deutschen Rechtsextremen, in: Thomas Grumke/Bernd Wagner (Hrsg.): Handbuch Rechtsradikalismus, Opladen 2002, S. 203–212
Henning Eichberg ist verstorben, Sezession 4.5.2017, in: https://sezession.de/57237/henning-eichberg-ist-verstorben (aufgerufen am 15.6.2017)
Henßler, Vera: „Wer sich auf die Bewegung einlässt, gewinnt ein Schicksal". Die Identitäre Bewegung, in: Rundbrief des apabiz e.V., Nr. 74, Juli 2016, S. 1–3
Hesselberger, Dieter: Das Grundgesetz. Kommentar für die politische Bildung, 11. Überarbeitete Auflage, Neuwied 1999
Hirt's Deutsches Lesebuch, Breslau 1940
Hobbes, Thomas: Leviathan. Erster und zweiter Teil (1651), Stuttgart 1970
Hofer, Walter (Hrsg.): Der Nationalsozialismus. Dokumente 1933–1945, Frankfurt am Main 1947
Höffe, Otfried: Ist die Demokratie zukunftsfähig?, München 2009
Huntington, Samuel P.: Der Kampf der Kulturen. The Clash of Civilizations. Die Neugestaltung der Weltpolitik im 21. Jahrhundert, München u. Wien 1996
Jaspers, Karl: Notizen zu Martin Heidegger, hrsg. von Hans Saner, 3.durchgesehene Auflage. München 1989
„Jeder Westler ist ein Rassist". SPIEGEL Gespräch mit Alexander Dugin, in: Der Spiegel 29/2014, S. 120–125
Jongen, Marc: „Man macht sich zum Knecht", in: Die Zeit, 23/2016, S. 42
Jünger, Ernst: In Stahlgewittern, Berlin 1920
Jünger, Ernst: Der Frontsoldat und die innere Politik, in: Die Standarte, Nr. 13 vom 29. No-

vember 1925, in: Ders.. Politische Publizistik 1919–1923, hrsg. von Sven Olaf Berggötz, Stuttgart 2001, S.146–152

Jünger, Ernst: Der Arbeiter. Herrschaft und Gestalt, Hamburg 1932

Jurczyk, Karin/Klinkhardt, Josefine: Zusammenfassung der Studie: Vater, Mutter, Kind? Acht Trends in Familien, die Politik heute kennen sollte. In: Stimme der Familie. Informationen - Positionen - Perspektiven. 61. Jahrgang, Heft 2/2014, S. 7–10

Kalikow, Theodora J.: Die ethologische Theorie von Konrad Lorenz: Erklärung und Ideologie, 1938 bis 1943. In: Mehrtens, Herbert/ Richter, Steffen (Hrsg.): Naturwissenschaft, Technik und NS-Ideologie. Beiträge zur Wissenschaftsgeschichte des Dritten Reiches, Frankfurt/M. 1980, S. 189–214

Kaltenbrunner, Gerd-Klaus: Rekonstruktion des Konservatismus, Schnellroda 2015 (erstmals 1972)

Kaltenbrunner, Gerd-Klaus (Hrsg.): Die Herausforderung der Konservativen. Absage an Illusionen, München 1974

Kant, Immanuel: Beantwortung der Frage: Was ist Aufklärung (1784), in: Barbara Stolberg-Rillinger (Hrsg.): Was ist Aufklärung. Thesen, Definitionen, Dokumente, Stuttgart 2010, S. 9–18

Kirk, Russell: Lebendiges politisches Erbe. Freiheitliches Gedankengut von Burke bis Santayana 1790–1958, Erlenbach-Zürich und Stuttgart 1959

Kleine-Hartlage, Manfred: Die Sprache der BRD. 131 Unwörter und ihre politische Bedeutung, Schnellroda 2015

Klönne, Arno: Bundestagswahl, Historiker-Debatte und ‚Kulturrevolution von rechts', in: Blätter für deutsche und internationale Politik 3/1987, S. 285–296

Kneser, Jakob/Gogos, Manuel: Unter Fremden – Eine Reise zu Europas Neuen Rechten (ZDF 2016), in: www.arte.tv/de/videos/063683-000-A/unter-fremden-eine-reise-zu-europas-neuen-rechten (aufgerufen am 3.6.2017)

Körber, Karen/Neckel, Sighard: Multikulturalismus – die libertäre Version. In: Bieber, Christoph/Drechsel, Benjamin/Lang, Anne-Kathrin (Hrsg.): Kultur im Konflikt. Claus Leggewie revisited. Bielefeld 2010, S. 227–229

Korfkamp, Jens: Die Erfindung der Heimat. Zu Geschichte, Gegenwart und politischen Implikaten einer gesellschaftlichen Konstruktion, Berlin 2006

Krämer, Gudrun: Zum Verhältnis von Religion, Recht und Politik: Säkularisierung im Islam, in: Hans Joas/Klaus Wiegendt (Hrsg.): Säkularisierung und die Weltreligion, Frankfurt am Main 2007, S. 172–193

Krockow, Christan Graf von: Die Deutschen in ihrem Jahrhundert, Reinbek bei Hamburg 1990 a

Krockow, Christian Graf von: Die Entscheidung. Eine Untersuchung über Ernst Jünger, Carl Schmitt, Martin Heidegger, Frankfurt am Main u. New York 1990 b

Kubitscheck, Götz: Provokation, Schnellroda 2007

Kubitscheck, Götz: Die 9. Todsünde der zivilisierten Menschheit, in: Sezession 28/2009, S. 24–27

Kubitschek, Götz: 1932, 1933, 1936, in: Sezession 42/2011, S. 2–6

Kubitscheck, Götz: Die Strahlkraft der Konservativen Revolution, in: Sezession 44/2011 S. 8–13

Küppers, Carolin: Soziologische Dimensionen von Geschlecht, in: Aus Politik und Zeitgeschichte 20-21/2012, S. 3–8

Kurbjuweit, Dirk: „Mein Herz hüpft", in: Der Spiegel, 15/2012, S. 60–69

Langebach, Martin/Raabe, Jan: Die ‚Neue Rechte' in der Bundesrepublik Deutschland, in: Fabian Virchow/Martin Langebach/Alexander Häusler (Hrsg.): Handbuch Rechtsextremismus, Wiesbaden 2016, S. 561–592

Langewiesche, Dieter: Nationalismus im 19. und 20. Jahrhundert: zwischen Partizipation und Aggression; Vortrag vor dem Gesprächskreis Geschichte der Friedrich-Ebert-Stiftung in Bonn am 24. Januar 1994, [Electronic ed.], Bonn 1994

Leggewie, Claus: Multi Kulti. Spielregeln für die Vielvölkerrepublik. Nördlingen 1990
Leggewie, Claus im Gespräch mit Stemmler, Susanne: Blick zurück nach vorn: Begriffsgeschichte Multikulturalismus. In: Bieber, Christoph/Drechsel, Benjamin/Lang, Anne-Kathrin (Hrsg.): Kultur im Konflikt. Claus Leggewie revisited. Bielefeld 2010, S. 217–226
Leggewie, Claus: Anti-Europäer. Breivik, Dugin, al-Suri & Co., Berlin 2016
Lehnert, Erik: Über Jünger zur Philosophie, in: Sezession 22/2008, S. 36–39
Lehnert; Erik/Weißmann, Karlheinz (Hrsg.): Leitbegriffe, Staatspolitisches Handbuch Band 1, Schnellroda 2009
Lehnert, Erik/Weißmann, Karlheinz (Hrsg.): Schlüsselwerke, Staatspolitisches Handbuch Band 2, Schnellroda 2010
Lehnert, Erik/Weißmann, Karlheinz (Hrsg.): Vordenker, Staatspolitisches Handbuch Band 3, Schnellroda, zweite durchgesehene Auflage 2017
Leick, Romain: Das Reich der Lüge, in: Der Spiegel, 16/2016, S. 116–120
Lenk, Kurt/ Meuter, Günter/ Otten, Henrique R.: Vordenker der Neuen Rechten, Frankfurt am Main 1997
Lichtmesz, Martin: Oswald Spengler, Philosoph des Lebens, in: https://sezession.de/32717/oswald-spengler-philosoph-des-lebens-fundstucke-12.html (aufgerufen am 27.5.2017)
Lisson, Frank: Oswald Spengler. Philosoph des Schicksals, Schnellroda 2005
Löwith, Karl: Mein Leben in Deutschland vor und nach 1933. Ein Bericht, Frankfurt am Main 1989
Lorenz, Konrad: Das sogenannte Böse. Zur Naturgeschichte der Aggression, Wien 1971.
Lorenz, Konrad: Die acht Todsünden der zivilisierten Menschheit, München 1973
Lübbe, Hermann: Vorwort, in: Spengler heute. Sechs Essays mit einem Vorwort von Hermann Lübbe. Herausgegeben von Peter Christian Ludz, München 1980, S. VII–XI
Lübbe, Hermann: Historisch-politische Exaltationen. Spengler wiedergelesen, in: Spengler heute, a. a. o., S. 25- 48
Lukács, Georg: Von Nietzsche zu Hitler oder Der Irrationalismus in der deutschen Politik, Frankfurt am Main 1966
Maegerle, Anton: Was liest der rechte Rand?, in www.bpb.de/politik/extremismus/rechtsextremismus/239620/der-rechte-rand-publikationen?pk_campaign=nl2017-03-22&pk_kwd=239620 (erschienen am 23.12.2016, aufgerufen am 22.3.2017)
Maihofer, Andrea/Böhnisch, Tomke/Wolf, Anne: Wandel der Familie. Arbeitspapier 48 der Hans-Böckler-Stiftung. Düsseldorf 2001
Marti, Urs: Friedrich Nietzsche, Zur Genealogie der Moral (1887), in: Manfred Brocker (Hrsg.): Geschichte des politischen Denkens. Ein Handbuch, 4. Auflage, Frankfurt am Main 2012, S. 466–479
Maschke, Günther: Auf der Suche nach dem Konservatismus, in: Frankfurter Allgemeine Zeitung vom 23.2.1973, S. 32
Mehring, Reinhard: Carl Schmitt zur Einführung, Hamburg 2001
Mehring, Reinhard: Carl Schmitt: Aufstieg und Fall, München 2009
Meinecke, Friedrich: Weltbürgertum und Nationalstaat, 2. Auflage, München 1911
Messer, August: Oswald Spengler als Philosoph, Stuttgart 1922
Meyer, Thomas: Die Verirrung der „Heimat“ in die Politik, in: Neue Gesellschaft/Frankfurter Hefte 11/ 2012, S. 4–12
Milbradt, Björn u. a.: Ruck nach rechts? Rechtspopulismus, Rechtsextremismus und die Frage nach Gegenstrategien, Opladen, Berlin, Toronto 2017
Mill, John Stuart: Über die Freiheit (1859), Stuttgart 1974
Miles, Robert: Rassismus. Einführung in die Geschichte und Theorie eines Begriffs, 2. Aufl., Hamburg und Berlin 1992
Mittelstraß, Jürgen: Martin Heidegger. Diesseits und Jenseits von *Sein und Zeit* (1927), in: Wal-

ter Erhard/Herbert Jaumann (Hrsg.): Jahrhundertbücher. Große Theorien von Freud bis Luhmann, München 2000, S. 107–127
Moeller van den Bruck, Arthur: Das Recht der jungen Völker, München 1919
Moeller van den Bruck, Arthur: Das dritte Reich, Berlin 1923
Moeller van den Bruck, Arthur: An Liberalismus gehen die Völker zugrunde, in: Moller van den Bruck/Heinrich von Gleichen/Max Hildebert Böhm (Hrsg.): Die Neue Front. Quellentexte zur Konservativen Revolution. Die Jungkonservativen: Band 3, Toppenstedt 2007 (Nachdruck der Ausgabe Berlin 1922), S. 5–34
Mohler, Armin: Die Konservative Revolution in Deutschland. Grundriß ihrer Weltanschauung, Stuttgart 1950
Mohler, Armin/Weißmann, Karlheinz: Die Konservative Revolution in Deutschland 1918–1932: Ein Handbuch, 6., völlig überarbeitete und erweiterte Auflage, Graz 2005
Mohler, Armin (Hrsg.): Schmitt, Carl – Briefwechsel mit einem seiner Schüler. Hrsg. von Armin Mohler. In Zusammenarbeit mit Irmgard Huhn und Piet Tommissen, Berlin. 1995
Mommsen, Wolfgang J.: Der Erste Weltkrieg. Anfang vom Ende des bürgerlichen Zeitalters, Frankfurt am Main 2004
Montag, Christian: Persönlichkeit – Auf der Suche nach Individualität, Berlin und Heidelberg 2016
Müller, Jan-Werner: Ein gefährlicher Geist. Carl Schmitts Wirkung in Europa, Darmstadt 2007
Müller, Jan-Werner: Was ist Populismus, Berlin 2016
Müller, Wolfgang: Mit dem Röntgenblick durch das moderne Sein, in: Junge Freiheit 40/2014, S. 19
Münkler, Herfried: Die politischen Ideen der Weimarer Republik, in: Iring Fetscher/Herfried Münkler (Hrsg.): Neuzeit: Vom Zeitalter des Imperialismus bis zu den neuen sozialen Bewegungen, Pipers Handbuch der politischen Ideen, Bd. 5, München-Zürich 1987, S. 283–317
NachDenkSeiten – die kritische Website: Separatisten in der Ostukraine – die Geister, die wir riefen, in: www.nachdenkseiten.de/wp-print.php?p=22496, aufgerufen am 21.6.2017
Naeher, Jürgen: Oswald Spengler, Reinbek b. Hamburg 1984
Negt, Oskar: Der politische Mensch. Demokratie als Lebensform, Göttingen 2010
Neue Chancen. Die Politologin Chantal Mouffe über die Frage, ob der Rechtspopulismus faschistisch ist und was die Linken von ihm lernen können, in: Süddeutsche Zeitung vom 29. Dezember 2016, S. 11
Niedersächsisches Ministerium für Inneres und Sport, Abteilung Verfassungsschutz (Hrsg.): Identitäre Bewegung Deutschland (IBD). Ideologie & Aktionsfelder. Informationen zum Thema Rechtsextremismus in Niedersachsen, Hannover 2016
Nietzsche, Friedrich: Zur Genealogie der Moral. Eine Streitschrift, in: Ders., Sämtliche Werke, Kritische Studienausgabe in 15 Bänden, hrsg. von G. Colli und M. Montinari, Bd. 5, Berlin/München 1980
Nietzsche, Friedrich: Also sprach Zarathustra. Ein Buch für Alle und Keinen, München 2000
Nietzsche, Friedrich: Der Fall Wagner. Götzen- Dämmerung. Der Antichrist. Ecce homo. Dionysos- Dithyramben. Nietzsche contra Wagner, hrsg. von G. Colli und M. Montinari, 8. Auflage, München 2008
Nietzsche, Friedrich: Der Antichrist, in: Ders., Sämtliche Werke, Kritische Studienausgabe in 15 Bänden, hrsg. von G. Colli und M. Montinari, hrsg. von G. Colli und M. Montinari, 8. Auflage, Bd. 6, München 2008
Nietzsche, Friedrich: Der Antichrist, in: Ders., Sämtliche Werke, Kritische Studienausgabe in 15 Bänden, hrsg. von G. Colli und M. Montinari, hrsg. von G. Colli und M. Montinari, 8. Auflage, Bd. 6, München 2008
Noack, Paul: Carl Schmitt. Eine Biographie, Frankfurt/M. 1993

Nohlen, Dieter/Grotz, Florian (Hrsg.): Kleines Lexikon der Politik, Bonn 2015
Ottmann, Henning: Philosophie und Politik bei Nietzsche, 2. verbesserte u. erweiterte Auflage, Berlin 1999.
Oberndörfer, Dieter: Multikulturalismus in der Einwanderungsgesellschaft. In: Bade, Klaus J.: Das Manifest der 60. Deutschland und die Einwanderung. München 1994, S. 34–38
Patzelt, Werner: Phänomen Pegida. „Wir züchten eine antidemokratische Grundeinstellung", 2015, in: Verfügbar unter: www.deutschlandfunk.de/phaenomen-pegida-wir-zuechten-eine-antidemokratische.694.de.html?dram:article_id=334364 (aufgerufen am 06.02.2017)
Paulwitz,. Michael: Täglich grüßt der Muezzin, in: Junge Freiheit 8/2013, S. 2
Peters, Mayte: Demokratie durch Kritik. Wider die EU-Skepsis. Essay, in: Aus Politik und Zeitgeschichte 12/2014, www.bpb.de/apuz/180373/demokratie-durch-kritik-wider-die-eu-skepsis (aufgerufen am 6.3.2017)
Peltsch, Fabian/Niemczyk, Ralf: Der Sound der Neuen Rechten – Neofolk und die Identitäre Bewegung 2016, in: https://www.rollingstone.de/der-sound-der -neuen-rechten-1107335 (aufgerufen am 12.04.2017).
Petry, Frauke: „In bin nicht gegen Einwanderung", in: SPIEGEL-Gespräch, 13/2016, S. 28–31
Pollmann, Bernhard (Hrsg.): Lesebuch zur deutschen Geschichte. Texte und Dokumente aus zwei Jahrtausenden, 3 Bde,, Dortmund 1984
Prantl, Heribert: Macht, Missbrauch, Edogan & Co. Wolfs-Demokratie, in: Süddeutsche Zeitung, 22./23.7.2017. S. 4
Programm für Deutschland. Das Grundsatzprogramm der Alternative für Deutschland., Fassung vom 27.6.2016, in: www.alternativefuer.de/wp-content/uploads/sites/7/2016/05/2016-06-27_afd-grundsatzprogramm_web-version.pdf, (aufgerufen am 29.2.2017)
Rehberg, Karl-Siegberg: Hans Freyer (1887–1960), in: Dirk Kaesler (Hrsg.), Klassiker der Soziologie, Bd. 2, 4. Auflage, München 2003
Reese-Schäfer, Walter: Jürgen Habermas. Eine Einführung, 3. vollständig überarbeitete Auflage, Frankfurt/Main 2001
Rehberg, Karl-Siegberg: Arnold Gehlen, in: Dirk Kaesler (Hrsg.), Klassiker der Soziologie, Bd. 2, 4. Auflage, München 2003, S. 78– 85
Richter, Horst E.: Freiheit oder Sozialismus, in: Iring Fetscher/Horst E./Richter (Hrsg.): Worte machen keine Politik. Beiträge zu einem Kampf und politische Begriffe, Reinbek bei Hamburg 1976, S. 9–17
Ruthven, Malise: Der Islam. Eine kurze Einführung, Stuttgart 2000
Salzborn, Samuel: Rechtsextremismus. Erscheinungsformen und Erklärungsansätze, Bonn 2015
Sartre, Jean-Paul: Betrachtungen zur Judenfrage, in: Jean-Pau-Sartre: Drei Essays, Frankfurt am Main und Berlin 1969
Schildt, Axel: Konservatismus in Deutschland. Von den Anfängen im 18. Jahrhundert bis zur Gegenwart, München 1998
Schilling, Thorsten: Editorial, in: Fluter. Thema: Geschlechter. Winter 2015-2016/Nr. 57, S. 3
Schmitt, Carl: Staat, Bewegung, Volk. Die Dreigliederung der politischen Einheit, 2. Aufl., Hamburg 1933
Schmitt, Carl: Der Begriff des Politischen. Text von 1932 mit einem Vorwort und drei Corollarien, 7. Auflage, 5. Nachdruck der Ausgabe von 1963, Berlin 2002
Schmitt, Carl: Politische Theologie. Vier Kapitel zur Lehre von der Souveränität. 10. Aufl., Berlin 2015
Schöning, Matthias (Hrsg.): Ernst Jünger-Handbuch. Leben – Werk – Wirkung, Stuttgart 2014
Schröder, Lothar: Arnold Gehlen. Der nihilistische Denker, in: Müller, Bertram (Hrsg.), Philosophen. Deutschsprachige Denker in Einzelporträts, Düsseldorf 2011, S. 144–151
Schumann, Hans-Gerd: Politikwissenschaftliche Semantik- und Rhetorikforschung – Anmer-

kungen zu einer defizitären Bilanz, in: Manfred Opp de Hipt/Erich Latniak (Hrsg.): Sprache statt Politik?. Politikwissenschaftliche Semantik- und Rhetorikforschung, Opladen 1991, S. 14–22
Schwarz, Hans-Peter: Der konservative Anarchist. Politik und Zeitkritik Ernst Jüngers, Freiburg 1962
Sellner, Martin: Arthur Moeller van den Bruck an uns!, 2014 in: www.identitaere-generation.info/arthur-moeller-van-den-bruck-an-uns/ (aufgerufen am 09.03.2017)
Sellner, Martin: Tatkult und Revolution von rechts, 2015, in: https://sezession.de/50652 (aufgerufen am 04.04.2017)
Sellner, Martzin/Spatz, Walter: Gelassen im Widerstand. Ein Gespräch über Heidegger, Schnellroda 2012
Sichelschmidt, Gustav: Der Praeceptor Germaniae läßt warten, in: Junge Freiheit 14/1994, S. 12
Sieferle, Rolf Peter: Das Migrationsproblem. Über die Unvereinbarkeit von Sozialstaat und Masseneinwanderung, Berlin 2017
Sloterdijk, Peter: Theorie der Nachkriegszeiten, Frankfurt am Main 2008
Sontheimer, Kurt: Antidemokratisches Denken in der Weimarer Republik, 3. Auflage, München 1992
Sound eines Rechtsrucks. Sieben Deutsche erklären, was sie an der AfD finden, in: Süddeutsche Zeitung vom 7./8. Januar 2017, S. 11–13
Speit, Andreas: Bürgerliche Scharfmacher. Deutschlands neue rechte Mitte – von AfD bis Pegida, Zürich 2016
Spengler, Oskar: Der Untergang des Abendlandes. Umrisse einer Morphologie der Weltgeschichte, 9. Aufl., München 1988
SPIEGEL-Gespräch: „Ein Bruderschaftstrinken mit dem Tod". Der 87jährige Schriftsteller Ernst Jünger über Geschichte, Politik und die Bundesrepublik, in: Der Spiegel, 33/1982, S. 154–163
SPIEGEL-Gespräch: „Ich war ein ganz schüchterner Kerl". Der Politologe Claus Leggewie über sein Leben als 68er, über Sympathien für den Terrorismus und die Karriere seiner wohl bekanntesten Wortschöpfung: Multi Kulti, In: Der Spiegel 17/2015, S. 38–41
Statistisches Bundesamt (Destatis)/Wissenschaftszentrum Berlin für Sozialforschung (WZB) (Hrsg.): Datenreport 2106. Ein Sozialbericht für die Bundesrepublik Deutschland, Bonn 2016
Stein, Dieter: Die alternative Integration, in: Junge Freiheit 16/2016, S. 1
Stern, Fritz: Kulturpessimismus als politische Gefahr, München 1986
Sternberger, Dolf/Storz, Gerhard/Süskind, W. E.: Aus dem Wörterbuch des Unmenschen. Neue erweiterte Ausgabe mit Zeugnissen des Streits über die Sprachkritik, 3. Aufl., Hamburg und Düsseldorf 1968
Sternberger, Dolf: Verfassungspatriotismus, in: Ders., Verfassungspatriotismus, Bd. x der Schriften, Frankfurt am Main 1990, S. 17–32
Strauß, Botho: Spengler persönlich, in: Frankfurter Allgemeine Sonntagszeitung 3/2007 vom 19.8.2007, S. 19–20
Sunić, Tomislav: Die ethnische Frage als Identitätsfrage, 2013, in: https://morbusignorantia.wordpress.com/2013/07/30/die-ethnische-frage-als-identitatsfrage/ (aufgerufen am 20.2.2017)
Taschwer, Klaus/Föger, Benedikt: Konrad Lorenz. Biografie, Wien 2003
Thimm, Katja: Ruf nach dem Rassepfleger, in: Der Spiegel, 41/2001, S. 209
Thies, Christian: Gehlen zur Einführung, Hamburg 2000
Tönnis, Ferdinand: Gemeinschaft und Gesellschaft, 3. unveränderte Auflage, Darmstadt 1991
Tomasello, Michael: Eine Naturgeschichte der menschlichen Moral, Berlin 2016

Trawny, Peter: Heidegger und der jüdische Mythos der Weltverschwörung, 2. überarbeitete und erweiterte Auflage, Frankfurt am Main 2014
Umland, Andreas: Faschismus à la Dugin, in: Blätter für deutsche und internationale Politik 12/2007, S. 1432–1435
UNESCO-Erklärung gegen „Rasse"-Begriff, in: www.bifff-berlin.de/UNESCO.htm (aufgerufen am 20.2.2017)
Universität Duisburg-Essen: Was ist Gender Mainstreaming? www.uni-due.de/genderportal/mainstreaming_definition.shtml (aufgerufen am 26.4.2017)
Vašek, Thomas: Spirituelle Apokalypse, in: Hohe Luft. Philosophie-Zeitschrift 3/2016, S. 49–53
Virchow, Fabian: ‚Rechtsextremismus': Begriffe – Forschungsfelder – Kontroversen, in: Fabian Virchow/Martin Langebach/Alexander Häusler (Hrsg.): Handbuch Rechtsextremismus, Wiesbaden 2016, S. 5–41
Vonderach, Andreas: Lorenz, Konrad Zacharias, in: Lehnert, Erik/Weißmann, Karlheinz (Hrsg.): Staatspolitisches Handbuch, Bd. 3 Vordenker, 2., durchgesehene Auflage, Schnellroda 2017, S. 127–129
Vondung, Klaus: Die Apokalypse in Deutschland, München 1988
Waldstein, Thor von: Schmitt lesen, in: Sezession 42/2011, S. 8–13
Walstein, Thor von: Metapolitik. Theorie – Lage – Aktion, 2. Aufl., Schnellroda 2017
Waßner, Rainer: Technokratischer Konservativismus, in: Sezession, Nr. 38/2010, S. 24– 28
Waßner, Rainer: Freyer, Hans, in: Erik Lehner/Karlheinz Weißmann (Hrsg.): Staatspolitisches Handbuch, Bd. 3 Vordenker, 2., durchgesehene Auflage, Schnellroda 2017, S. 62–63
„Was wir ‚Sinn' nennen, wird verschwinden". SPIEGEL-Gespräch mit dem Philosophen Max Horkheimer, in: Der Spiegel 1/70 (www.spiegel.de/spiegel/print/d-45226214.html, aufgerufen am 7.3.2017)
Watson, Peter: Das Lächeln der Medusa. Die Geschichte der Ideen und Menschen, die das moderne Denken geprägt haben, 2. Aufl., München 2003
Wagner, Thomas: Die Angstmacher. 1968 und die Neuen Rechten, Berlin 2017
Weber, Max: Wirtschaft und Gesellschaft. Grundriß der verstehenden Soziologie, 5. Aufl., Tübingen 1972
Wehling, Elisabeth: Politisches Framing. Wie eine Nation sich ihr Denken einredet – und daraus Politik macht, Köln 2016
Weiß, Volker: Moderne Antimoderne. Arthur Moeller van den Bruck und der Wandel des Konservatismus, Paderborn 2012
Weiß, Volker: Die autoritäre Revolte. Die Neue Rechte und der Untergang des Abendlandes, Stuttgart 2017
Weißmann, Karlheinz: Moral und Hypermoral – Gehlens politische Wirkung, in: Sezession, 4/2004, S. 48–49
Wiebicke, Jürgen: Zehn Regeln für Demokratie-Retter, Köln 2017
Wildt, Michael: Volk, Volksgemeinschaft, AfD, Hamburg 2017
Wilkinson, Richard/Pickett, Kate: Gleichheit ist Glück. Warum gerechte Gesellschaften für alle besser sind, Berlin 2009
Willinger, Markus: Die Identitäre Generation. Eine Kriegserklärung an die 68er, London 2013
Wistrich, Robert: Wer war wer im Dritten Reich: Anhänger, Mitläufer, Gegner aus Politik, Wirtschaft, Militär, Kunst und Wissenschaft – Ein biographisches Handbuch, Frankfurt am Main 1987
Wodak, Ruth: Politik mit der Angst. Zur Wirkung rechtspopulistischer Diskurse, Wien und Hamburg 2016
Zick, Andreas/Klein, Anna: Fragile Mitte – Feindselige Zustände. Rechtsextreme Einstellungen in Deutschland 2014, Bonn 2015

Zick, Andreas/Küpper, Beate/Krause, Daniela: Gespaltene Mitte. Feindselige Zustände. Rechtsextreme Einstellungen in Deutschland, Bonn 2016
Zimmer, Robert: Basis-Bibliothek Philosophie, Stuttgart 2009
Zukunft für Europa – Identitäre Bewegung, in https://www.youtube.com/watch?v=rPXI6tA31yI vom 21.1.2016 (aufgerufen am 30.8.2017)
Zuckmayer, Carl: Des Teufels General, Frankfurt am Main 1963

Autoren und Autorin

Klaus-Peter Hufer, geb. 1949, Prof. Dr. rer. pol. und phil. habil. studierte von 1969–1974 Politikwissenschaft, Philosophie und Geographie an der Technischen Universität Darmstadt mit den Abschlüssen Magister Artium und Erstes Staatsexamen für das Lehramt an Gymnasien, hauptberufliche Tätigkeit an der VHS Kreis Viersen (1976 - 2014). 1984 politikwissenschaftliche Promotion, 2001 erziehungswissenschaftliche Habilitation, danach Privatdozent und seit 2010 außerplanmäßiger Professor in der Fakultät Bildungswissenschaften der Universität Duisburg-Essen, Verfasser und Herausgeber zahlreicher Bücher zur politischen Bildung, u. a.:

- Jahrhundertbücher – Klassiker der Kultur- und Sozialwissenschaften wieder gelesen, Schwalbach/Ts. 2012
- Politische Erwachsenenbildung. Plädoyer für eine vernachlässigte Disziplin, Bielefeld 2016
- Politik wagen – Ein Argumentationstraining (zusammen mit Christian Boeser-Schnebel, Karin Schnebel und Florian Wenzel), Schwalbach/Ts. 2016
- Was soll ich tun, wie können wir handeln? - Eine Einführung in die praktische Philosophie/Ethik, Kempen 2016, 244 S.
- Argumentationstraining gegen Stammtischparolen. Materialien und Anleitungen für Bildungsarbeit und Selbstlernen, Schwalbach/Ts. 10. Aufl. 2016
- Argumente am Stammtisch – Erfolgreich gegen Parolen, Palaver und Populismus, Schwalbach/Ts., 7. Aufl. 2014

Jens Korfkamp, geb.1965, Dr.phil., Studium der Sozialwissenschaften und Psychologie an der Gerhard-Mercator-Universität-GH Duisburg. Anschließend Promotion im Fach Politologie an der Johann-Wolfgang-Goethe Universität zu Frankfurt am Main. Seit 2001 hauptberuflicher Leiter der Verbandsvolkshochschule Rheinberg (Rheinland). Veröffentlichungen zur politischen Bildung und Erwachsenenalphabetisierung:

- Die Erfindung der Heimat, Berlin 2006
- Mit Platon zur Politik (zusammen mit Klaus-Peter Hufer), Schwalbach/Ts. 2012
- Handbuch zur Alphabetisierung und Grundbildung (Herausgabe zusammen mit Cordula Löffler), Münster 2016

Laura Schudoma, geb. 1987, studierte von 2007–2014 Erziehungswissenschaft B.A. und Erwachsenenbildung/Weiterbildung M.A. mit dem Schwerpunkt Politische Bildung an der Universität Duisburg-Essen, 2012–2015 Projektmitarbeiterin beim Bundesarbeitskreis ‚Arbeit und Leben' und seit 2016 Hauptamtlich Pädagogische Mitarbeiterin in der Heimvolkshochschule G. Könzgen in Haltern am See. Veröffentlichung:

- Laura Schudoma (Hrsg.) (zusammen mit Klaus-Peter Hufer, Theo Länge, Barbara Menke, Bernd Overwien): Wissen und Können in der politischen Bildung. Wege zum professionellen Handeln, Schwalbach/Ts. 2013

Mechtild Gomolla | Ellen Kollender |
Marlene Menk (Hrsg.)
Rassismus und Rechtsextremismus in Deutschland
Figurationen und Interventionen in Gesellschaft und staatlichen Institutionen
2018, 292 Seiten, broschiert
ISBN: 978-3-7799-3486-8
Auch als E-BOOK erhältlich

Der Sammelband beschäftigt sich mit unterschiedlichen Facetten von Rassismus und Rechtsextremismus in ihren historischen Kontinuitäten und gegenwärtigen Ausprägungen im Kontext von Globalisierung, aktueller Fluchtmigration, der Herausbildung neuer rechter Bewegungen sowie der Aufarbeitung der NSU-Morde. Die Beiträge geben einen Überblick über aktuelle Forschungsperspektiven auf Rassismus und Rechtsextremismus in Deutschland sowie zentrale Definitionen, Begriffe und Kontroversen. Einen Schwerpunkt bildet die Verwurzelung rechtsextremer, rassistischer und anderer menschen(rechts)verachtender Orientierungs- und Handlungsmuster, Strukturen und Gewaltformen in staatlichen Institutionen und der sogenannten gesellschaftlichen Mitte. Der Band fragt zudem nach geeigneten bildungspolitischen und -praktischen Ansätzen, um in Gesellschaft und staatlichen Institutionen alltägliche (Diskriminierungs-)Muster von Rechtsextremismus und Rassismus zu durchbrechen.

Samuel Salzborn
Angriff der Antidemokraten
Die völkische Rebellion der Neuen Rechten
2017, 224 Seiten, broschiert
ISBN: 978-3-7799-3674-9
Auch als E-BOOK erhältlich

Freiheit, Gleichheit, Solidarität – die Grundwerte der Aufklärung und Europas sind ihnen verhasst. Gegen die Freiheit des Subjekts stellen sie den Zwang des Kollektivs. Pluralismus ist ihnen ein Graus, sie sehnen sich nach Homogenität und Identität. Der Angriff der Antidemokraten, den wir seit einigen Jahren erleben, erschüttert die Demokratie – oft, weil sie demokratische Mittel einsetzen, um die Demokratie von innen heraus zu zerstören. Was wollen die neurechten Feinde der Demokratie aber genau? Was sind ihre Ziele, ihre Methoden, ihre Verbündeten, ihre Kronzeugen bei ihrer völkischen Rebellion? Samuel Salzborn gibt Antworten auf diese Fragen, analysiert die Strategien der gegenwärtigen Bewegungen und Parteien, und deckt die historischen Kontinuitäten seit der Konservativen Revolution der Weimarer Republik auf – und formuliert Vorschläge, wie wir den Angriff der Antidemokraten abwehren können.

Matthias Quent
Rassismus, Radikalisierung, Rechtsterrorismus
Wie der NSU entstand und was er über die Gesellschaft verrät
2016, 374 Seiten, broschiert
ISBN: 978-3-7799-3435-6
Auch als E-BOOK erhältlich

Der NSU war eine Zäsur des deutschen Rechtsextremismus und ist noch immer nicht abschließend aufgeklärt. Quent analysiert die Entstehung der rechtsextremen Terrorgruppe mit soziologischen und sozialpsychologischen Konzepten und Methoden. Er zeigt, dass für ein umfassendes Verständnis gesellschaftliche Verhältnisse sowie Dynamiken der rechtsextremen Bewegung und individuelle Entwicklungen zu berücksichtigen sind. Die Untersuchung ist zugleich Fallstudie, zeitgeschichtliche Untersuchung und ein Beitrag zur politischen Aufarbeitung des NSU-Komplex und seiner Ursachen.